Erfahrungen lebendigen Lernens

Aspekte Themenzentrierter Interaktion

Herausgegeben von

Rolf Birmelin, Karin Hahn, Marianne Schraut-Birmelin, Klaus Schütz
und Christel Wagner

ERFAHRUNGEN LEBENDIGEN LERNENS

Grundlagen und Arbeitsfelder
der TZI

Matthias-Grünewald-Verlag · Mainz

CIP-Kurztitelaufnahme der Deutschen Bibliothek

Erfahrungen lebendigen Lernens:

Grundlagen u. Arbeitsfelder der TZI. —
Mainz: Matthias-Grünewald-Verlag, 1985
(Aspekte Themenzentrierter Interaktion)

ISBN 3-7867-1207-7

2. Auflage 1990

Umschlag: Wagner
Satz: Roddert Fotosatz, Mainz
Druck und Bindung: Druckhaus Darmstadt GmbH

Inhalt

Einführung

Von Erfahrungen soll in diesem Buch die Rede sein, Erfahrungen, die die Autoren in ihrem je eigenen Arbeitsfeld mit der Themenzentrierten Interaktion gemacht haben. Erfahrungen, die zu einem besseren und tieferen Verständnis der TZI, ihrer Hintergründe und ihres Theoriezusammenhangs hinführen können. Und so mag auch diese Einführung in ein in mancherlei Hinsicht ungewöhnliches Buch zunächst von Erfahrungen sprechen, Erfahrungen derjenigen, die die Idee zu diesem Buch (und der Reihe) hatten und die die Realisierung des Projekts vorantrieben.
Was stand am Anfang des Prozesses? War es die Idee, ein Buch zur TZI als TZI-Gruppenprojekt zu realisieren? Oder war es das Bedürfnis, wichtige Literatur zur TZI nicht überall zusammensuchen zu müssen — der Leitz-Ordner mit fünfzig verschiedenen Aufsätzen, Vorträgen, Arbeitspapieren, Notizzetteln, Kurserfahrungen usw. ist nur für den hilfreich, der ihn besitzt! Beides hat jedenfalls den praktischen Impuls gegeben. Wir, die Herausgeber dieses Bandes, haben unser Informationsbedürfnis zur Voraussetzung gemacht, und wir wollten das Buch in einem TZI-Gruppenprozeß entstehen lassen. Wir hatten schon früher miteinander gearbeitet, als Gruppenleiter und in der regionalen und überregionalen Organisation von WILL, wir kannten unseren Arbeitsstil und wußten, daß wir uns aufeinander verlassen konnten. Das gab uns den Mut und die Energie für dieses Projekt. Und vor allem: Wir haben immer wieder erfahren, daß sich in den TZI-Kursen Menschen aus verschiedenen Fachbereichen und mit unterschiedlichen Kompetenzen treffen, daß dort Ideen und Modelle entstehen, von denen wir glaubten, daß sie einer breiteren Öffentlichkeit zugänglich gemacht werden sollten.
Wir müssen darauf verzichten, hier den Gruppenprozeß im einzelnen wiederzugeben. Nur wichtige Stationen seien genannt, weil sie zum Verstehen des Konzepts beitragen können. Wir hatten eine Idee, setzten einen Rahmen und gaben ein Thema vor, das noch sehr allgemein gefaßt war. Und damit ging nun jeder von uns auf die Suche nach einem möglichen Autor. Aber schon bald zeigte sich aus den Rückmeldungen der Angesprochenen, daß diese Planung vom grünen Tisch aus beim »Büchermachen« zwar häufig die Regel ist, daß damit aber auch die Chance vertan wird, den Autor zu dem Thema zu Wort kommen zu lassen, das ihn gerade beschäftigt, womit er sich gerade auseinandersetzt, wozu er vielleicht gerade eine wichtige Erfahrung gemacht hat. Also

planten wir neu, überlegten miteinander, ob wir das vielfältige bunte Bild, das auf diese Weise zustande käme, auch inhaltlich zusammenbringen könnten, ohne daß nur ein zufälliges Nebeneinander entsteht?
Bei diesen Überlegungen kam uns der Plan einer Reihe zugute: Unser Konzept ist nicht fertig, ist nicht geschlossen, sondern ist auf Rückmeldung und Weiterentwicklung angelegt. Nur so sind Veränderungen möglich, kann es einen lebendigen Prozeß geben. Und auch der erste Band der Reihe, der sich den Grundlagen der TZI zuwendet, muß deshalb nicht ein »grundlegendes« Handbuch TZI sein, kann es auch gar nicht sein, wenn immer richtig ist, daß TZI und Lebendiges Lernen untrennbar zusammengehören.
Nachdem wir nun darüber Einvernehmen erzielt hatten, machten wir die Erfahrung, daß die aus dem persönlichen Erleben der einzelnen Autoren geschriebenen Beiträge Ausschnitte sind, die — mosaikartig zusammengefügt — ein lebendiges Bild von dem vermitteln, was TZI meint und wie damit in unterschiedlichen Praxisfeldern gearbeitet wird. Dabei ist uns durchaus bewußt, daß durch dieses Vorgehen bestimmte Aspekte vielleicht einseitig betont werden, andere gar ganz fehlen. Aber wir trösten uns darüber mit der Hoffnung hinweg, durch dieses Buch ein Gespräch in Gang zu setzen, in dem dann die ergänzenden Gesichtspunkte und fehlenden Aspekte zur Sprache kommen werden. Wir haben die Reihe »Aspekte Themenzentrierter Interaktion« genannt, weil wir gerade für diese »Gespräche« ein publizistisches Forum anbieten wollen. So könnte im Laufe der Zeit nach und nach ein Gesamtbild der Theorie- und Methodenentwicklung im Bereich der TZI entstehen. Zugleich aber würden Veränderungen und neue Sichtweisen deutlich, die schon allein dadurch entstehen, daß TZI nicht eine starre Methode darstellt, sondern in der Praxis immer nur in einem lebendigen Prozeß des Miteinander-Lernens gelebt wird.

Rolf Birmelin
Karin Hahn
Marianne Schraut-Birmelin
Klaus Schütz
Christel Wagner

Aus einem Gespräch mit Ruth C. Cohn

Geboren 1912 in Berlin. 1933 Flucht nach Zürich. Universitätsstudien vielfächrig, speziell Psychologie und Literatur. Ausbildung in Psychoanalyse. 1941 Emigration mit Mann und Kind nach USA. Ausbildung in Pädagogik, Dipl. Psych. Columbia University, N.Y. Weiterbildung: Psychiatrie, Psychotherapie in verschiedenen Schulen und Institutionen. Privatpraxis 1946—1973 in New York; daneben seit 1949 Lehrtätigkeit.
Mitinitiatorin der Experiential Therapy (Erlebnistherapie) und Begründerin der TZI. Mit Kollegen Gründung von WILL (Workshop Institute for Living-Learning) 1966 in New York (später WILL-America). Rückkehr nach Europa, Wohnsitz Schweiz 1974. Gründung WILL-Europa 1974. (Regionalgruppen BRD, Schweiz, Österreich, Niederlande, Belgien, England). Teilzeitberaterin: Ecole d'Humanité, Goldern.
Auszeichnungen: »Psychologist of the Year«: New York Society Clinical Psychologists 1971. Dr. phil. h.c.: Universität Hamburg 1979.
Bücher: Von der Psychoanalyse zur Themenzentrierten Interaktion, Stuttgart [6]1984; Farau/ Cohn: Gelebte Geschichte der Psychotherapie, Stuttgart 1984.

Das Gespräch mit Ruth C. Cohn führten *Rolf Birmelin* und *Anna Reuble* im Mai 1985.

Rolf:
Ruth, bist Du eigentlich zufrieden mit TZI und mit dem, wie es gelaufen ist? Was siehst Du für die Zukunft?

Ruth:
Der Gedanke an die Zukunft gibt mir ein eher gelassenes Gefühl. TZI hat eine Aufgabe und übt Einfluß aus. TZI wird von anderen Strömungen aufgenommen, ebenso wie Strömungen in mich eingegangen sind. Solche Strömungen kamen her von der Analyse, von den Gruppenthera-

pien, von der Philosophie, von der Religion u. a. Und so wird auch TZI in andere Gebiete einfließen. Meinen eigenen Anteil habe ich zum großen Teil erfüllt, ich hoffe, noch einiges aufzuschreiben. Was mir nicht mehr gelingt, wird von anderen in dieser oder jener Form kommen. Das ist wie mit Kindern: Wenn sie klein sind, muß man sehr viel tun, und dann entwickeln sie sich weiter, und eines Tages sind sie völlig unabhängig von der Tatsache, ob die Eltern noch existieren oder nicht.

Rolf:
Du sagst dies für mich aber sehr gelassen und sehr zuversichtlich.

Ruth:
Ja, im Grunde bin ich zuversichtlich, nicht nur über TZI, sondern über die Entwicklung der Menschheit, sofern sie überhaupt bestehen bleibt. Zwar sieht es nach dem Gesetz der Wahrscheinlichkeit so aus, daß wir dabei sind, die Menschheit zu zerstören, oder jedenfalls einen großen Teil. Doch dann kommt die metaphysische Frage auf, ob der Geist überhaupt zerstörbar ist, oder ob er sich nicht nur verwandelt, ebenso wie die Materie, die auch nicht untergeht, sondern sich ewig verwandelt. Daß irgend etwas vom Geistigen bestehen bleibt, selbst wenn der Planet sich auflösen sollte, glaube ich. Von dem Wie mache ich mir keine Vorstellung.
Ich sehe die größte Gefahr in der Resignation, die sich nicht mehr um die Zukunft kümmert. Viele Menschen sehen heute nur das grüne Gras der Gegenwart, ohne sich der Ausbeutung des Bodens bewußt zu sein. Oder sie denken, daß unter den Umständen, in denen wir leben, niemand etwas an dieser Ausbeutung ändern kann; der sterbende Boden, der sterbende Wald, die sterbenden Menschen, das ist alles zu viel, um sich selbst verantwortlich zu fühlen.

Rolf:
Und ich spüre etwas anderes. Es gibt immer mehr Menschen, die Verantwortung übernehmen. Wesentlich mehr, wenn ich die letzten zehn Jahre erinnere, also ganz eindeutig, da hat sich etwas verändert. Es gibt mehr Menschen, die nachdenken, die den Sinn in ihrem Leben suchen, was soll es überhaupt, wozu bin ich überhaupt hier? Die reflektieren und bewußter leben.

Ruth:
Ja, das glaube ich auch. Es gibt Netzwerke des Bewußtwerdens, überall in der ersten und zweiten Welt, vielleicht auch in der dritten. Der Resignation steht auch ein großer Einsatz gegenüber, wobei gerade die Leh-

rer eine ungeheure Rolle spielen, Lehrerausbildung und Lehrerfortbildung. Lehrer haben Einfluß und sie sind wirtschaftlich nicht ganz so gefährdet wie Menschen in Betrieben.

Rolf:
Ja, und sie haben auch andere Ziele, die sie verfolgen, denn in einem Unternehmen, da ist Wettbewerb. Gut, den gibt es in den Schulen auch, unter den Kindern, manchmal auch unter den Lehrern, aber ich meine nicht so ausgeprägt wie in den Betrieben, wo oft ein gnadenloser Verdrängungswettbewerb herrscht.

Ruth:
Die Lehrer können viel eher den Kindern beibringen, daß es außer der Rivalität auch Kooperation gibt, und außer der Gegenwart auch eine Zukunft. Und daß die Verantwortung von uns allen getragen werden muß.

Anna:
Da möchte ich eine Brücke schlagen zur Arbeitslosigkeit. Mit dem numerus clausus war der Druck vieler Eltern auf ihre Kinder und auf die Schule gewachsen. Gute Noten waren die Voraussetzung für einen begehrten Studienplatz und einen gesicherten Beruf. Das hat sich sehr verändert! Es gibt selbst mit guten Noten wenig Chancen, eine Arbeit zu bekommen. — So wäre in den Schulen vielleicht wieder mehr Raum, auf das Wesentliche zu schauen.

Ruth:
Dadurch bekommen auch die Kinder eine stärkere Macht. Sie können sagen: »Ihr wißt auch nicht, was die Zukunft bringen wird. Ich will mein Leben jetzt so leben, wie es mir möglich ist. Ich möchte noch vieles sehen und erleben.«

Rolf:
Ruth, da kommt ein anderes Thema in mir auf. Es gibt gewisse Bedingungen, unter denen ich glaube, daß Kinder besser erwachsen werden, und es gibt Situationen, vor denen ich sehr verblüfft stehe, wenn ich Menschen sehe, die eine sehr schwere Jugend hatten und gerade deswegen eine Entwicklung machten, wovor ich große Achtung habe. Es gibt andere, die unter optimalen Bedingungen groß wurden und nachher überhaupt nicht mit dem Leben zurechtkamen. Da frage ich mich manchmal, wer bin ich oder woher nehme ich den Mut zu behaupten,

zu wissen, was für andere, in dem Fall auch für Kinder, recht ist. Aber diese Beobachtung macht mich oft sehr nachdenklich.

Ruth:
Ich habe mich oft gefragt: Woher kommt es, daß ich schwerkranke Patienten habe, die aus anscheinend gut miteinander lebenden Familien kamen, und andere Patienten, die nicht sehr neurotisch oder psychotisch waren, aus ausgesprochen zerrütteten und auch kinderfeindlichen Familien. Ich glaube, daß wir mehr und mehr akzeptieren müssen, wie wenig linear-kausal wir denken dürfen. Das Feld, in dem sich Entwicklung abspielt, ist zwar meist von Eltern bzw. der Schule geprägt; doch es gibt zweifellos auch genetische Vorbedingungen — Schwierigkeiten oder Talente —, die die Kinder mit auf die Welt bringen. Und wir leben auch in kosmischen Systemen, von denen unsere Schulweisheit noch wenig weiß, welche aber Einfluß auf uns haben und die jetzt studiert werden: Wellen oder Schwingungen, die ineinanderströmen und psychische und biologische Systeme beeinflussen. Dazu gehören sicher telepathische und astrologische Zusammenhänge und viele andere gegenseitige Wirkungsfelder.
Auch im einfacheren Meßbaren wissen wir heute schon mehr als vor einiger Zeit, z.B. daß Kinder schon im Mutterleib Töne hören und daß sie verschiedene Musik und Geräusche je nach Veranlagung verschieden auffassen. Wir können z.B. auch sagen, daß die Bach-Familie musikalisch gewesen ist, weil die Kinder schon vorgeburtlich Musik mitbekommen haben, was man vor 20 Jahren als einen verrückten Gedanken angesehen hätte. Heute wird dieser Gedanke bereits selbstverständlich.
Früher hat man vom guten Samen und vom bösen Samen gesprochen. Kinder kommen gut oder böse auf die Welt. Dann hat man diese Perspektive für Jahrzehnte völlig beiseite gelegt. Und heute kann man wieder denken, daß ein bißchen davon stimmt. Ich glaube, daß gerade die Multiplizität der Faktoren uns helfen kann, demütiger zu sein mit dem, was wir wissen und können. Eine Weile gab man die Schuld am Versagen von Kindern fast ausschließlich den Eltern, heute ebenso oft dem »System«. Ich glaube, daß Demut eine sehr hochzuschätzende Eigenschaft ist. Wir sind alle Bei-Tragende, immer für *etwas,* und nie für *alles* verantwortlich.

Rolf:
Das gefällt mir gut, diese Gedanken. Weil ich auch oft das Empfinden habe, ich bilde mir ein, etwas zu verstehen und es ist auch o.k. so, aber anderes kann ich höchstens ahnen. Ich kann sagen, ich habe ein Gefühl

für etwas, aber ich kann es nicht erklären. Ich habe den Eindruck — und ich habe Dich auch schon davon reden hören —, daß ich üben kann, sensibel zu werden für Intuition.

Ruth:
Ich kann jede Fähigkeit üben, ich kann Musikalität üben, Intuition üben, ich kann versuchen, »außersinnliche« Fähigkeiten zu trainieren. Ich kann Denken üben, Gedächtnis üben, und doch wissen, daß viele Fähigkeiten ungeübt bleiben und alle Fähigkeiten wieder abnehmen können und verwelken.

Rolf:
Ruth, ich finde es schön, daß Du in diesem ersten Band der Theorie und Praxis der TZI aus Deinen Erfahrungen, aus Deinem Leben erzählst. Mich würde schon sehr interessieren, was Dir jetzt am Herzen liegt.

Ruth:
Mir liegt daran, daß das Bewußtsein des einzelnen Menschen von sich selbst und damit auch die Bewußtheit der Gemeinschaft immer tiefer wird und immer weitere Kreise zieht. Mir liegt daran zu untersuchen, wo und wie sich die Erkenntnisse der Psychodynamik und des sozialpolitischen Wissens und die Integration von Natur- und Geisteswissenschaften zusammenführen lassen. Meine persönliche Aufgabe? Hie und da Anstöße zu geben, persönlich, in Gruppen, in Leserbriefen, im Radio oder Fernsehen etc.

Rolf:
Das heißt also, es geht Dir, wenn ich Dich richtig verstanden habe, weniger darum, das System der TZI auszuweiten, als vielmehr die Bereiche, in denen TZI angewendet werden kann, so zum Beispiel vor allen Dingen im politischen Bereich.

Ruth:
Ich glaube, daß TZI ein System ist, das man nicht auseinanderreißen kann. Man kann vervollständigen und erweitern, aber die Prinzipien eines Systems bleiben. Das gilt für Technik, Philosophie, Religion, Psychoanalyse und alles andere. Ausweitung ja, aber innerhalb des Systems. Ausweitungen eines Systems kommen, wenn einzelne Menschen oder kleine Gruppen interessiert werden in Bereichen, die ihnen wichtig sind. Die Prinzipien von TZI sind in allen Bereichen die gleichen, nur die Techniken sind sehr verschieden und zum Teil von ande-

ren Quellen übernehmbar, sofern sie den ethischen Axiomen und der grundlegenden Arbeitshypothese der Gleichgewichtigkeit von Ich, Wir, Es im Globe nicht widersprechen.

Anna:
Ruth, in Deinen Workshops bringst Du seit Jahren auch politische Themen ein. Heute scheint es mir immer weniger notwendig, daß Du selbst diese Fragen ansprichst — sie kommen von den Teilnehmern. Da wird diskutiert über politische Veränderungen, Umweltbelastung, Energieeinsparung, sinnvolle Ernährung, Recycling u. a. m. Wie siehst Du das?

Ruth:
Ja, das geht mir so, wenn ich Eier einkaufe. Vor Jahren habe ich immer in Lebensmittelgeschäften gefragt: »Sind das Dorf-Eier oder Batterie-Eier?« Wenn die Verkäuferin oder der Verkäufer keine Antwort geben konnte, habe ich die Eier zurückgewiesen: »Ich möchte keine Batterie-Eier kaufen — das ist Tierquälerei — bitte finden Sie heraus, ob diese Eier aus Hühnergefängnissen oder von herumlaufenden Hühnern gelegt worden sind.«
Ich habe mir damals den Kopf zerbrochen, was ich noch in der Eiersache tun könnte; über den Hasliberg oder Meiringen hinaus. Dann brachte eines Tages, ich weiß nicht mehr vor wieviel Jahren, die Schweizer Frauenillustrierte Annabelle eine ganze Ausgabe mit schrecklichen Fotos über die Käfighaltung heraus, und darin lagen auch Zettel zum Ankleben an Autofenster oder Türrahmen. Das half. Inzwischen gibt es fast überall Freiland- und biologische Eier, und ich war froh, daß mir das alles nicht mehr auf der Seele liegen mußte.
Heute liegt in der Luft — trotz Angst vor Arbeitslosigkeit —, daß »untergründig« ein Gefühl für Menschenwürde wach wird, trotz oder vielleicht gerade wegen der krassen unmenschlichen Grausamkeiten, die im hellen Tageslicht geschehen und durch die Medien vervielfältigt werden. Ein Gefühl, nicht »underdog« sein zu wollen, gibt es in Betrieben, in Schulen, in Organisationen, in denen, wohl auch vermehrt durch die offeneren Stimmen der Frauen, Menschlichkeit gefordert wird.
Lange habe ich die Ethik, die ich in den Axiomen der TZI dargestellt habe, für human unabdingbar gehalten, ohne ihre religiöse Begründung für notwendig zu erachten. Menschen können einfach nicht zusammenleben, wenn sie nicht aufeinander Rücksicht nehmen. Ich komme jedoch immer mehr zu der Überzeugung, daß hinter jeder rationalen Begründung der Ethik ein Glaube steht, der sich nicht rational begründen läßt. Wenn jemand glaubt, daß eine Rasse oder Religion besser sei als eine

andere, so läßt sich das ebensowenig rational begründen oder ablehnen wie der Glaube an die Notwendigkeit, Menschenwürde oder das Leben selbst zu schützen. Damit fällt für mich Rationalität als letzte Begründbarkeit weg. Einstein sagte, daß der Glaube an Zufälliges und Sinnloses ebenso wahrscheinlich sei wie die Herstellung eines Buches durch das Ausschütten eines Buchstabensetzkastens in einer Druckerei. Den Glauben an Leben und Sinn würde ich heute religiös nennen. Es geht um Werte und um Sinn im Dasein der Menschen. Die Alternative ist die Vollendung des Prozesses der Katastrophe, die Leben und Sinn auslöscht.
Und es ist sicher kein Zufall, daß heute überall, sei es durch Sekten, Kirchen, ethische Gruppen etc., religiöse und ethische Fragen für eine Mehrzahl der Menschen an Wichtigkeit gewinnen. Das betrifft nicht nur Jugendliche und Idealisten, sondern auch praktische ältere Leute selbst in Betrieben und Organisationen, die früher sieben Tage und Nächte arbeiteten und die sich heute weigern, keine Zeit zu haben für ihre Familien, für Natur, für Dinge, die sie für lebenswert halten und nicht nur für profitabel.

Rolf:
Das kenne ich gut von meiner Arbeit. Es gibt immer weniger Manager, die bereit sind, umzuziehen, ihre Freunde und Bekannten aufzugeben, nur wegen mehr Geld oder Karriere.

Ruth:
Das erste soziale Thema, das von einer Gruppe von Managern in einem Kurs auftauchte, wurde von ihnen so formuliert: »Meine Frau im Käfig. Wie helfe ich ihr?« Das war damals, es ist etwa zehn Jahre her, revolutionär. Und ich glaube, heute würden sie schon nicht mehr sagen, »meine Frau im Käfig, wie helfe ich ihr?«, sondern heute würden sie sagen: »Meine Frau lehnt sich auf, und sie hat recht. Was können wir tun?« Das ist die große Veränderung. Die Frauenemanzipation hat einen ungeheuren Beitrag zu den Fragen der Werte und der Würde geleistet. Sie hat damit auch die Männeremanzipation und die Väterrevolution eingeleitet — die Emanzipation von Männern resp. Vätern, die etwas von ihrer Familie haben wollen.

Anna:
Ich denke gerade darüber nach, wie sich die wirtschaftlichen Veränderungen der letzten Jahre, vor allem die wachsende Arbeitslosigkeit ausgewirkt haben. Mir fällt z. B. bei Lehrern auf, daß sie sich in der Ausbil-

dung einem sehr großen Anpassungsdruck ausgesetzt fühlen. Einige kämpfen, viele resignieren. Zum Teil wirkt es sich aber auch entgegengesetzt aus: Die Aussichtslosigkeit, eine Stelle zu bekommen, regt sie an, eigene Wege zu suchen.

Ruth:
Ich glaube, da gibt es auch alles. Die, die sich anpassen, und die, die ihren Freiraum nutzen, und dann gibt es eine Menge Menschen, die nur noch verzweifeln. Sie haben das Gefühl »Was ich auch probiere, ob ich jetzt zur Uni gehe, ob ich Pädagogik studiere, oder was auch immer, ich bekomme wahrscheinlich nachher doch keine Stelle. Ich weiß nicht, was ich tun kann.« Das ist schon eine ungeheure Verzweiflung. Aber was mit dieser Verzweiflung politisch geschehen wird, ist eine offene Frage.
Ich habe einen Kurs gegeben: »Ich bin stellenlos, jetzt habe ich Zeit für das Wichtige.« Solange Arbeitslosigkeit nur negativ gesehen wird, kann dies das Leben von jungen und alten Arbeitslosen zerstören. Wenn Stellenlose Zeit und Mut haben, sich mit den lebenswichtigen Dingen zu beschäftigen, die für sie selbst und für die Gesellschaft wichtig sind — kleinste Dienstleistungen oder künstlerischer Ausdruck oder Befragung und Informationen über schwierige Systemprobleme etc. —, dann könnte auch Stellenlosigkeit sinnvoll werden.
Zu meinen Grundthemen gehört: »Wenn die *Situation* nicht so ist, wie ich sie gerne haben möchte, was mache ich mit *mir?* Wie schaffe ich Veränderung?«

Rolf:
Ich habe gute Erfahrungen gemacht mit einer Seminarreihe zur Persönlichkeitsentwicklung von Führungskräften in Verwaltung und Wirtschaft. Die Themen sind sehr an der Aufgabe der Führungskräfte orientiert. Sie kommen in die Seminare mit bestimmten Vorstellungen oder Erwartungen aus ihrer Vergangenheit und merken dann, daß es bei uns anders zugeht, als sie es sonst oftmals erfahren haben. Sie werden angeregt nachzudenken, einiges in Frage zu stellen und kritischer zu betrachten. Ich nenne dies gerne den »Bazilluseffekt«. Ich kenne einige Führungskräfte, die gerade nach solchen Seminaren sich selbst, ihre Arbeit, die Zusammenarbeit mit ihren Mitarbeitern in Frage stellen oder neu überdenken. Sie sind »infiziert« und das ist eine Chance, etwas Anderes, etwas Neues anzufangen.

Ruth:
Sicher, und ihre Kinder gehören auch noch zu den »Bazillen« — auch deren Lehrer. Das sieht man ganz deutlich z. B. am Thema der Ernährung: Die Ernährung bei den Nachbarbauern hier ist so, wie sie immer war. Fleisch ist wahnsinnig wichtig, und Chemie beachtet man nicht, solange das Gras immer grüner wird (oft giftig grün) und Blumen zwar schön sind, doch der Lebensunterhalt natürlich wichtiger. Doch nun kommt mein kleiner Nachbarsjunge aus dem Kindergarten und weigert sich plötzlich, angebotene Süßigkeiten anzunehmen. Er sagt zwar nicht warum, erklärt nur, er habe keine Lust darauf. Später höre ich, daß die Lehrerin gesagt hat, Kinder sollen zwischendurch Obst oder Rüebli essen und kein Zuckerzeug!
Was passiert nun, wenn ein fünfjähriges Kind nach Hause kommt und erzählt, daß die Lehrerin gesagt hat, wenig Weißbrot, lieber Schwarzbrot und keine Süßigkeiten zu essen? Ich glaube, daß viele Mütter darüber ärgerlich sein werden und meinen, daß die Lehrerin sich lieber um ihr Schulpensum kümmern soll. Trotzdem glaube ich, daß hier ein persönlich-gesellschaftlicher Einfluß von der Lehrerin auf die Kinder geschieht, der nicht vergessen werden sollte. Kinder können selten schnell Macht ausüben, aber sie haben langsamen Einfluß auf Erwachsene, und sie werden selbst erwachsen — so mögen sich unzulängliche Traditionen ändern. Das ist auch der Grund, warum mein Herz besonders an der Pädagogik hängt, obwohl ich weiß, daß Einfluß überall wichtig ist.

Rolf:
Es fällt mir ein, Ruth, als ich mit der TZI-Ausbildung angefangen habe, wurde ich oft sehr angefeindet von TZI-lern, weil ich aus der Industrie kam. Ich habe mich damals sehr schwer getan, und ich hatte oft keine Lust mehr auf diese unendlichen Diskussionen. Dies hat sich heute verändert, und ich meine, das hat auch etwas mit Dir zu tun, denn ich höre von Dir sehr oft, wie wichtig gerade auch die Arbeit mit TZI in der Industrie ist und wie wichtig Organisationen sind.

Ruth:
Ich weiß nicht, ob das an mir als Person oder mehr an der Sache liegt. Zuerst waren es die Therapeuten, dann waren es die Lehrer, dann die Geistlichen, die an TZI-Seminaren besonders stark interessiert waren. Aber es bleibt wahr, daß mein Herz mehr bei den Lehrern war als in Betrieben. Doch ebenso war mein Herz von Anfang an bei den politischen Verhältnissen. Und da Betriebe bis zum heutigen Tag die einzigen sind, wo man was von Organisation lernen kann, war ich eben immer auch

an Betrieben interessiert. Das ist keine Unterschätzung der Wichtigkeit der Produktion, sondern einfach die Gerichtetheit meines eigenen Lebens auf Therapie, Erziehung und Politik. Daß ich überhaupt in Betrieben war, geschah zunächst vom Interesse der Betriebspsychologen und anderen her. Heute tritt das Politische — speziell der Ökologie und des Friedens — mehr in den Vordergrund. Mit politisch meine ich jetzt den weitestmöglichen Begriff der Worte »Weltbürger«, »Planetary Citizen« und nicht die Partei- und die Nationalpolitik.

Rolf:
Was mich in diesem Zusammenhang interessieren würde: siehst Du Gefahren, daß TZI als Methode in der Industrie benutzt wird, um Dinge zu vermitteln, die nicht im Wertsystem der TZI liegen?

Ruth:
Ja, natürlich — diese Gefahr besteht in allen Gebieten. Wenn jemand TZI »benützt« ohne Ehrfurcht vor dem Leben, Respekt vor den Menschen und Ethik als übergreifendem Prinzip, kann TZI demagogisch benutzt werden. Es bietet sich wohl an, daß dies eher im Industriellen oder Politischen geschehen könnte als im Pädagogischen, weil in diesen Bereichen mehr Eigeninteressen vertreten werden. Die Lehrer bekommen immer ihr Gehalt, ob sie gut oder schlecht unterrichten, Industrielle und Politiker sind mehr vom »Erfolg« abhängig.

Anna:
Wenn also die methodischen Elemente der TZI auch demagogisch benützt werden können, müssen die dahinterstehenden humanen Werte — die Du ja formuliert hast — das Korrektiv bilden.

Ruth:
Wie TZI-Einzelheiten zerstörerisch benutzt werden können, war mir früh aufgefallen, als im WILL-Executive-Workshop ein Mitglied sehr häufig »Störungen haben Vorrang« benutzte, um einen Prozeß zu unterbrechen. Wir konnten nicht weiterarbeiten. Schließlich schrie ihn einer an: »Du bist die Störung! Geh raus!«
Andere Gefahren könnten sein, daß speziell innerhalb eines Betriebs Klatschereien entstehen oder sogar Spitzel eingesetzt werden. Leitende und Mitglieder müssen aufmerksam und vorsichtig arbeiten, um solche Möglichkeiten unwahrscheinlich zu machen und wenn nötig aufzudecken. Die Tatsache, daß auch in dieser Methodik Schwierigkeiten nicht auszuschließen sind, bedeutet nicht, daß sie nicht vermieden oder

vermindert werden können, vor allem dadurch, daß man ihnen gegenüber nicht blind ist.

Rolf:
Ich werde oft von Unternehmensleitungen beauftragt, Seminare zur Verbesserung der Kommunikation und Kooperation durchzuführen. Leider nehmen die Entscheider häufig nicht selbst teil. Sie glauben, alles schon begriffen zu haben und richtig zu handeln, nur ihre Mitarbeiter müßten es noch lernen. Wir können oft gut darüber reden, wie es sein sollte, doch die Realität sieht meistens anders aus. In vielen Fällen führt das nach einiger Zeit meiner Arbeit im Unternehmen zu Konflikten. — Welche Erfahrungen hast Du damit?

Ruth:
Wenn in einem großen Betrieb ein Einzelchef, der große Macht hat, sagt: »Ich habe gehört, daß Leute besser arbeiten, wenn sie miteinander besser auskommen und die eigenen Interessen verwirklichen können; denn dann wird auch das Geschäft besser«, dann weißt Du, daß sein wesentliches Kriterium nicht ausreicht, um Deine Arbeit zu stützen. Denn dann wird wahrscheinlich der Moment kommen, wo die Mitarbeiter Kritisches sagen werden und sie vom Chef als »Leute, die aufsässig und irrational werden« verurteilt werden. Und nun kommt die Frage des Durchhaltens auf: Ich glaube, daß selbst auf die Gefahr hin, daß der Chef das TZI-Projekt für schädlich hält, Mitarbeiter bereits in den ersten Anfängen der Arbeit etwas mehr Sicherheit als Persönlichkeit gewonnen haben und sich eher selbst vertreten und kooperieren können. Mit mehr Selbstverständnis und Gemeinschaftssinn können sich nach anfänglichen Schwierigkeiten Mitarbeiter und Chef eher finden. Doch selbst wenn dieses Projekt als Ganzes scheitern sollte — und das passiert natürlich auch — bleibt ein Gewinn für die Mitarbeiter und oft auch für widerstrebende Chefs übrig!
Jedoch ich halte es für gut, von Anfang an mit der obersten Schicht einer Organisation Kontakt zu haben und sich von vornherein zu vergewissern, daß in der Hierarchie neben dem Geschäftsinteresse auch ein ethisches Verantwortungsbewußtsein besteht. Vor allem ist es auch wichtig, daß nie »oben« der Eindruck aufkommt, daß der TZI-Leiter ihn oder sie als überflüssig oder minderwertig empfinden, sondern daß er im Gegenteil das Gefühl hat, daß er gestützt wird — und dieses Gefühl muß auch berechtigt sein.

Rolf:
Ruth, das tut mir gut, daß Du das sagst, denn genau das ist meine Realität. Ich glaube, wenn es gelingt, viele Menschen in den Organisationen

zu erreichen, sie anzuregen zum Nachdenken, ihnen Mut zu machen, Verantwortung zu übernehmen, sie zu informieren, Hintergründe und Zusammenhänge deutlich zu machen, dann habe ich eine große Chance, auch politisch Veränderungen im Sinne von mehr Menschlichkeit zu realisieren.

Ruth:
Das ist ja *die* Chance, die wir politisch haben. Das zeigt sich an dem Ökologie-Komplex ganz klar. Leute, die sich vor fünf Jahren »grün« nannten oder »grün« agierten, wurden damals als Außenseiter betrachtet. Heute befürchten Politiker, Außenseiter zu werden, wenn sie sich nicht, zumindest äußerlich, für eine grüne Natur einsetzen würden. Ich sehe es so, daß wir heute so nahe am Rande des Abgrundes leben, daß wir, politisch gesprochen, Hilfe von der Abgrundhaftigkeit der Situation bekommen. Unsere Erde ist im Zerstörungszustand, und langsam zeigt sich das in Luft, Wasser und Boden. Wenn nicht nur der Boden, die Bäche und die Luft krank werden, sondern auch Kinder und Erwachsene Atemschwierigkeiten zeigen, wird die Bewußtheit auch unter den Unbewußten und Mächtigen wach. Ich glaube, daß es wichtig ist, diese Bewußtheit auch in Zweiergesprächen und in Kleingruppen immer weiter zu fördern.
Es gibt viel Wichtiges, das zugänglich wird, wenn wir Lebensunterhalt und Leistung nicht total verbinden und wir unser persönliches und gemeinschaftliches Potential entwickeln. Es scheint mir klar zu sein, daß durch die Fortschritte in der Elektronik sehr viel weniger Menschenarbeit nötig sein wird und sehr viel mehr Nachdenken über die Wichtigkeit gerechter Verteilung der Güter und wie das möglich werden kann.

Rolf:
Ich beginne oft in Unternehmen zu arbeiten, ohne vorher grundsätzliche Gespräche über Werte geführt zu haben, wenn ich das Gefühl habe, daß meine Gesprächspartner eher abwehren und verdrängen. Das heißt für mich aber nicht, daß ich die Werte aufgebe, sondern ich versuche, durch meinen Arbeitsprozeß Vertrauen aufzubauen. Was ich oft erlebe, ist, daß dann die Entscheider bereit sind, mit mir über politische Themen, Werte und ganz persönliche Anliegen ins Gespräch zu kommen.

Ruth:
Das glaube ich auch. Die betrieblichen Dinge gehören zum Politischen, ebenso wie die pädagogischen. Die Politik ist »die Kunst des Möglichen«.

Unsere Frage ist, was heute möglich ist, um in die politischen Fragen einzusteigen. Und für uns TZI-ler besteht die Frage, wie das TZI-System zunehmend an die Stellen kommen kann, wo es über Schulklassen und kleinere Gruppen hinaus Einfluß gewinnt. Mancherorts ist das bereits der Fall, und ich weiß, daß Du und auch andere Untersuchungen machen über TZI-Prinzipien in Organisationen und Großgruppen. Ich habe auch einiges Material gesammelt.
Als ich vor wenigen Wochen in Stuttgart war, kamen 950 Leute zu einer Abendveranstaltung über das Thema: »Es geht um Werte...« Und für solche Gelegenheiten suche ich Strukturen zu schaffen, in denen jeder persönlich aktiv sein, sich selber ausdrücken und zuhören kann. Dies ist durch adäquate Strukturierungen zwischen Vortrag, Plenumsdiskussion, Kleingruppendiskussion, Auseinandergehen und Zusammenführen durchaus möglich, und es war auch in diesem Fall erfolgreich. Das ist lern- und lehrbar — für Kongresse und Aula-Gespräche etc. Ich hoffe, daß die Anwendung für politische Versammlungen im Rahmen der Zukunftsmöglichkeiten liegt.

Anna:
Was ist es eigentlich, Ruth, das Dich schon so viele Jahre an dieser Wertefrage hält? Ich habe den Eindruck, für Dich ist nicht mehr das primäre Ziel, mit TZI zu arbeiten. Die Wertefrage scheint für Dich im Vordergrund zu stehen.

Ruth:
TZI sehe ich als Kompaß. Ich habe erst in den letzten Jahren entdeckt, daß im Grunde in der Arbeitshypothese der TZI, also im Dreieck in der Kugel, bereits die Ethik enthalten ist, die ich in den Axiomen (Grundsätzen) ausgesprochen habe. Diese Ethik ist implizit im TZI-Symbol enthalten. Doch der Kompaß ist niemals die Ethik, genausowenig, wie die Landkarte je die Landschaft ist. Die Landkarte der TZI sagt: »Sei und werde der, der Du selbst bist und wirst; und sei und werde der Anteil im Wir, der sich am Leben, an der Freude, an den Aufgaben der Gemeinschaft beteiligt, wie es seiner eigenen Person entspricht; d.h. sieh nach innen, sieh nach außen, leite Dich nach Deinen Werten und Fähigkeiten und nach der Realität, wie Du sie um Dich und in Dir erfährst.«

Rolf:
Ruth, wenn Du nachdenkst, was ist so Deine Hoffnung für TZI für die nächste Zeit?

Ruth:
Ich glaube, daß die Ausweitung von TZI ein Beitrag dazu sein kann, daß diese Welt überlebt und zu positiverem Leben führt. Und ich hoffe, daß wir auch einen Beitrag dazu leisten können, daß der Nationalismus — ebenso wie Familienarroganz — etwas gedämpfter und Familienfreude und Planetarismus etwas stärker werden. Wir sind Brüder und Schwestern auf dieser Erde — Freiheit, Gleichheit und Geschwisterlichkeit. TZI paßt in diese Aufgaben der Bewußtheit und ihr entsprechende Aktualitäten.

Anna:
Eine Frage noch zum Schluß, Ruth: Du hast TZI oft bezeichnet als »Gesellschaftstherapie«. Und es ist etwas anderes, mit TZI zu arbeiten, als therapeutisch mit Menschen zu arbeiten. Kannst Du noch einmal sagen, wo Du den entscheidenden Unterschied dabei siehst? Wo ist das eine notwendig und wo das andere? Gibt es auch Grenzen?

Ruth:
Historisch gesehen war meine Idee, das, was in Einzeltherapie hilft, soweit wie möglich vielen Menschen zugänglich zu machen. Ich glaube, das ist eigentlich ganz wesentlich geschehen. Es geschieht sehr viel Therapeutisches in TZI-Gruppen, sowohl antizipatorisch als auch bei nicht allzu tiefen Persönlichkeitsstörungen. Die Grenzen und Übergänge sind fließend. Therapie enthält viel Pädagogisches und Pädagogik ebensoviel Therapeutisches. Was TZI jedoch nicht ersetzen kann, ist Therapie für tiefere Störungen, die wir im allgemeinen als psychische Krankheit bezeichnen. Jedoch kann auch die klinische Therapie etwas von der TZI-Pädagogik übernehmen, was in der Adlerschen Richtung (auch von Viktor Frankl) schon früher gesagt wurde: Daß es keine Selbstverwirklichung geben kann, wenn diese nicht auch im Sinne der Einbeziehung der Gemeinschaftlichkeit gesucht wird. Ebenso stimmt es umgekehrt, daß es keine Gesellschaftstherapie geben kann, die das persönliche (biologische und geistige) Ich vernachlässigt.

Matthias Kroeger

Professor für Kirchengeschichte a.d. Universität Hamburg (Schwerpunkt Theologiegeschichte der Neuzeit), (Ehe-)Berater und graduierter WILL-Gruppenleiter, vorwiegend in den Bereichen Seelsorge/Kirchliche Arbeit und (Hochschul-)Didaktik. Veröffentlichung: Themenzentrierte Seelsorge ([3]1983).

Profile der Themenzentrierten Interaktion[1]

Wenn ich mir überlege, was an der Themenzentrierten Interaktion (TZI) — jener Methode »Lebendigen Lernens« von Ruth C. Cohn — als das Besondere zu schildern wäre, damit sie in diesem Band sinnvoll erkennbar wird, dann stelle ich mir vor, daß die Menschen, mit denen ich sie erlebte, sie — grob gesagt — auf dreierlei Weise aufnahmen.

1. Drei Zugänge zur Methode

Die Einen fanden die eminente Herausforderung zur Selbsterfahrung und Selbstbeachtung, die in fast jedem Kurs durch die Leitbegriffe ›Echtheit‹ und ›Offenheit‹ vermittelt wird, bemerkenswert. Schon das Verhalten des Leiters, der hier als Modellteilnehmer verstanden wird, stellt durch die selektive Echtheit und Offenheit in seiner eigenen Beteiligung eine Herausforderung in diesem Sinne dar. Es ist eine wesentliche

[1] Fast unveränderter Abdruck aus: Wege zum Menschen (1974), S. 458—478.

Voraussetzung im Modell der Methode, daß nur, wer selber lebendig und aufgeschlossen ›ich‹ zu sein und als er selber dabeizusein vermag, Lernaufgaben lebendig erfüllen und human verarbeiten kann. Vom Therapeuten wie vom Lehrer gilt:

»Wenn Du Dich versteckst, wie kannst Du erwarten, daß Deine Patienten [und Schüler] es wagen, sie selbst zu werden oder zu sein? Du hast ein Recht auf Deine Gefühle als ein menschliches Wesen, und diese Gefühle werden Deinen Patienten [Gruppenmitgliedern] helfen, eigenständige Individuen zu sein, ohne Scham über ihre Gedanken und Gefühle.«

Diese Betonung des lebendigen, teilnehmenden Ich als Lernelement gründet — historisch gesehen — in der Entwicklung der Humanistischen Psychologie und ihres Experiential-Stiles, dem die Axiome der Echtheit und Direktheit entstammen. Es ist schon ein Erlebnis zu merken, daß es etwas Positives und auch für andere Förderliches sein kann, mich selber offen einzubringen und nicht nur in falscher Rücksicht andere vorzulassen. Diesem Verhaltensziel disziplinierter Spontaneität sich zu nähern und offene Direktheit mit angemessener Rücksicht auf andere Personen und Umstände differenziert zu lernen, verhalfen einige »Hilfsregeln«, die die Methode als Hilfsinstrumente, als Anregung und Leitfaden zur Verfügung stellt[2].
Andere werden eher die Übung, mit anderen umzugehen und von deren Offenheit oder Verschlossenheit zu lernen, auf sie zu achten und sich auf sie einzustellen, kurz: die Gemeinsamkeit der Erfahrung als ihr Erlebnis mit der Methode beschreiben. Wie nehme ich andere wahr, lerne ihre Körpersprache zu beachten, erfahre ihre Erwartungen, ihr Recht, ihre Wirkung auf mich, meine *Interdependenz* mit ihnen? ›Wir‹ zu sagen, ist oft nur die Suggestion einer vereinnahmenden Unfreiheit (»Wir meinen doch alle ...«, »Wir wollen ...«). Es ist ein wichtiges Ziel der Methode, das freie, nicht unterdrückende Wir im Konsens auszubilden. Das Bewußtsein der grundlegenden Teilhabe und der Gemeinsamkeit bewahrt die Ich-fähigkeit (»Ich bin ich«) davor, autistisch zu werden und dem korrespondierenden »Du bist du« einen gleichgültigen, vernachlässigenden Sinn zu geben[3]. Doch mehr noch, das Wir, das wir ausbilden, nicht nur als bergende und darum nach außen gegen andere (»die da ...«)

[2] Alles Genauere in meiner Darstellung in: Themenzentrierte Seelsorge, Urban-TB 605, 1973 (1983³, abgek. TZS), sowie Ruth C. Cohn, von der Psychoanalyse zur Themenzentrierten Interaktion, Klett 1984⁶.

[3] Über diese Tendenz, die Partizipation in der Autonomie zu vergessen, das Ich zu verabsolutieren und über die so gestreute »Saat der Isolierung und des Autismus« schreibt R. Cohn in »Autismus oder Autonomie« in: Von der Psychoanalyse zur Themenzentrierten Interaktion, S. 97ff.

abgrenzende Größe zu nehmen, vielmehr das Wir als Teil eines größeren Ganzen in Solidarität verstehen und empfinden zu lernen — das erst macht Selbst- und Gruppenerfahrung zum Kristallisationspunkt eines neuen Stils, der öffnet statt abzuschließen und Konkurrenz aufzubauen. »Wie möchte ich lernen ›Wir‹ zu sagen?« — ein gewichtiges Thema angesichts der trennenden Wirkung von Auto- und Heterostereotypen, die wir aus der Gruppendynamik kennen. Lernen wir die Gemeinsamkeit einer größeren — menschlichen, politischen, religiösen/theologischen — Zusammengehörigkeit in Freiheit angesichts auszuhaltender Differenzen unter uns? Erst eine solche Wir-Fähigkeit, die im Bewußtsein gründet, unentrinnbar und sinnvoll (nicht nur bedauerlicherweise) Teil eines größeren Ganzen zu sein, bejaht und schafft Verantwortung für einen Teil dieses gemeinsamen Ganzen. Wird dies zum Thema und Element unserer Wir-Fähigkeit? Oder erliegen wir der selbstläufigen und oft problematischen Dynamik der Gruppenbildung?
Die Dritten erleben es als ihre Chance, daß sie die *Interaktion* (Ich — Wir) und die Sach- bzw. *Themen*aufgaben aufeinander zu beziehen lernen. Von dieser Aufgabe und ihrer mit »Hilfsregeln« und Modell (s.u.) eingeleiteten und ermöglichten Bearbeitung hat ja die Methode ihren Namen. Beides zu verbinden ist ihr Ziel: in Themen- und Lerngruppen die persönlichen Vorgänge und Beziehungen zu beachten und fruchtbar einzusetzen, zugleich damit aber die Sachaufgabe menschlich näher zu bringen und sie dem Prozeß der Interaktion auszusetzen. So kann sich die Interaktion an der Sache, die Sache aber zugleich an der Interaktion abarbeiten und verändern.

2. Lernziel: Dynamische Balance der drei Aspekte

Den erstgenannten Lernschritt der Ich-Fähigkeit (manchmal auch den zweiten der Wir-Fähigkeit) fassen auch andere methodische Konzepte ins Auge. Darum kann es hier keine Ausschließlichkeit geben (die Ausbildungsrichtlinien von *WILL* sehen daher vor, daß jeder Auszubildende andere Modelle der Gruppen- und Therapiearbeit kennenlernt). Der dritte Lernschritt — d. .i. die Kombination aller drei — ist das eigentümliche Lernziel der Methode. Doch kann dies nicht bedeuten, daß die beiden ersten im Prozeß der entstehenden Themenfähigkeit übersprungen werden. Jeder Teilnehmer einer Gruppe, jeder Schüler einer Klasse, jeder Mitarbeiter in einer Konferenz kommt mit eigenen, persönlichen Voraussetzungen aus einer bestimmten biographischen Situation, aus der heraus er sich verhält. Für den einen wird es zum Erlebnis, sich selber ganz beteiligen zu dürfen (oder die Herausforderung wird ihm zum — wichtigen? — Schmerz), für den anderen ist es neu, andere Teilnehmer verstehen, einfühlen, beachten zu lernen und Gemeinsamkeit zu suchen, ohne sich oder andere dabei zu verleugnen. All dies muß erst entdeckt, das Ich von vornherein am Wir und sie beide von vornherein an Sachen und Themen, d.h. in Relation und zugewandt, geübt werden. So erst wird das Hauptziel der Methode von den Teilnehmern allmählich und von verschiedenen Seiten her angenähert: die *Balance* aller drei Fähigkeiten: mich selber zu beachten und angemessen ins Spiel zu bringen, damit ich in jeder Situation dabeibleibe und mitlebe, mitlerne, ohne die anderen zu übergehen und ohne das Thema zu vergessen. Lerne ich es, mich zurückzustellen, ohne mich zurückzuziehen und zu verschließen? Auf welche Weise und in welchem Sinne kann die Aufgabe zur Geltung gebracht werden, ohne über andere vernachlässigte Menschen hinweg als »Ziel« erreicht zu werden? Diese Gleichzeitigkeit der Aufmerksamkeit auf Menschen *und* Sachen für all die vielen Gelegenheiten, bei denen wir oft Stunden um Stunden, Tage um Tage zusammen sind, zu erlernen — das scheint das Wichtigste zu sein, was sich hier überhaupt lernen läßt. Daher stellt die Methode als erstes Resumee dieser Überlegungen, als inneres Bild und Lernziel zunächst das folgende Modell der erhofften Beziehungen auf und übt es ein:

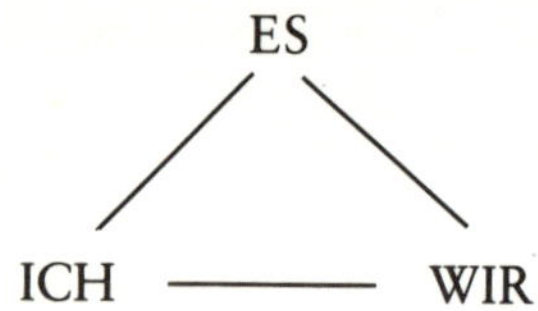

3. Ins Modell hineinwachsen — habe ich Zeit? Gebe ich Zeit?

Bevor ich im Folgenden die Hilfen der Methode (ihre sog. »Hilfsregeln«) und die Bedingungen ihrer Wirkung (Einstellung und Gruppenklima) bespreche, bitte ich den Leser, mit mir eine Zwischenüberlegung anzustellen, damit er sich in Ruhe dieses bewußt mache: das Hineinwachsen in die Forderungen und Hilfen des (bisher noch unvollständig beschriebenen) Modells benötigt Zeit. Nicht nur Zeit, um in jeder einzelnen Gruppe die Voraussetzungen und den Stil der Partizipation allmählich wachsen zu lassen, sondern auch Zeit, um selber als Gruppenleiter ich-, wir- und themenfähig zu werden und die Fertigkeit zu erlangen, in diesem Sinne und mit den gegebenen Hilfsmitteln (bis hin zu Techniken) eine Gruppe leiten zu können. Niemand lernt in einer oder in wenigen Wochen Klavier zu spielen. Aber eine Gruppe — vermeintlich mit Hilfe einiger »Regeln« — zu leiten, soll schnell gelernt sein, und wenn's nicht geht, hat die Methode eben enttäuscht? Es gibt sowohl im handwerklichen Sinne des Erlernens der Methode eine Ausbildung wie auch im persönlichen Sinne eine Entwicklung des Hineinwachsens in den Stil und die kommunikativen, d.h. die persönlichen und demokratischen Implikationen. Bin ich soweit erwachsen, daß ich mich selber und andere beachten und zugleich mit dem Thema umgehen kann? Ist mir dies wichtig genug, um mir Zeit dafür zu nehmen? (Das schließt ein, daß möglicherweise schon nach einem Kurs mein Leitungsstil besser sein kann, weil ich aufmerksamer bin auf mich, auf andere, auf Störungen und weil die »Hilfsregeln« mir zu dieser Aufmerksamkeit verhelfen.)

In der hier notwendigen Entwicklung ist es begründet, daß die Ausbildungsordnung von *WILL* einen Mindest-Zeitraum von zwei bis drei Jahren vorsieht, weil meist die ersten Kurse primär im Sinne persönlicher Erfahrung und Entdeckung erlebt werden (oft besteht eine latente Therapieerwartung), während die eigentlich methodische Arbeit oft erst ab dem 3./4. Kurs beginnt, wenn das emotionale Hochgefühl der Selbst- und Gruppenerfahrung zurücktritt. Erst allmählich merke ich, woran — ob an meinem Leiterverhalten, an der Gruppensituation, an der Themenformulierung etc. — es liegt, wenn eine Gruppe innerlich blockiert und daher meist unzufrieden oder (verkappt) aggressiv ist, so daß sie ihr Thema nicht bearbeiten kann.
Kehren wir nun zur Entwicklung der Methode zurück und betrachten ihre Hilfen.

4. Kleine Lernschritte: Die »Hilfsregeln« als Wegweiser und Helfer

Die Gleichzeitigkeit der dreifachen Aufmerksamkeit ist nicht selbstverständlich, doch ist sie ein Lernziel, das sich ›lebendig lernen‹ und einüben läßt und für das es Hilfen gibt. Es ist etwas Ungewöhnliches an der Methode, daß sie diese helfenden »Regeln« hat. Sie entstammen der Beobachtung von gut- und schlechtgelaufenen Gesprächen und sind genau für die Stellen im (Sprech-)Verhalten formuliert, an denen die elementare emotionale Strukturierung des Gesprächs verläuft. So helfen sie dazu, auf die eigenen Einstellungen, die eine Kommunikation hindern oder fördern, bewußter zu achten und die Weisen des Gesprächs zu erkennen und zu vermeiden, durch die die gutgemeinten Versuche, sich sachlich und persönlich zu verhalten, so oft schiefgehen. Gespräche gehen z.B. schief

— wenn die Beteiligten unpersönlich, ›sachlich‹ und ›ganz allgemein‹ bleiben, um sich der Kontrolle ihrer eigenen Echtheit und der Konfrontation mit den eigentlich zugrundeliegenden Gefühlen zu entziehen. Daher die Regel »Vertritt Dich selbst in Deinen Aussagen: sprich per ›ich‹ und nicht per ›wir‹ oder ›man‹.

(Ich kann nie wirklich für einen anderen sprechen. Das ›man‹ oder ›wir‹ in der persönlichen Rede ist fast immer ein Sichverstecken vor der individuellen Verantwortung.)«.
— wenn Fragen an den Gesprächspartner zur Tarnung der eigenen Meinung oder von Hintergedanken ausgesprochen werden. Daher »wenn du eine Frage stellst, sage zuerst, was sie Dir bedeutet. (Denn es ist beinahe immer besser, eine persönliche Aussage zu machen, als an andere Fragen zu stellen. Meine Äußerung ist eine persönliche Mitteilung, die andere Teilnehmer zu eigenen Aussagen anregt.)«.
— wenn ich Urteile abgebe und über statt zu jemandem rede. »Vermeide die Interpretation anderer so lange als möglich. Gib lieber statt dessen Deine eigenen Reaktionen auf den anderen.« Wenn Du über jemanden etwas sagen willst, so sage auch, was es Dir bedeutet; dann bleibt Deine Aussage Deine persönliche Meinung, die den echten Dialog fördert, und wird nicht Urteil mit Anspruch auf allgemeine Gültigkeit.
— wenn jemand nicht weiß oder beachtet, was er eigentlich will, und daher an dem eigentlich Gewollten vorbeigeredet wird, was Spannung und Unklarheit hinterläßt. »Versuche, Dir bewußt zu sein, was Du in Wirklichkeit sagen oder tun *willst,* nicht was Du *solltest* oder was von Dir erwartet wird.«
— wenn ich die nicht-verbalen Mitteilungen des Körpers unbeachtet lasse oder sie gar nicht verstehe (ihre Sprache läßt sich durch allmählich zu schulende Aufmerksamkeit verstehen): »Beachte die Signale aus der Körpersphäre bei Dir und anderen. Sie helfen Dir, Dein eigener chairman zu sein und zu wissen, was Du willst und was andere wollen. Du weißt dann genauer, woran Du bist.«
— wenn jemand nur sich selber wahrnimmt und alles, was er denkt und fühlt, aus mißverstandener Echtheit unkontrolliert sagt. »Sei authentisch und selektiv in Deinen Kommunikationen. Mache Dir bewußt, was Du denkst und fühlst, und wähle, was Du sagst und tust.«
— wenn sich jemand von der Teilnahme am Themengespräch abgehalten fühlt und darum innerlich abwesend ist oder in der Art seiner Anwesenheit (Unruhe, Form der Beiträge) stört. Solche Absenzen zu verhindern und den möglicherweise konstruktiven Beitrag, der in der Störung liegt, hereinzuholen, hilft die berühmt-berüchtigte Regel »Störungen haben Vorrang«. (»Unterbrich das Gespräch, wenn Du nicht wirklich teilnehmen kannst, z.B. wenn Du gelangweilt, ärgerlich oder aus einem anderen Grunde unkonzentriert bist.«) Denn anwesend und wirksam sind Störungen ggf. ohnehin; die Frage ist nur, ob sie herausgelassen und aufgenommen werden.

Diese (und andere) »Hilfsregeln« sind Hilfsmittel, die Ich-, Wir- und Themenfähigkeit zu üben, das Modell des Dreiecks in der konkreten Gruppensituation in Praxis umzusetzen und es nicht nur als guten Willen verkümmern zu lassen. Die Regeln stehen mitten zwischen dem gedanklichen Konzept der Methode (Modell, Einstellung) und ihren Techniken, genau an der Stelle, an der sich offene, humane und verschlossene, leerlaufende oder ohnmächtig-aggressive Kommunikation unterscheiden. Sie machen die Axiome der Grundeinstellung, von der noch zu sprechen ist, lebendig und im einzelnen konkret erfahrbar. Sie sind keine Normen, »Regeln« oder Gebote, die einzuhalten wären — obwohl sie, da sie so schnell einleuchten, immer wieder so verkannt werden; sie ersetzen dann als bloße Formulierungszwänge eine Unfreiheit durch die andere —, sondern sind Hinweise und Hilfen, Anregungen und Verlockungen: »Versuche, wenn Du kannst, dasselbe einmal per ›ich‹ zu sagen und sieh, auf welche Gedanken und Gefühle Dich das bringt.« Sie sind Helfer, damit ich allmählich dem Ziel näherkomme, mich offen und frei in Gemeinschaft mit Themen/Aufgaben verhalten zu können.

5. Die chairman-Regel und der Charakter der Regeln

Das so allmählich erwachsende Ich nennt die Methode den chairman. Der chairman wird sich im ›Komitee‹ der inneren und äußeren Faktoren seiner verschiedenen Gefühle, Wünsche und Notwendigkeiten bewußt und trifft die Entscheidung für sich: was will ich jetzt? will ich mit Euch am Thema arbeiten? will ich meine eigene Sache am Thema oder gegen das Thema (weil mir etwas anderes eben sehr wichtig ist, als Störung) bringen? Der wenig schöne Begriff chairman wird hier beibehalten, weil er darauf verweist, daß auch das erwachsene Ich — um an *E. Berne* zu erinnern — mit sehr verschiedenen und vielschichtigen Tendenzen im »inneren Komitee« seiner heutigen Strebungen und Gefühle, auch mit kindlichen und regressiven, anhaltend zu tun hat und mit ihnen umgehen muß. Jeder *ist* sein eigener chairman, *ist* verantwortlich für sich und mitverantwortlich für die Gruppe wie für die gemeinsame Aufgabe — die Frage ist nur, ob er es weiß, akzeptiert und darum lernt, es erwachsener und umsichtiger, bewußter und handlungsfähiger zu werden. Jedem *ist* seine Verantwortung zugemutet, aber er kann sie vernachlässigen und kindlich bleiben, oder er kann im *Bewußtsein und im Horizont seiner Entscheidungsfähigkeit* allmählich wachsen.

So wiederholt sich hier das alte und sinnvolle Formulierungsdilemma: *ist* jeder sein chairman (er nimmt es nur mehr oder weniger wahr), oder *wird* er es (weil der infantile chairman noch keiner ist)? Es scheint mir wie eine Frage des Mutes, ob ich mich getraue, es als verallgemeinerungsfähige ontologische Theorie zu formulieren: jeder ist sein chairman. Wohl muß sich jeder entscheiden, aber wird er darum schon entscheidungs*fähig*? Wird aus jedem Menschen ein Mensch? Ich glaube, jeder kann sein chairman werden, wenn wir uns gegenseitig dazu helfen. Ermutigen wir uns gegenseitig dazu? Dann erst *wird* der Satz berechtigt: Jeder *ist* sein chairman. So wird der ontologische Satz, den nur der Mut ermöglicht, historisiert, er wird biographisch. Werde, der Du bist.

Daß jeder sein chairman im Prozeß der gemeinsamen Aufgabe werde, ist das Credo und das Ziel der Methode. Hieran wird in allen Zweifelsfragen von Anfang an erinnert, der chairman wird angesprochen und herausgefordert. So wird das Postulat zugleich die oberste Regel der Methode: »Sei Dein eigener chairman« — »Sprich oder sprich nicht — wie Du willst. Versuche in dieser Sitzung zu bekommen und zu geben, soviel Du geben und nehmen willst. Sei Dein eigener chairman, richte Dich nach Deinen Bedürfnissen mit Blick auf unser Thema und was immer sonst hier für Dich wichtig sein mag. Ich werde es ebenso tun.« Die Regeln machen hierzu auf manches Wichtige aufmerksam, sie helfen; aber ich, als chairman, entscheide, ob und wie ich mich ihrer Anregung bedienen will. Das chairman-Postulat zeigt, daß die Regeln *Hilfs- und nicht Normcharakter* haben. »Wie will ich chairman werden — mit Euch?«[4]

[4] Mit diesem Verständnis stimmt nicht überein die von A. Heigl-Evers und Fr. Heigl vorgeschlagene »Modifikation« der Methode (in: Gruppenpsychotherapie und Gruppendynamik, 7/1973, 237ff, hier zit. nach Abdruck in: Neue Sammlung 13/1973, 514ff, jetzt erneut nachgedruckt in Will-Info Sondernummer 1984, S. 35ff). Hs. komprimieren die Regeln in zwei Ich-Regeln (Chairman-Regel und Störungsprioritätsregel) sowie zwei Du-bezogene Handlungsanweisungen (527) (Ortungsregel und Antizipationsregel, s.u.). Aufschlußreicher als diese Reduktion/Modifikation/Ergänzung (531) scheint mir das Theorie- und Sprachmuster, in das die Regeln eingebettet werden. Sie werden als »Verhaltensregeln« in einem System (Person, Gruppe) vorgestellt, das als kybernetisches Modell gedacht ist (517f). So prägt die Sprache der Lern- und Verhaltenstheorie diese Modifikation und legt damit auch das implizierte Selbstverständnis, ihr Sprach- und Verhaltensmuster der TZI und ihren Benutzern nahe. So werden die Regeln als Gruppennormen/Normenvorschläge verstanden (514, 515), als Handlungsanweisung (527) und unter Wenn-dann-Bedingungen als hypothetische Imperative mit Verweis auf Kant formuliert (516). Die Ich-Regeln werden zu »Prinzipien«, die »nicht bezweifelbar sein sollten« (515). D.h. die Regeln sind hier nicht als Elemente und Hilfen innerhalb der Interaktion gedacht, sondern oberhalb ihrer als Kalkulationsanweisung formuliert: »1. die Ortungsregel: Jeder Kommunikant in der Lehr- und Lerngruppe soll den Adressaten seiner Kommunikation in seiner jeweiligen Befindlichkeit und an seinem jeweiligen Standort wahrnehmen und ansprechen. Mit anderen Worten, jeder Sender von Kommunikation in der Gruppe soll versuchen, den Standort des Empfängers zu bestimmen, bevor und während er kommuniziert; 2. die Antizipations-Regel: Jeder, der in der Gruppe Erlerntes in der sozialen Realität anwenden will, soll sich die Wirkung des Neuerlernten auf die sozialen Bezugspersonen vorstellen, bevor er entsprechend aktiv wird (s. Max Weber 1921 [= M. W., Wirtschaft und Gesellschaft])« (516). Die Regeln vermehren hier nicht die Aufmerksamkeit und Direktheit der Interaktion (»Sprich nicht über ..., sondern gib lieber Deine Reaktionen«), sondern fordern *primär* zu distanzierender Vorweg-Reflexion auf, was — schon im vorgeschlagenen Sprachmodell — Spontaneität eher tötet und den Tausendfüßler, den sie durch die empfohlene Bedenklichkeit kreiert, noch lähmt. Statt zur Einübung im kommunikativen Verhalten der Unmittelbarkeit werden sie zur Verführung ins Labyrinth von Vorausüberlegungen. (Daher wollte ich diese kritischen Bemerkungen zunächst an die Passage über die Wir-Fähigkeit in der Interaktion anschließen, der die »Modifikation« mir primär entgegenzuarbeiten scheint). Dem entspricht im Stil die Serie der Soll-Formulierungen, die den Aufsatz durchzieht, während doch der Sinn der interaktionellen TZI-Anregungen ist: »Versuche

6. Autonomie in der Gruppe oder Gruppendynamik?

Die zunächst vielleicht ungewohnt direktiv wirkenden und daher als Normen mißverständlichen »Regeln« erweisen sich bald als hilfreiche Voraussetzung für eine Situation, in der *Autonomie und Interdependenz* in der Gruppe wachsen.

R. Cohn über ihren ersten workshop in der BRD 1969: »Grundregeln, die in Amerika als experimentelle Spielregeln betrachtet werden, wurden mit Leidenschaftlichkeit und Aggression abgelehnt. Ich war erstaunt, jedoch gleichzeitig erleichtert, da ich dieses als die antidiktatorische Einstellung eines Volkes interpretierte, das klar aussagte: ›Es soll nie wieder geschehen.‹ Als die Teilnehmer später entdeckten, daß gerade die Grundregeln der Eigenständigkeit des einzelnen dienten und nicht auf meiner Laune oder Willkür beruhten, erwachte Begeisterung für die WILL-Methode und ihre individuelle Einstellung im Gesamt des sozialen Kollektivs: ›Sei Dein eigener chairman.‹ (Ein Kollege in der großen Tagungsgruppe hatte geäußert: ›Ich weiß, warum Sie uns aufforderten, schweigend darüber nachzudenken, was jeder von uns hier lernen und beitragen möchte: Sie wollten eine Massenhypnose verhindern.‹ Diesen Aspekt meiner Methode war ich in Diskussionen mit Amerikanern oder Engländern nie gewahr geworden.)« (Von der Psychoanalyse zur Themenzentrierten Interaktion S. 217ff)

Dir bewußt zu sein, was Du in Wirklichkeit sagen oder tun *willst,* nicht was Du *solltest«* — also Anleitung zum tieferen Selbstbewußtsein. Die Regel »Sprich per ›Ich‹ « gar wurde angesichts der verbreiteten Schwierigkeit, ich zu sagen, zu einem sinnlosen und schädlichen Versuch, wollte man sie mit diesem Modell als hypothetischen Imperativ formulieren. (Sie fehlt in der vorgeschlagenen Modifikation denn auch — bezeichnenderweise, meine ich.)

Die Sprache dieser Modifikation gerät also, wie ich meine, jenseits der Interaktion, wird unpersönlich, dafür »wissenschaftlich«, d.h. das Modell wird in einem zwar umstrittenen, doch als Möglichkeit anerkannten quasi-behavioristischen Konzept formulierbar. Der Sinn dieser Sprache und ihres Verhaltensmusters ist nicht Spontaneität. Es ist eine Meta-Sprache, ein Modell ›über‹, von sekundärer Art, nicht in der Primärerfahrung formuliert und daher nicht zu Authentizität anregend. Der Sinn dieser Modifikation kann also nicht in Verbesserung und Anregung von Interaktion liegen. Daß sie diesen Anschein und (indirekt) Anspruch erhebt, scheint mir das Problematische. Das aber heißt: es ist wieder einmal zu überlegen, was eigentlich geschieht, wenn ein interaktioneller Vorgang in solch einer Sprache und unter den Voraussetzungen ihrer Matrix beschrieben wird, und welche Motive und Notwendigkeiten eigentlich hinter einer solchen Verwissenschaftlichung stehen. Der Versuch, empirische Thesen zu den einzelnen Regeln zu formulieren, könnte als Vorgriff auf wissenschaftliche Kontrollmöglichkeiten für die Effizienz der Methode allenfalls wichtig werden, und hier hätte die sekundäre Sprache eine Funktion. Die Mischung aus Widerspruch und Hilflosigkeit, die ich gegenüber dem Ansinnen dieser Modifikation empfinde, kann daher kein Argument, vielmehr nur ein Hinweis auf das Problem dieser Theorieimplikate sein. Auf die hier bestehende Differenz zwischen der interaktionellen TZI und der system- und lerntheoretischen »Modifikation« sei daher als Anregung zum sorgfältigen Studium dieses Problems für unsere Konzeptbildung hingewiesen.

Autonomie in der Gruppe — das bedeutet nicht nur Erwachsenheit in mir selber und Selbständigkeit mit den anderen, sondern es bedeutet auch Bewußtheit und Selbständigkeit aller Teilnehmer gegenüber der sich entwickelnden (Eigen-)Dynamik der Gruppe, gegenüber dem Gruppenfluß, der sich leicht gegenüber dem Willen der einzelnen und manchmal gar aller verselbständigen kann und dann lauter scheinbar erwachsene Menschen zu sprechen, zu tun und zu lassen veranlaßt, was sie eigentlich gar nicht wollen. Die Dynamik von Gruppen ist eine eigene Kraft, die zu kennen notwendig und Voraussetzung sinnvoller Arbeit ist. Sich ihr gegenüber aber immer wieder zu besinnen und selbständig zu machen, ist eine wichtige Sache. Gruppendynamik ist in der TZI Voraussetzung und Mittel, nicht Ziel der Gruppenarbeit. Solange das Hauptziel die Klärung des Verlaufs der Gruppendynamik ist, wird die Klärung der Ziele, der gemeinsamen Wünsche und Notwendigkeiten (statt ›Soll-Werte‹) ganz nebenbei und doch ständig zum Hauptproblem. Um dem zu entgehen, gibt es in der TZI immer wieder Pausen, Schweigeübungen und Besinnung, Rückkehr zum eigenen Ich und zu den anderen: »Wo bin ich jetzt, was will ich jetzt?«, tue ich, was ich eben wirklich möchte, oder habe ich mich verleiten lassen?, wo sind die anderen, das Thema, und wie möchte ich mit ihnen sein? Das Schweigen ist ein wichtiges Mittel: so sprechen und zusammensein zu lernen, daß auch das Schweigen und das Verschwiegene, das Unausgesprochene dabei sein kann, so daß Schweigen nicht Angst und Unfähigkeit, sondern Medium qualitativer Wahl wird. Auch die Situation ratlosen Schweigens gewinnt von dieser Gewöhnung an Stille und an Warten als sinnvolles Mittel der Selbstverständigung.
Doch nicht nur die entstehende Autonomie der Teilnehmer hilft, die entstehende Dynamik der Gruppe zu beherrschen. Auch das Thema hat in dieser Beziehung eine wichtige Funktion. Es strukturiert die Dynamik und die Situation der Gruppe und entlastet so — vor allem in der Anfangsphase — von trial-and-error-Umwegen; es entlastet von der Angst, die in unstrukturierten Situationen leicht entsteht, und erspart daher unnötige Frustration und Angst (TZS, 164ff). Daher ist es wichtig, das jeweilige Thema im Blick auf den Sinn der Veranstaltung, auf die einzelnen Teilnehmer und die Gruppensituation als ganze sachgerecht zu setzen. Diese Technik der Themensetzung und ggf. der Wahl bestimmter Themenfolgen gehört zum Handwerk der Methode, das erlernt werden muß (TZS, 190f).
Bisher habe ich von den Hilfen der Methode, von den »Hilfsregeln« gesprochen, die die dynamische (d.h. oft auch schwankende) Balance zwischen Ich-Wir-Es zu wahren helfen. (Ich übergehe hier, mit welchen Hilfen der Leiter den Themenprozeß anregt, die Gruppe beisammen hält,

mit Übertragungen umgeht, Störungen aufnimmt usw.; das sind praktische Ausbildungsfragen.) Der allmählich in jedem Teilnehmer sich entwickelnde *chairman* steht im Mittelpunkt und ist — gerade angesichts der Themenarbeit — das Zentralanliegen. Er hält die Balance im Dreieck und handhabt die Regeln. Wie aber kann ein solcher chairman sich in mir entwickeln? Wie müßte die ermutigende Gruppe aussehen, in der ich es mir leisten kann, gemäß meinem eigenen Maß frei und offen zu werden, mich lebendig zu zeigen, Störungen zu sagen und mich ggf. dem Trend der Gruppe, ihrer Dynamik, autonom entgegenzustellen? Wer hilft mir, mit meinen Schwächen wirklich umzugehen? Um diese Frage zu beantworten, haben wir nun über die Bedingungen der Wirkung von TZI-Gruppen zu sprechen: von der Einstellung, die sie im Leiter voraussetzt, die sie durch ihn einführt und in den Teilnehmern fördert.

7. Das Gruppenklima in der TZI

Das Thema, so sagte ich schon, strukturiert in der TZI die Anfangssituation und entlastet daher von Angst und unnötiger Aggression. In diesem Sinne leitet R. Cohn eine Gruppe ein:

»Wenn ich einen workshop beginne, versuche ich ein akzeptierendes, nichtfeindliches Klima zu fördern. Ich glaube, daß eine negative Atmosphäre nicht für freie Kommunikation und freies Lernen förderlich ist ... Mein Weg, ein wahrnehmungsoffenes Klima zu fördern, schließt eine akzeptierende Haltung für alles, was gesagt wird, ein, speziell am Anfang der ersten Sitzung. Ich kann, was gesagt wird, in Rogers' Weise spiegeln oder die Wichtigkeit einer Äußerung anerkennen... Es gibt selten eine Äußerung, die nicht eine nützliche Komponente enthält, und eben diese nützliche Komponente suche ich zu verstärken ... In der Einleitungsphase, bis eine freie und arbeitsfähige Atmosphäre etabliert ist, akzeptiere und fördere ich die (sog.) ›Star-Beziehung‹ (zu mir) — indem ich auf alles antworte, was gesagt wird. Ich antworte mit meinen eigenen Gefühlen und Erwartungen, um sowohl die Gruppeninteraktion voranzutreiben wie auch mich als Gruppenmitglied einzurichten« (TZS, 164f).

Das akzeptierende, Vertrauen freisetzende und erweckende Klima ist es, welches einen Raum schafft, in dem das allmählich erwachsende Ich mit der chairman-Regel angesprochen wird. Es liegt wohl an dieser herausgeforderten, zugemuteten und durch die Partizipation der Gruppe unterstützten Ich-Stärke, daß die TZI-Gruppe *implizit* so oft therapeutisch (und vermutlich auch prophylaktisch) wirkt, ohne doch eine Therapie-Gruppe zu sein[5].

[5] Vgl. I. v. Plotho (Univ. Nervenklinik Bonn), Selbsterfahrungsgruppen nach der themenzentrierten interaktionellen Methode mit Mitarbeitergruppen sozialer Institutionen (masch.).

Dieses positive Klima der TZI-Gruppen führt gelegentlich zu dem Bedenken, ihr Stil verbreite ein forciertes, unbearbeitetes Klima von Freundlichkeit, eine Art Gruppeneuphorie, schaffe leicht Verbrüderungsatmosphäre, der Leiter könne seine Gruppe in sich verliebt machen, kurz: das Klima verhindere den Austrag von Aggression.

8. Verschleiert TZI Aggression?

So ungreifbar dergleichen mündliche Äußerungen sein mögen, die vielleicht auch etwas über die Ängste der Frager anzudeuten vermögen — es wird sich doch lohnen, diese Bedenken hier einmal aufzugreifen, da es mindestens bezeichnend ist, daß sie überhaupt aufkommen können und demgemäß nicht ohne Grund sein werden. Ihre Reflexion erlaubt es, eine wichtige Innenseite der TZI zu beleuchten.

Zunächst mag ein ungewöhnlich betontes, fast credo-artiges positives Moment im Einstellungsfundus der Methode auffallen. Die »Liebe zu uns und zu anderen« (TZS, 167) steht am Anfang, und darum kann es heißen: »Keine Methode ersetzt persönliche Wärme, Toleranz und positive Einstellung zum Menschen ... Ich glaube, daß der Gruppenleiter auch eine konstruktive Werteinstellung braucht. Ich sehe in der Psychotherapie und in der allgemeinen Erziehung sowohl den axiomatischen Glauben an die Autonomie des Menschen als auch die Tatsache der zwischenmenschlichen Gebundenheit« (TZS, 184). Diese Einstellung findet sich in der zentralen chairman-Regel wieder, die den einzelnen bei seinem erwachsenen Ich und im Vertrauen auf die in ihm schlummernden Möglichkeiten anspricht: »*WILL* glaubt an die Entwicklungsfähigkeit des Menschen.« Sie setzt sich bis in die Technik der Themensetzung hinein fort (»sprich die Teilnehmer durch die Themenformulierung bei dem an, was sie weiterführt. Knüpfe an ihr Vermögen, ihre Stärke, ihren Willen, an ihr Positives an«, TZS 192) und entsprechend wird, wie zitiert, jeder workshop bewußt mit akzeptierendem Klima strukturiert und angstentlastend eingeleitet.

In diesem Sinne ist, ursprünglich weitgehend durch R. Cohns eigene Einstellung, die TZI geprägt. Erst in der weiteren Praxis und Entwicklung der Methode wird sich eine breitere Selbstverständigung der die Methode Handhabenden und an ihr Interessierten darüber bewähren, inwieweit diese Grundvoraussetzung allgemeine und aus consensus praktizierte und geltende Theorie bleibt. Erst in dem Maße, in dem die Ausgebildeten ihr eigenes Leben mit der Methode entfalten werden, wird sich zeigen, ob die beschriebene Grundeinstellung Basis der Methode bleibt. Das Folgende ist mein Beitrag zu diesem Thema, dessen mündlicher und brieflicher Besprechung mit anderen ich für das Folgende einiges verdanke.

Die TZI geht — so verstehe ich sie — davon aus, daß erst Positivität der Erfahrungen und Gefühle Basis und Ermöglichung von Autonomie und Kreativität ist. Gewiß ist das Nein, das sich vom anderen absetzt, der Anfang vollzogener Autonomie *(R. Spitz)*, aber nur das Kind, das das Ja erfahren hat und sich dadurch gewiß und akzeptiert fühlt, wird es schaffen, sein Nein so zu sagen, daß es der Mutter und sich selber gegenüber nicht destruktiv zu werden braucht. Das Nein wird dann — unterfangen und gegründet im Ja — zu einer konstruktiven Möglichkeit. Wenn nun demgemäß ein TZI-workshop positiv, in bewußt akzeptierendem und Vertrauen ermöglichendem Klima eingeleitet wird, so kann in diesem positiven Klima recht bald Aggression geäußert werden, ohne von Angst und Unsicherheit einer Anfangssituation belastet und unnötig vergrößert zu werden. Angst durch voraussehbar belastende Situationen und unpersönliches Leiterverhalten zu verstärken, ist unnötig. Begreiflich daher, daß die offene und Zuneigung ermöglichende Atmosphäre von TZI-Gruppen oft genossen und immer wieder froh — vielleicht (zu) euphorisch — erlebt wird. Kritisch wäre dies, meine ich, nur dann, wenn es dabei bliebe und in der Folge nicht auch die schwierigen und negativen Elemente bearbeitet würden. Das aber geschieht reichlich, wenngleich in anderen *Formen* und möglicherweise auch in einer anderen *inneren Chronologie,* als es in anderen Gruppen gewohnt ist.

Am Anfang also steht die Ermutigung zugewandter, Öffnung und Selbstausdruck ermöglichender Gefühle. Sie sich und anderen einzugestehen, ist wohl unseren sozio-kulturellen Zuständen eine ungewohnte, doch ebenso wichtige wie schöne Angelegenheit. Steht dem anerzogene Förmlichkeit entgegen, die es verlangt, Zuneigung in sich einzuschließen? Oder eingeübte schlechte Demut, die Sympathie und positive Urteile schwer mitteilt und noch schwerer annimmt, vielmehr in Bescheidenheit abwehrt? Oder geistert hier eine Theorie, nach der Aggression das Wichtige und Reale ist und gelobt nur wird, was hart macht, weil Zuneigung und Wärme, indem sie weichmachen und die ›Fronten‹ verwischen könnten, gefährlich sind? Dergleichen rationalisierte Vorurteile und anerzogene Selbstverständlichkeiten scheinen die Unfähigkeit, Zuwendung auszutauschen, zu steigern und vermehren damit Angst und Aggression. Warum fällt es so schwer, Anerkennung und Lob anzunehmen? Warum scheinen Unpersönliches und Ärger als das zu erwartende Selbstverständliche, während Anerkennung und Sympathie oft hilflos machen? *Carl Rogers* schreibt:

»Kann ich es mir erlauben, positive Einstellungen gegenüber diesem anderen zu empfinden — Einstellungen der Wärme, Fürsorglichkeit, Zuneigung, des Interesses und Respekts? Das ist nicht leicht. Ich finde in mir, und ich glaube, auch im anderen, eine gewisse Angst vor diesen Gefühlen. Wenn wir es uns erlauben, diese positiven Einstellungen gegenüber anderen frei zu erfahren, verspüren wir Angst, von ihnen in eine Falle gelockt zu werden. Aus der Einstellung könnten Forderungen erwachsen, oder wir könnten in unserem Vertrauen enttäuscht werden — und davor fürchten wir uns.« »Kann ich ihn akzeptieren, wenn er sehr positiv mir gegenübersteht, mich bewundert und sich nach mir ausrichten möchte? All dies gehört mit zum Begriff des Akzeptierens — keine ganz einfache Sache.« (Rogers 1973, S. 66.36)

Dies zu lernen, könnte eine ungewohnte Verstärkung unserer menschlichen und konstruktiven Einstellung untereinander sein, die einen tragfähigen Grund für den Austrag von Negativität legt. Wenn ich in einer neuen Gruppe mit fremden Menschen bin, habe ich nicht nur Angst, sondern empfinde auch Zuneigung und Freude an anderen. Warum nicht hiermit anfangen und diese Kräfte durch Themenwahl und eigene Einstellung als Leiter fördern? »Zuwendung und Flucht — in dieser Gruppe.« Demgemäß wird das Akzeptieren in der TZI gruppenöffentlich, nicht nur der Privatheit einzelner oder der Subgruppenbildung (die es freilich ebenso reichlich gibt, die aber hereingeholt und fruchtbar gemacht wird) überlassen.
Es wird wohl so sein, daß diese Erfahrungen der Oralität am Anfang leicht und undifferenziert, mit Tendenz zur glücklichen Regression erlebt werden. Es scheint noch immer neu und wie ein Nachholbedarf, Vertrauen und Sympathie zeigen und aussprechen zu lernen, auch sie zum Element des erwachsenen chairman zu machen. Wie aber gehe ich als Leiter mit der glücklichen Regression — auch in mir selber — um? Bin ich hier aufmerksam und bewußt und verhelfe zu Bewußtsein? Dann kann ich in mir und anderen diese Wünsche nach Vertrauen, Offenheit und Akzeptierung zulassen und sie von vornherein als konstitutive und konstruktive Größe einführen und verstärken.
Was bedeutet es nun für den *Stil des Umgangs mit Aggression,* daß sie von der angebotenen und bewußt gemachten Erfahrung positiver Gefühle umfangen und eingefaßt wird? Es bedeutet zunächst, daß sie besser ausgesprochen werden kann. Ich kann in einem Klima der Akzeptierung direkter und offener das Negative sagen, ich kann es leichter *gezielt* und *persönlich* (›objektgebunden‹) aussprechen, nicht ungenau, verdeckt und blind aus Angst. Doch mehr noch: ist die Interaktion durch Leiterstil und Themensetzung im Grundmuster verankert, so bleibt die Aggression, wenn sie geäußert wird, *in einem konstruktiven Rahmen,* sie bleibt eingefaßt, begrenzt und persönlich; sie kann nicht auf die

ganze unstrukturierte Gruppensituation durchschlagen, diese bestimmen und also im Gruppenfluß Frustration forterzeugen (obwohl es oft genug geschieht, daß eine ganze Gruppe in ihrer Wahrnehmung von Spannung und Aggression bis hinein in ihre Körpergefühle ungenau bleibt, so daß sich die Unklarheit verschleppt — Zeichen nicht realisierter chairmanship). So bleibt sie in der Struktur aufgefangen und wird der begrenzten, präzisen und persönlichen Aufnahme — je nach Gruppe und Thema — zugänglich gemacht.

Das geschieht in der TZI dadurch, daß bei aggressiven Äußerungen — um zu Klärung und Bearbeitung zu verhelfen — zurückgefragt werden kann: »Was tut es Dir, daß er/sie so ist?« Gewiß ist es nicht gut, diese Frage zu früh zu stellen, weil es wichtig ist, daß ich meinem Ärger frei genug Ausdruck geben darf, bis ich dann — durch diese Frage — zu der Überlegung komme: was ist mein, was ist sein/ihr Anteil an dieser Sache. Fortgeschrittene Teilnehmer und Gruppen werden die Frage nicht als Aggressionshemmer, sondern als Anlaß zur Bearbeitung nehmen; dem werdenden chairman ist sie zuzumuten. Auf andere wütend zu sein ist leichter, als mit meinem eigenen Zorn selber umzugehen. Das akzeptierende und freisetzende Klima der Gruppe ermöglicht leichter die bloßstellende Überlegung auch eigener Schwäche und nicht selten auch das Eingeständnis: ich will anders und kann es so schwer. Auch die entsprechende Frage an den Angegriffenen »Was tut es Dir, daß er/sie Dich so findet und zornig ist?« läßt die Aggression nicht eskalieren, macht sie durchsichtig und zu einem konstruktiven Anlaß. »Kannst Du ertragen, daß er so ist und ihn bei seinem Zorn lassen, der für ihn wichtig ist?« Die Aggression wird nicht blind hingeknallt (»Ich fühle das eben so«), sondern der Bearbeitung bei beiden zugänglich gemacht. Es wird das freilassende und teilnehmende »Ich bin ich und Du bist Du« gelernt. Auch der angegriffene Leiter läßt nicht durch unpersönliche Zurückhaltung Projektionen entstehen, sondern reagiert in gleicher Weise als model participant, sagt seine Empfindungen und trägt sie aus — hoffentlich im präzisen Bewußtsein von den Grenzen der ihm möglichen Offenheit und Direktheit:

»Kann ich einem anderen wirklich erlauben, mir gegenüber feindlich gestimmt zu sein? Kann ich seinen Ärger als realen und legitimen Teil seines Selbst anerkennen?« (C. Rogers, aaO.)

Auf diese Weise werden im konstruktiven Rahmen der zu lernenden Akzeptierung die Aggressionen nicht nur »behandelt«, wenn sie auftreten; vielmehr wird ihre Äußerung gefördert: durch die Störungs-Regel und die chairman-Regel, die beide früh in den Prozeß eingeführt werden und zu der möglichst bewußten und präzisen Äußerung meiner negativen

Gefühle *auffordern*. Sofern ich bewußter chairman werde, lerne ich allmählich, mich differenziert bis in die Körpergefühle hinein wahrzunehmen und mich darüber so zu äußern, daß dem anderen seine Freiheit bleibt: mein Zorn ist eben nur mein Zorn, ohne ein Recht über den anderen. »Für mich ist das so — wie ist es für Dich?« Das klassische Thema an dieser Stelle scheint mir noch immer Ruth Cohns Formulierung: »Was mache ich mit *mir*, wenn der/die andere (die Situation) nicht so ist, wie ich es mir wünsche?«
Schließlich aber macht die TZI meist Störungen und Aggressionen sehr bald zum Thema. Sie läßt sie nicht nur naturwüchsig aufkommen und als informelles Strukturelement in der Dynamik der Gruppe umgehen und wachsen, sondern thematisiert und kanalisiert sie so. Autorität, Konkurrenz, Unterlegenheitsgefühle werden meist in der zweiten Phase einer Ausbildungs- oder Selbsterfahrungsgruppe bewußt angegangen.[6]
Das bedeutet: die strukturgebenden Elemente der TZI — das akzeptierende Klima, das Leiterverhalten, die chairman- und die Störungsregel sowie die Themenwahl und die klare, den Prozeß haltende Strukturierung — schaffen Bedingungen, unter denen Aggression geäußert werden kann und tatsächlich auch reichlich geäußert wird; sie geben einen Rahmen ab, in dem präzise und konstruktive Aggression bis zum erforderlichen Maße bearbeitet werden kann, ohne dabei auszuufern und von der zusätzlichen Angst, zerstörerisch wirken zu können, belastet zu sein.

In den beschriebenen Möglichkeiten, mit Aggressionen umzugehen, die die Methode an die Hand gibt, liegen allerdings auch vorzügliche Gelegenheiten — besonders für den Leiter —, Aggression zu vermeiden. Daß hier nicht nur theoretische Gefahren liegen, mag schon die Tatsache zeigen, daß die o.g. Bedenken aufkommen konnten, die TZI verschleiere Aggression. Dabei wäre es — meine ich — nicht gut, derlei Möglichkeiten als bedauerliches Fehlverhalten einzelner, das Konzept im übrigen für davon nicht berührt zu erklären. Die Schwächen und Gefährdungen gehören signifikant zur Methode selber hinzu und müssen in ihre Theorie sowie in das Bewußtsein der sie Handhabenden miteinbezogen werden. Der theoretischen Lokalisierung dieser Gefahren wird noch das Folgende dienen. Für jetzt scheint es mir wichtig, daß der Leser sich seine eigene Gefährdung in dieser Frage bewußt macht: wie benutze ich den Wunsch nach Vertrauen und Wärme in der Gruppe? wie lebt er in mir selber? wann benutze ich die Frage »Was tut Dir das?«, um selber irgendwie auszuweichen oder um Frieden und den Erfolg der Wohlgestimmtheit in der Gruppe zu erhalten? Kann ich selber positive Gefühle, die in mir sind und die mir entgegengebracht werden, ebenso aufnehmen wie feindlich gestimmte? Inwiefern bin ich Kind, inwiefern erwachsener chairman mit meinen freundlichen und feindlichen Gefühlen? Ich bitte Dich, Leser, ein wenig innezuhalten und diesen Fragen in Dir selber nachzuspüren.

[6] Hierzu habe ich inzwischen meine Meinung sehr geändert und die Verfahrensmöglichkeiten erweitert, vgl. TZS[3], S. 210ff.

Jetzt fahre ich mit meinen Überlegungen zum Verständnis der Aggression in der TZI fort. Theorie und Praxis der TZI suchen die übliche Alternative, ob Aggression angeboren oder sozialisiert sei, zu überschreiten, indem sie fragen: wieweit ist Aggression sinnlos, unnötig, zu vermeiden, und wieweit ist ihr Auftreten notwendig und der humane Umgang mit ihr zu üben? Das führt zu der Frage: *unter welchen Bedingungen und in welchen Formen wird der Austrag der faktisch massiven Aggression sinnvoll?* Wäre sie nicht angeboren, »die Menschen hätten sie in den Zwangsjacken ihrer sozialen Verhältnisse doch erschaffen; wäre sie angeboren, so fände sie in diesen Zwängen millionenfache Verstärkung. Was geschieht mit der Aggression, die so gespeichert wird? Sie geht nach innen und macht krank. Sie geht nach außen und verletzt, zerstört den Nächsten« (R. Cohn brieflich). Wie also mit ihr umgehen?
Es wird nun sehr verschiedene Aggressionen bzw. verschiedene Aspekte derselben Aggression geben:

— *sinnvolle,* die zur Grundfähigkeit der Autonomie gehört, weil sie die Triebkraft jeder zielstrebigen Aktivität ist, mit der ich eine Aufgabe angehe und mich zu wehren lerne für meine Freiheit, meine Phantasie und meine Beziehungen gegen die Kränkung und Krankmachung durch alle Unterdrückung körperlicher, seelischer und geistiger Eindimensionalität, aber auch
— *zerstörerische,* die aus Frustration im Hier und Jetzt (durch fremde oder durch meine eigenen Übererwartungen) oder aus Fixierung früherer Aggressionen (gegen mich oder Beziehungspersonen) u. v. a. entstanden ist.

In jedem dieser Fälle aber dürfte gelten, daß *liebende Menschen und befriedigende Umstände sie humaner machen und konstruktiver zu gebrauchen helfen, als feindselige, frustrierende, ängstigende Zustände.* Diese Einstellung überschreitet und relativiert die unechte Alternative, ob Aggression angeboren oder sozialisiert sei. Wie immer man sich die Theorie der Aggression zurecht legen mag — ich kann mir nicht vorstellen, daß belastende Umstände die Aggression humanisieren. Die Praxis der TZI setzt voraus, daß es besser ist, aus dem Bewußtsein unserer Verbundenheit und unseres gemeinsamen Getragen- und Gegründetseins im Sinn und in der Bejahung, Umstände in der Gruppe zu schaffen, in denen Aggression nicht gesteigert, sondern gestaltet werden kann. Ich erkenne, daß es sinnvolle Fähigkeit zur Aggression gibt, die der Selbstverwirklichung auch im Sinne sozialer Partizipation dient (selbst wenn dies bisweilen für die Beteiligten hart ist) und daß es bedauerliche, mich und den Nächsten zerstörende Aggression gibt. Für beide möchte ich in der TZI Situationen schaffen helfen, in denen Menschen nicht zusätzlich und unnötig frustriert werden, so daß sie um sich schlagen oder ihre Aggression nach innen legen müssen, sondern in denen sie in Vertrauen und Zuwendung zu sich selber und zu anderen gestärkt und lebensfähiger werden, so daß sie ihre erhaltende und kreative Angriffsfähigkeit üben und sich in ihren destruktiven Kräften — woher immer diese kommen — zu verstehen und zu verhalten lernen. Das aber geschieht durch Einführung und Bestärkung konstruktiver, akzeptierender, liebender Haltung, nicht durch destruktive, angstfördernde (nur scheinbar »realistische«) Frustration. Diese zugewandte Haltung schließt ein, daß ich den oft notwendigen und langen Weg durch die negativen Selbsterfahrungen nicht zu ersparen suche und das Durchstehen destruktiver, desintegrierter Zeiten akzeptiere und verstehend begleite. Für mich liegt kein Gutes in der Vermehrung von Aggression. Der Glaube an die Aggression als Wert und als Medium entstehender Menschlichkeit wäre demnach differenzierungsbedürftig. Welches Credo und welche Mutlosigkeit steht eigentlich hinter der Hoffnung, daß aus der Selbstevidenz und Verstärkung der Negativität die Positivität entstehe? Worauf beruht eine Einstellung, woran fixiert sie sich als Methode, wenn sie das Auflebenlassen von Aggression zum primären Strukturprinzip, zum vorrangigen Weg der Erkenntnis und der Identitätsfindung macht? Dann müßte sich das Positive und Humane gegen Theorie und Methode (oder bestenfalls ohne sie) durchsetzen. Daher möchte ich lieber direkt und bewußt die bejahenden Kräfte der Begegnung zur tragenden Struktur machen. Die bejahende und vertrauensvolle Einstellung und Grundlage ist oft bei vielen Personen in sicherlich allen Gruppen vorhanden, ohne von der Struktur der Methode aufgenommen und verstärkt zu werden. In der TZI soll sich die Bejahung nicht ohne Struktur und Methode (sondern mit ihrer Hilfe) durchsetzen müssen. Die Theorie der TZI will die positiven Gefühle ansprechen und sich dazu als tragender Grundlage bekennen.

In diesem Sinne verstehe ich die TZI-Gruppe: keine absichtliche zusätzliche Frustration, sondern — weil jede Gruppensituation Frustrationselemente enthält (widersprechende Wünsche, nicht gleichzeitig reden zu können usw.) — kontrollierte und konstruktive Aggressionsbenutzung in akzeptierendem, vertrauenermöglichendem Rahmen. Unkontrollierte Impulsivität als Gruppen- oder Lebensnorm steht dem entgegen — so sehr kathartisches Agieren nötig sein kann, damit der Vorgang verstanden wird und es nicht wieder so weit kommen muß. TZI bearbeitet die Aggression als Störung oder nimmt sie als Helfer, erwartet und fördert aber nicht deren Aufleben. Sie arbeitet nicht mit der Regression, sondern hält sich ihr gegenüber — im Vertrauen wie in der Feindseligkeit — an die erwachsenen Kräfte des sich entwickelnden chairman, den sie herausfordert und stärkt. Ihr Skopus und ihr Instrument ist nicht die

Aggression, sondern die vorausgesetzte, gesuchte und geförderte Bejahung meiner selbst und aller anderen, um Autonomie in Gemeinsamkeit zu ermöglichen und in diesem Rahmen Aggression und Negativität zu integrieren.
Dem entspricht die Struktur der TZI-Gruppe: statt Frustrierung in die Struktur hineinzunehmen und hochzuschrauben — denn dann erzeuge ich sie als Leiter ebenso sicher, wie wenn ich durch Abstinenz und Schweigen Übertragungsneurose und Widerstand (d.h. erhöhte Angst) ernähre —, bestärkt sie die Haltung von Akzeptierung, Respekt und Verständnis und führt so in den Zirkel der bestehenden Aggression und Angst bewußt eine neue Größe ein. Sie setzt also die Wirkung, die der Leiter bekanntermaßen hat, im Sinne der gewünschten und zu verstärkenden Einstellung ein.
Indem ich — der Leiter als Modellmitglied — mich so verhalte, entspreche ich einem vorausgesetzten Gefühl in den anderen Gruppenmitgliedern, das ich aus einer für mich zentralen Erfahrung generell vermute: alle, die da einander fremd sind, sich voreinander fürchten und sich darum so leicht Böses antun (Aggression), wollen im Grunde ihres Herzens eher geliebt und gemocht als gefürchtet und in abgerungener Überlegenheit anerkannt werden. Hinter den meisten Kümmernissen, Bosheiten, Schärfen und Behinderungen, die wir uns antun, steht die Angst, mit der wir uns wehren und darum dominieren wollen. Ich kann einen Gruppenprozeß und jeden Teilnehmer bei der Angst oder aber bei dem Wunsch nach Vertrauen und Akzeptierung nehmen. TZI spricht, indem es beim Positiven ansetzt, bei der tief unten liegenden Hoffnung und Sehnsucht an und verhilft ihr zu Sprache und Gruppenöffentlichkeit. So wird die Unterscheidung von sinnloser und notwendiger Aggression eingeübt und die für mich jeweils gültige Grenze zwischen beiden überprüft und ggf. verschoben. »Ich bin nicht auf der Welt, um Deine Erwartungen zu erfüllen, aber ich will auch nicht auf der Welt sein, um sie zu verneinen. Ich will mit Dir die Balance der möglichen und echten Gemeinsamkeit suchen. Denn das ›Nihil nocere‹ und das ›Du sollst nicht töten‹ heißt auch ›Du sollst nicht das Anteil-Sein und das Gemeinsam-Sein töten‹.« (Dies und manches Vorstehende mit Hilfe brieflichen Austausches mit Ruth Cohn.)
Auf die Ebene dieser Erfahrungen und Möglichkeiten ist mein Blick, mein Wunsch und Einsatz als Gruppenleiter gerichtet. Hier sitzt das bejahte und bejahende Humanum strukturierend im Zentrum der Methode, nicht die Zentrierung um Aggression. So groß diese sein mag — angeboren und/oder sozialisiert —, sie muß nicht das konkurrenzlos Tiefste sein, wenn der Zirkel des Negativen (dessen Stachel die Angst

ist) durchbrochen wird und Vertrauen und Bejahung herausgefordert und ermöglicht werden: mit Hilfe von Technik und Struktur *durch die Einstellung des Leiters*.

Das aber besagt abschließend: in der Mitte der Methode, am Anfang jedes workshops, im Fundament der Leitereinstellung steht das Credo, der Mut zur konstruktiven Einstellung, zum Vertrauen als dem Primären. Ist dieses grundlos? und wenn es Grund hat, worauf kann es sich stützen? Worauf sich jeder einzelne — angesichts so unbestreitbarer massiver Negativität (die nicht nur aus Aggression besteht) — für die Ermöglichung von Bejahung und Vertrauen, von Versöhnung und Liebe als Prozeß und im Prozeß beziehen kann, ist eine Frage, die ihn bis in seine tiefsten Schichten berühren und unmerklich in die Nähe größerer — manche werden sagen: religiöser/theologischer — Fragen hinüberführen wird. Die solchen Fragen gegenüber kritischen Begriffe sind heute oft überbetont und von einem verbreiteten Affekt getragen: wer möchte schon gern ›irrational‹ sein? Aber sind darum Rationalität und rationale Kritikfähigkeit genügende Leitbegriffe unserer Menschlichkeit? Sind emotionale Spontaneität und Kreativität genügende Ziele, um Basis zu sein und den circulus vitiosus der sich forterzeugenden Negativität aufzubrechen und zu bestehen? Ich glaube es nicht. Ich glaube, daß es hier des Mutes zu größeren Symbol- und Leitbegriffen von faktischer religiöser Tiefe — und sei es noch so indirekt — bedarf.

Ich spüre [spürte 1974!] Beklemmung in mir aufsteigen, wenn ich die Erwartung vor mir sehe, es müßte jetzt — noch dazu von mir als Theologen, der die Frage stellt — eine mitteilbare Antwort gegeben werden; dann läge die Last einer einleuchtenden Antwort bei mir, dem Theologen. Aber ich spüre die Beruhigung wiederkommen, indem ich bedenke, daß diese Fragestellung unsinnig und eine schlechte Suggestion ist, der auch ich immer wieder erliege; denn sie belastet nur mich und entlastet den anderen als wartenden Zuschauer meiner Antwort. Als wäre nicht jedem die Mühe und uns gemeinsam die Suche nach dem Grunde unseres Tuns zugemutet; als gäbe es solch eine im Ergebnis mitteilbare Antwort und nicht vielmehr nur deren Erwerb im eigenen biographischen Prozeß und die von allen zu übernehmende Verantwortung für den Weg ins Land jener Frage. (Wir Theologen haben, glaube ich, nicht ›die‹ Antwort, aber wohl so manche gestaltgewordenen Zeugnisse, Gedanken und Materialien, die hier hilfreich werden und weiterführen können, einzubringen — als Themen im eröffneten Prozeß.) Eben darum müßte jene Frage nach dem Grund unserer Bejahung ein ständiges methodenrelevantes und gruppenöffentliches Thema werden, nicht nur verschwiegene, der Nicht-Behandlung überlassene Privatangelegenheit. Oder wird damit etwas unangemessen hochgespielt? Manchmal denke ich wohl, es sei genug, mich bei der Einfalt des schönen Zweizeilers zu bescheiden »Weiß nit woher ich komme, weiß nit wohin ich geh', / Mich wundert, daß ich fröhlich bin«. Aber manchmal kommen auch die Überlegungen nach den Quellen des Lebensmutes, und dann ist mir der Hinweis auf die tragende Mutterbeziehung o. ä. (so viel sie auch theologisch bedeutet) zu wenig, um dem Gewicht dieser Frage standzuhalten. Werden diese Fragen verleugnet und nicht bearbeitet, so droht hier eine Welle undifferenzierter positiver Stimmungen, die das Realitätsprinzip und die eigene Neigung zur Regression übersieht. Wie müßte die Bejahung beschaffen sein, die im Blick auf Gebrochenheit, Störung und Aggression nicht illusorisch wäre, sondern standhält? Doch für jetzt genügt es mir, wenn deutlich wurde, warum die Methode und die Frage nach der Leitereinstellung so merkwürdig leicht an credoartige, axiomatische Elemente der Grundhaltung rührt.

Dies ist der m.E. zu erprobende Theorie- und Einstellungshintergrund zum Thema »TZI und Aggression«. Ich bin gespannt auf Reaktionen. Abschließend möchte ich noch meine Hypothese über die *innere Chronologie* der Aggression in TZI-Selbsterfahrungs- und Ausbildungsgruppen (für Lehrer und Organisatoren wird der Themenaufbau etwas anders sein) hersetzen. Zunächst stimmt es wohl, daß — wie oben gezeigt — das akzeptierende Klima die baldige und persönliche Äußerung von Aggression und Störung ermöglicht. Doch gilt dies bei Anfängern nach meinem Eindruck überwiegend für kleinere, nicht so tiefgreifende Störungen der Beziehung. Dominierend sind zunächst meist die positiv stimmenden Erfahrungen; Offenheit und Zuneigung werden leicht ein wenig symbiotisch durchlebt und froh agiert, obwohl der Leiter von Anfang an mit der chairman-Regel gegensteuert und die Balance und Realitätsbezogenheit im Bewußtmachen der Vorgänge anvisieren sollte (!). Bei Teilnehmern, die sich auf diese Tendenz konstruktiver Grundlegung momentan nicht einlassen mögen, bleiben daher die Aggressionsbedürfnisse oft unbefriedigt und unausgetragen.
Wenn nun diese erste Erfahrung aufgenommen ist und die Begeisterung verfliegt, entsteht mehr Balance auch im Bewußtsein der Teilnehmer. Es beginnt die enthaltsamere Einstellung auf Wir- und Es-Themen; es beginnt die härtere Arbeit an der Methode und an den schwierigen Gefühlen aus dem Bereich der Analität wie Konkurrenz, Rivalität, Autorität. Bei Teilnehmern, die in der Ausbildung fortgeschritten und zur Auseinandersetzung fähiger oder jetzt erst williger geworden sind, wird das Sich-Absetzen und Nein-Sagen stärker zum Thema. Erst nach der integrierten grundlegenden Erfahrung der Bejahung bekommen darum oft die größeren, tiefergehenden Aggressionen Bedeutung und gewinnen dann den ihnen eigenen Härtegrad. Das gestärkte und absetzungsbedürftige Ich bearbeitet sie und stellt sich ihrer Schärfe, was dann auch die Grenzen der Offenheit und der Zuneigung deutlicher, die Zuwendung realer und gegründeter macht. So wird ein allmähliches Hindurchwachsen zu den Wurzeln der Primärerfahrung in Gang gesetzt. Aggression wie Zuwendung werden in der zweiten Phase differenzierter und tiefer noch einmal durchlebt. Dabei gilt die Steigerung der Aggression

nur für die einzelnen. Für die Entwicklung des Gesamtgruppenklimas läßt sich ein solcher Anstieg m. E. nicht generell, vielmehr nur gelegentlich beobachten. Die wachsende Aggressionsfähigkeit bleibt in einem konstruktiven, strukturierenden Rahmen.
Die TZI geht also von der erfahrenen Möglichkeit des Vertrauens methodisch aus; sie gelangt dorthin nicht erst auf dem Wege der Regression durch anale Probleme hindurch. Sie setzt bei den Elementen der gelungenen Sozialisation im Ich ein, verstärkt sie und geht von da aus weiter zur Bearbeitung der analen, von Konkurrenz, Autorität usw. geprägten Aggression. Wahrscheinlich ist es dabei für die Methode und ihren Einsatz bei oralen Erfahrungen bezeichnend, daß sie von einer Frau inauguriert, geprägt und von vergleichsweise vielen Frauen dargestellt wird, während manche anderen Konzepte von Vaterproblemen geprägt und überwiegend von Männern gehandhabt werden.
Diese Hypothese über die innere Chronologie der TZI-Gruppen würde einiges Licht auf den Interaktionsstil und die Übertragungsprobleme der Methode werfen und könnte den positiven wie den kritischen Sinn jener eingangs zitierten Bedenken beleuchten. Denn mit ihr wäre der methodische Ort beschrieben, an dem bestimmte Neigungen und Gefährdungen, die das TZI-Konzept fördert, entspringen. Speziell angesichts der verbreiteten Verleugnung von Ansprüchen auf Wärme und Akzeptierung könnten hier im Gegenzug bestimmte Bedürfnisse überstark zur Geltung kommen. Die Freude an der wärmenden Gruppe könnte, verstärkt durch die beschriebenen Hilfsmittel der Methode, ein Gefälle schaffen, Schwierigkeiten zu übergehen.

Ein ängstlich alles akzeptierender und verstehender Leiter könnte sich aus den Störungen — auch den eigenen — heraushalten wollen; er könnte das phasenweise sinnvolle Agieren oraler Bedürfnisse zu wenig bewußt machen. Die Störung des einzelnen könnte leicht als nur persönliche genommen werden, wenn sie doch Störung der ganzen Gruppe oder Indiz einer störenden Gestörtheit des Leiters ist, die dieser einzelne ausspricht. Das Prinzip der Balance mit der Realität kann harmonistisch mißverstanden und um seinetwillen die Aggression verdrängt werden. Die Vorstellung, ohne Abstimmung auskommen zu wollen, kann leicht zum Zwang werden, der aggressiv macht, usw.

Die gewünschte konstruktive und bejahende Haltung kann also zur übermächtigen, undurchschauten Tendenz werden. Wer auf sie setzt — wie die Methode es tut —, muß realitätsgerecht mit ihrem Gefälle und unseren infantilen Neigungen rechnen. Dies alles spricht nicht gegen die Methode, beschreibt aber die hier liegende eigentümliche Gefährdung, deren ständige Bearbeitung zum methodenrelevanten Thema werden muß: »Wie will ich bejahen — wie will ich verneinen?« Erst dann sind die Gefahren der Methode in ihre Theorie und Praxis rückgekoppelt.

10. Gruppenklima — erstarkendes Ich — Fähigkeit zum Globe

Wir kommen nun zum letzten Schritt in der Darstellung der Methode. Von den besprochenen Bedingungen der TZI-Gruppe hängt es ab, ob in ihr allmählich das stärkere Ich der Teilnehmer entstehen kann. Von der allmählichen Erwachsenheit, von der wachsenden Fähigkeit des chairman aber hängt es ab, ob und wieweit er sich in Freiheit anderen Menschen und Aufgaben zuwenden kann; wie offen und balanciert die Teilnehmer einer Gruppe werden, entscheidet über den *Umfang* im Kontinuum ihres Problem- und Aufgabenbewußtseins, den sie auszubilden und zu ertragen vermögen. Mich selber, die anderen und das Thema gleichmäßig wahrnehmen zu können, ist schon eine Aufgabe nicht geringer Art, die ihre Zeit braucht. Nun aber noch die um die themenzentrierte Gruppe herumliegende Realität zu beachten, ist zwar keine neue, doch mit der chairman-Fähigkeit sich ständig erweiternde Aufgabe, deren Beachtung die Realität der Gruppensituation erst garantiert. Wie in Schalen liegt um den Gruppenraum, in dem die Faktoren Ich-Wir-Es bestimmen, die Wirklichkeit in immer weiteren Kreisen: Familie, berufliche, kirchliche, politische Beziehungsfelder und die in ihnen angeeigneten Normensysteme reichen bis in die Gruppensituation hinein. Ihre Beachtung erst macht das Modell der TZI vollständig, wenn um das Dreieck noch die Kugel (GLOBE) gezeichnet und gedacht wird: das Umfeld der Umweltrealität:

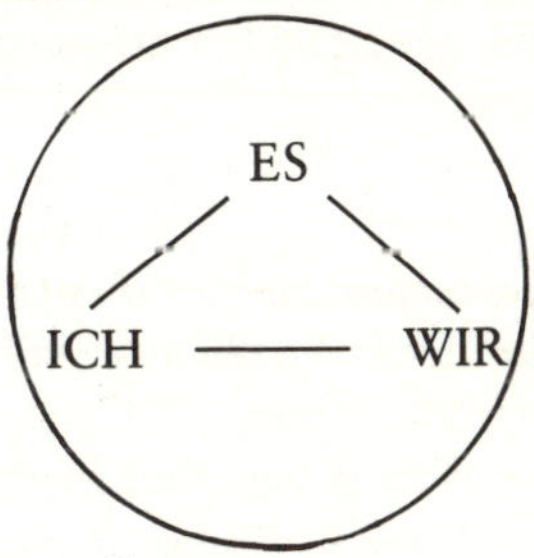

Dies ist die Realität und die Aufgabe, die der chairman zu beachten und zu handhaben lernt. Keiner ›ist‹ schon so weit, und *D. Meadows* hat in seiner Umweltstudie bedrückend klar gezeigt, wie mit der Entfernung elementarer menschlicher Probleme vom nächstliegenden Lebenskreis (Familie, Aufgaben der kommenden Woche) direkt proportional die Fähigkeit abnimmt, sich um weiter abliegende Aufgaben noch zu kümmern und verantwortlich an sie zu denken; Stadt, Nation, Erde — die nächsten Jahre, die eigene Lebensspanne und die der Kinder werden von den Betroffenen immer schwerer in ihren Horizont aufgenommen. Doch

»eine zu starke Begrenzung des Problemkreises nach Raum und Zeit kann gefährlich sein und zu Enttäuschungen führen. Es gibt genügend Beispiele dafür, daß ein Mensch sich mit all seiner Kraft um die Lösung eines ihm naheliegenden Problems bemüht und dennoch alle seine Anstrengungen durch Ereignisse in größeren Dimensionen zunichte gemacht werden« (Meadows 1973, S. 12f mit Tab. I). Will ich es allmählich immer mehr lernen, ein chairman zu werden, der solche Aufgaben überhaupt wahrzunehmen sich leisten kann? Darum liegt so viel an den Bedingungen unserer sozialen Lebensgruppen, damit in ihnen in freimachendem und bejahendem Klima ein Ich wachsen kann, das die Anerkennung der Aufgaben im Globe nicht aus Schwäche ableugnen muß. In diesem Sinne sehe ich TZI-Gruppen als modellfähig für soziale und pädagogische Arbeit überhaupt an.
An dieser Stelle — um jetzt auf den Anfang zurückzukommen — liegt für mich selber, abgesehen vom Erwachen der emotionalen Selbsterfahrung, das wichtigste Besondere an der Methode. Hier ist das Bild einer aufgabenfähigen Humanität, die sich dem Auseinanderfallen von Subjektivität und Gesellschaft, von Institution und Personalität stellt und modellhaft — in kleinen Schritten einer sachbezogenen Ich-Entwicklung — der Entpolitisierung unserer Selbsterfahrung sowie der subjektiven Schwäche der Politisierung entgegenarbeitet. Hier ist freilich kein Versprechen einer Lösung, aber ein Modell, in das einzuleben sich lohnt, ein praktizierbares, methodisch konkretes Hilfsmittel, das psychotherapeutische und gruppenpädagogische Erfahrungen bereits elementar verarbeitet hat. Diese Kombination aus entwickelbarer Perspektive/Einstellung und lernbarer Methode/Technik kennzeichnet die TZI.
Damit ist das Modell der Methode, das Dreieck in der Kugel, einige ihrer »Hilfen« und »Regeln« und die in allen Elementen zugrunde liegende Haltung vorgestellt. Den Prozeß der Arbeit an Themen und an Ich- und Wir-Problemen zu eröffnen und zusammenzuhalten, ist das hier zu Lernende; ich lerne täglich, daß dies Dinge sind, die — so schwer es sein mag, sie zu lernen — nicht ungestraft auseinanderdividiert werden können. Darum lohnt sich die Aufgabe und die Mühe um das Modell der TZI. Am Anfang ist aus Gründen des Nachholbedarfs die Interaktion oft gefräßig und läßt die Sachthemen zu kurz kommen. TZI mit selbsterfahrungsnahen Stoffen (wie psychotherapeutischer Theorie oder Theologie) gelingt darum vergleichsweise leicht und ist im Blick auf die Balance gut zu steuern. Doch weniger Ich-nahe Themen sind schwieriger zu handhaben. Die Sachzentrierung wird oft überbetont und die subjektive Seite unterbelichtet. (Daher dauert die TZI-Ausbildung für Lehrer fast am längsten, weil diese unter den vielleicht schwierigsten

Bedingungen arbeiten.) In diesem unvermeidlichen Zirkel von Unter- oder Überbetonung des Subjektiven (Ich-Wir) sich bewegen zu lernen, gibt es ein zu lernendes Können, gibt es Handwerk und Technik, gibt es persönliche Entwicklungen. Ich glaube zwar nicht an die Hypothese, daß es kein primär-kognitives Lernen gibt und daß alles Lernen ausschließlich über emotionale Beziehung läuft; hier scheint mir eine phasenbedingte Überbetonung des Emotionalen (vgl. die heute schon etwas abgeebbte Welle von Gruppendynamik und Seelsorge) vorzuliegen. Aber ich glaube wohl, daß heute [1974] eine faktisch ungemeine Subjektivierung des Lernens stattfindet, weil der emotionale und biographische Hintergrund des intellektuellen Lernens so oft unbefriedigt und ungesättigt ist. Mit dieser historischen sozialpsychologischen Situation umzugehen, fordert ein eigenes Lernen des Lernens und Lehrens. Habe ich Zeit für all dies? und Geduld, damit die Menschlichkeit des Lernens erhalten wird? Die Balance von Ich-Wir-Es bleibt darum unser Thema.

Paul Matzdorf

Geboren 1925. Dr. phil. Erziehungswissenschaftliche, philosophische (u. a. bei Horkheimer, Adorno, Cramer) und kulturwissenschaftliche Studien in Frankfurt und Bonn; Tätigkeit als pädagogischer Lektor (u. a. Entwicklung und Erprobung von didaktischen Modellen für selbsttätiges Lernen, Partner- und Gruppenarbeit); seit 1971 Professor für Pädagogik an der Fachhochschule Köln, Lehrbeauftragter an der Universität Köln; Mitglied der DGHP und von WILL-Europa, abgeschlossene TZI-Ausbildung (Graduierung). Schwerpunkte der Lehre und der wissenschaftlichen Arbeit: Wissenschaftstheoretische Reflexion, theoretische Grundlegung und praktische Anwendung humanistischer Handlungskonzepte in pädagogischen, sozialpädagogischen und sozialtherapeutischen Feldern.

Die humanistischen Axiome der TZI

Grundlagen und Perspektiven für pädagogisches, therapeutisches und politisches Handeln

Die folgenden Überlegungen sind keine systematische Abhandlung über die Axiome der TZI. Ich berichte vielmehr auszugsweise, welche Bedeutung sie für meine praktische und theoretische Arbeit haben und was in der Reflexion der anthropologisch-ethischen Grundlagen der TZI und der humanistischen Psychologie und Pädagogik für mich wichtig geworden ist.
Ruth Cohn hat in ihrem neuen Buch »Gelebte Geschichte der Psychotherapie« (Farau/Cohn 1984) diese holistischen, anthropologisch-ethischen Dimensionen humanistischer Konzepte ausführlicher behandelt und auf der Grundlage früherer Arbeiten neue Aspekte hinzugefügt. Das

betrifft vor allem die Explikation, also das Offenlegen system-immanenter Grundlagen der TZI und die Hypothese eines »organismischen Werte-Sinns«.
Wer an weiteren Informationen über die Axiome als philosophisch-theoretische Basis der TZI interessiert ist, sei außerdem auf den Artikel »Die Themenzentrierte Interaktion« im Handbuch der Psychotherapie von Corsini (Matzdorf/Cohn 1983) und auf die Dissertation »Humanistische Psychologie. Darstellung und Untersuchung zentraler Konzepte der Humanistischen Psychologie vor dem Hintergrund der europäischen Existenzphilosophie und Phänomenologie« (Quitmann 1984) verwiesen.

In einem Rundgespräch über humanistische Ansätze der Pädagogik wurde ich an der Hochschule um eine knappe Übersicht gebeten, wie TZI als System zu verstehen sei und welchen Stellenwert die Axiome darin einnähmen. Im Anfang meiner Erläuterungen, die ich hier gekürzt und überarbeitet wiedergebe, habe ich die Axiome, so wie Ruth Cohn sie formuliert hat, angeschrieben und noch einmal vorgelesen. Das Schreiben, Lesen und Hören das äußerst knappen, thesenartigen Textes erzeugte eine Situation, in der die Gesprächsteilnehmer sich in ruhiger Aufmerksamkeit mit diesen Basisaussagen der TZI befassen konnten. Die Tafelanschrift und die mündlichen Ergänzungen (hier nach rechts eingerückt) lauteten:

Thema:
Welchen Stellenwert haben die Axiome im System der TZI?

> Wortlaut der Axiome (Cohn 1975, S. 120; Farau/Cohn 1984, S. 357f; Matzdorf/Cohn 1984, S. 1283ff)

»1. Der Mensch ist eine psychobiologische Einheit und ein Teil des Universums. Er ist darum gleicherweise autonom und interdependent. Die Autonomie des einzelnen ist um so größer, je mehr er sich seiner Interdependenz mit allen und allem bewußt wird.«

> Ergänzung: »Menschliche Erfahrung, Verhalten und Kommunikation unterliegen interaktionellen und universellen Gesetzen. Geschehnisse sind keine isolierten Begebenheiten, sondern bedingen einander in Vergangenheit, Gegenwart und Zukunft.«
> Das erste Axiom akzentuiert die *holistisch-anthropologische* Dimension des TZI-Konzepts.

»2. Ehrfurcht gebührt allem Lebendigen und seinem Wachstum. Respekt vor dem Wachstum bedingt bewertende Entscheidungen. Das Humane ist wertvoll; Inhumanes ist wertbedrohend.«

Das zweite Axiom betont die *ethische* und damit die *Wert- und Sinndimension.*

Ich möchte Euch hier auf eine Textparallele bei Paulo Freire hinweisen, die mich immer wieder bewegt und anrührt, wenn ich sie lese. Es ist der Anfang seines Buches »Pädagogik der Unterdrückten« (Freire 1973, S. 31f), wo er von der Humanisierung und Enthumanisierung als ontologischen und geschichtlichen Möglichkeiten des Menschen spricht und von der Humanisierung als Berufung des Menschen zum vollkommeneren Menschsein. Der Text zeichnet in knapper Form die Grundlinien einer humanistisch-politischen Anthropologie.

»3. Freie Entscheidung geschieht innerhalb bedingender innerer und äußerer Grenzen. Erweiterung dieser Grenzen ist möglich.«

Ergänzung: »Freiheit im Entscheiden ist größer, wenn wir gesund, intelligent, materiell gesichert und geistig gereift sind, als wenn wir krank, beschränkt oder arm sind oder unter Gewalt und mangelnder Reife leiden.«

Das dritte Axiom verdeutlicht die *pragmatisch-politische* Dimension des TZI-Systems.

Die Axiome sind *unbeweisbare,* jedoch *unabdingbare* Grundsätze für humanes Handeln und selbst interdependent miteinander verbunden. Und sie sind Beispiele für die Entwicklung eines neuen, humanen Verständnisses von Mensch und Welt, verbunden mit der Einsicht, daß zweckgebundene rationale Erkenntnis nicht der einzige Weg ist, wissenschaftliche Aussagen zu begründen. »Es gibt andere Erkenntnisweisen, nichtentfremdende Erkenntnis ist möglich, Erkenntnis durch Teilnahme, durch Sympathie, Erkenntnis als Anerkenntnis, wie schon Herder (1793) formulierte.« (Böhme 1985, S. 13; vgl. dazu auch Huth 1984, S. 85ff)

Ausgangspunkt für den *zweiten Teil* dieser Kurzdarstellung mit anschließender Diskussion war folgendes Zitat: »TZI-Axiome sind der Boden, auf dem die TZI-Methodik verstanden werden muß, und die entscheidenden Voraussetzungen für die gruppentherapeutischen, gruppenpädagogischen und gesellschaftstherapeutischen Intentionen der TZI ... Ohne die Anerkennung dieser Grundsätze wird TZI-Methodik zur sich selbst verneinenden Technologie.« (Farau/Cohn 1984, S. 357. Die Änderungen gegenüber der Vorlage gehen auf die Verfasserin zurück.)

Von hier aus war zu sagen, daß das TZI-System als *gruppentherapeutisch-pädagogisches Handlungskonzept auf humanistischer Grundlage* bezeichnet werden kann, in welchem Intentionen, Handlungsprinzipien

(z.B. Postulate), Methoden (z.B. Dynamische Balance) und Techniken (z.B. Hilfsregeln) in einen sinnhaften Zusammenhang gebracht sind. Dieser Sinnzusammenhang stellt sich dar in der Begründung und Legitimation des TZI-Konzeptes durch die Axiome. Oder anders ausgedrückt: Die Axiome sind anthropologisch-ethische Grundaussagen, also Aussagen über das Wesen des Menschlichen, die das humanistische Anliegen der TZI legitimieren und begründen sollen.
Im Anschluß an die Erörterungen Karl Dienelts zum Thema »Menschenbild und Anthropologie« (Dienelt 1984, S. 101—109) und die Untersuchung Heinrich Kupffers über »Faschismus und das Menschenbild der deutschen Pädagogik« (Kupffer 1984) ist wichtig hervorzuheben, daß die »anthropologische Besinnung«, die »grundsätzliche Selbstdurchleuchtung des Menschen« eine klärende Kraft und ein kritisches Potential darstellt. Sie befaßt sich mit dem Wesen des Menschen und des Menschlichen, hat jedoch nicht die Funktion, ein normatives Menschenbild im Sinne eines allgemeinverbindlichen Leitbildes, eines Ideals oder einer Ziel- und Normvorstellung aufzustellen. Das würde sonst darauf hinauslaufen, eine Weltanschauung oder Ideologie zu entwerfen, und Dogmatismus und Dirigismus wären nicht mehr weit. Im Gegenteil: Die Besinnung auf das Wesen des Menschen, auf das Humanum, wie es in den Axiomen zum Ausdruck kommt, hat gerade gegenüber solchen ideologischen Leitbildern und einseitigen Tendenzen, Gesinnung festzulegen oder gar vorzuschreiben, eine entscheidende »Wächterfunktion«, denn menschliches Leben »kommt dauernd und immer wieder an anderen Punkten in Gefahr, etwas ›Wesenhaftes‹ am Menschen zu mißdeuten, zu mißachten und auch praktisch zu bedrohen« (Reble 1971, S. 28). Hier wirkt die Besinnung auf anthropologisch-ethische Implikationen des eigenen Handelns als Kompaß und als eine klärende, kritische Kraft, Gefahren zu erkennen, humane Möglichkeiten zu entdecken und Verantwortung zu übernehmen.
Das kritische Potential dieser »axiomatischen« Besinnung bezieht sich *zunächst* auf die theoretische wie praktische pädagogisch-therapeutische Arbeit mit TZI, führt aber, wie noch zu zeigen sein wird, weit darüber hinaus. Hier nur ein Methodenbeispiel: In der Rückbeziehung auf die Axiome erfährt ein methodisches Vorgehen, das durch plakatartiges Anschlagen von Hilfsregeln der Gruppe ein Normenkonzept für ihre Interaktionen vorschreiben will, eine grundsätzliche Kritik: TZI ist kein Normen-, sondern ein Innovationskonzept. —
Den Leserinnen und Lesern dieser Zeilen wird klar sein, daß die in diesem Gesprächskreis gestellte Frage nach System und Axiomen der TZI von theoretischem Erkenntnisinteresse geleitet war; auf gleicher Ebene liegt die Antwort.

Ein weiteres Unterthema lautete etwa so: *Die Axiome sind Formulierungen von hoher Abstraktion. Wie können sie in konkreten Situationen handlungsrelevant werden?*
Meine Antwort ging in die folgende Richtung: Es ist nicht so, daß man die Methoden, Techniken und Interventionen, also das pädagogische, therapeutische und politische Handeln, ohne seine axiomatischen Voraussetzungen verstehen kann, wenn man von TZI sprechen will. Ruth Cohn bezeichnet den Zusammenhang zwischen Axiomen und TZI-Methoden als »system-immanent«, d.h. die Axiome sind dem Handlungskonzept der TZI nicht angehängt, sondern dessen integrativer Bestandteil. Um ein Bild zu gebrauchen: Sie sind die humanistischen Farben des ganzen Systems und auf allen Ebenen als Maßstäbe für Handeln und Entscheidungen wirksam. Das betrifft die Indikation der TZI überhaupt (vgl. u.a. Farau/Cohn 1984, S. 371 ff; v. Plotho 1982, S. 315 ff; Ockel/Cohn 1981, S. 255 ff; Cohn/Stopp/Stopp 1984, S. 237—272) wie die Ebene der Postulate, der Methoden und der Hilfsregeln (Techniken). Und das betrifft vor allem die jeweilige konkrete Handlungssituation. Diese ist zwar nach Ort, Zeit, Raum, Thema, Methodenansatz, Arbeitsformen etc. zu strukturieren, in ihren prozeßhaften Anteilen aber offen und als dynamisches Geschehen daher nicht völlig planbar. Auch auf dieser Ebene der *situationsabhängigen Interventionen* sind die Axiome Dimensionen des Handelns und der Entscheidungen.
Im Zusammenhang mit diesen Überlegungen erhält die Unterscheidung von »implizit« und »explizit« besondere Bedeutung. Ruth Cohn selbst betont die Notwendigkeit, die system-immanente (= implizite) Axiomatik offenzulegen, d.h. explizit zu machen, um die »Grundlagen humanistischer Ethik« zu verdeutlichen und die Möglichkeit zu vermindern, »daß Struktur und Prozeßtechniken sich technokratisch verselbständigen könnten« (Farau/Cohn 1984, S. 438). Am Modell des Dreiecks in der Kugel, also auf der Ebene der methodischen Konzeption der TZI, erläutert sie das in folgender Weise:
»Vom *ethischen Standpunkt* her bedeuten die vier Faktoren des TZI-Symbols:

1. daß wir uns selbst als Person wahrnehmen und achten; daß wir uns unserer Wünsche, Fähigkeiten und Möglichkeiten, ihres Lichtes und ihres Schattens, in Verantwortung uns selbst und anderen gegenüber bewußter werden, um persönlicher und ganzheitlicher entscheiden zu können (Faktor: Ich);
2. daß wir dieselbe Wichtigkeit der Selbstführung jedem anderen zuerkennen und uns dementsprechend zu verhalten suchen (Faktor: Wir);

3. daß wir Gemeinschaftlichkeit einer Gruppe als Zuwendung zu unseren gemeinsamen relevanten Aufgaben ansehen (Faktor: Es);
4. daß unsere Bewußtseinsfähigkeit und Verantwortlichkeit erweiterungsfähig ist und sich über die jeweilige interaktionelle Gruppe hinaus auf Nachbarschaft, Nation, Völker, das Leben auf der Erde — transpersonal und transzendental — erstreckt (Faktor: Globe).«

Die Bedeutung, welche die anthropologischen, ethischen und politischen Implikationen für methodisches Handeln nach TZI haben, ist in gleicher Deutlichkeit am Beispiel der Postulate zu demonstrieren. Das Postulat »Sei deine eigene Chairperson« ist das leitende methodische Prinzip der TZI neben und im Zusammenhang mit dem Postulat »Störungen und Betroffenheiten haben Vorrang«. Es führt zu schwerwiegenden Mißverständnissen und negativen Folgen,
— wenn es dazu benutzt wird, die Einbindung der Autonomie in die Interdependenz außer acht zu lassen und das »Sei ganz du selbst« als »Aufforderung zu individualistischer, sozial indifferenter Haltung« (Farau/Cohn 1984, S. 438) zu verstehen;
— wenn es dazu benutzt wird, in falsch verstandener Authentizität die eigene Einstellung (Gesinnung) überzubetonen und sich aus der Teilhabe, d. h. aus der Verantwortung am Humanen und Inhumanen, das in einem und um einen herum geschieht, zu lösen;
— wenn es dazu dient, in einseitiger Betonung von Innerlichkeit und Selbständigkeit Entscheidungen und Handlungen zu vermeiden, denen sich Menschen auf die Dauer nur auf Kosten ihrer inneren und äußeren Freiheit entziehen können.
Das Postulat »Sei deine eigene Chairperson« kann also nur in der Bindung an die anthropologisch-ethische Axiomatik der TZI als Leitlinie für eigenes Handeln gelten. Wie aber ist Handeln zu verstehen?
In der Beantwortung dieser Frage beziehe ich mich u. a. auf das soeben erschienene Buch von Gernot Böhme über »Anthropologie in pragmatischer Hinsicht« (1985), das auch als Beispiel dafür gelten kann, wie in Bereichen der Humanwissenschaften sich von den unterschiedlichsten Ansätzen her ein neues Verständnis vom Menschen und von humanem Handeln entwickelt, das in seinen Grundlagen den Auffassungen der Humanistischen Psychologie und Pädagogik ähnlich ist oder entspricht. Der übliche Begriff des Handelns impliziere, so führt Böhme (aaO., S. 14) aus, »daß man mit Willen eine Veränderung in der Realität hervorbringt.« Aber in diesem Verständnis von Handeln werde verdeckt, daß die realen Gegebenheiten dabei mitspielen müßten. Die Geringschätzung menschlicher, natürlicher und kosmischer Umwelt, die »Un-

fähigkeit, das Andere und das Anderssein anzuerkennen, sich etwas widerfahren zu lassen, korrespondiert mit einer grotesken Überschätzung des Ich«. So ist der Begriff des Handelns um die »neue ethische Kategorie des ›Sich lassens‹« (Böhme, aaO., S. 12), des Zulassens zu erweitern. In der Terminologie der TZI: Zum rechten Menschseinkönnen gehört das dynamische (und dialektische) Ineinander von Autonomie und Interdependenz, d.h. das je nach Situation ins rechte Verhältnis zu setzende »Machen und Zulassen«. Dem Machen ohne die Anerkennung des Zulassens wohnt die Tendenz inne, sich Herrschaft über das Andere, über Mensch und Natur, anzumaßen in dem Sinne, das Anderssein des Anderen und seine Selbständigkeit zu übergehen. Das bloße Zulassen andererseits trägt die Verweigerung in sich, die dem Menschen innewohnenden kreativen Möglichkeiten zu humanem Miteinander und humaner Gestaltung der Umwelt handelnd umzusetzen. Die durch einseitigen, entfremdenden Vernunftgebrauch bewirkte Trennung des westlichen Menschen von seinen natürlichen Quellen und seiner eigenen leiblichen Natur (Kelemann 1980 u. 1982) ist nicht, wie es heute vielfach versucht wird, durch Flucht in pseudo-asiatische Innerlichkeit aufzuheben. Die Lösung liegt nicht im »Entweder-Oder«, sondern im »Und«, im »Machen *und* Zulassen«, also in der dynamischen Balance dieser komplementären Handlungsaspekte, in den Begriffen chinesischer Philosophie im Yang *und* Yin.

Hier möchte ich eine Zäsur machen. Die bisherigen Überlegungen beziehen sich auf die Arbeit in pädagogischen und therapeutischen Gruppen. Es ging um die Frage, wie die Axiome der TZI und die darauf beruhenden Postulate und Methoden in solchen Gruppen handlungsorientierend und handlungsaktivierend sein können. Mit der dynamischen Balance von »Machen und Zulassen« wurde ein Handlungsprinzip der TZI bezeichnet, in dem »die neue ethische Kategorie des ›Sich lassens‹« (Böhme, aaO.) dialektisch »aufgehoben« ist.
Wie aber ist es mit der politischen und gemeinschaftstherapeutischen Dimension humanistischen Handelns auf der Basis von TZI? Decken sich Anspruch und (methodische) Handlungsmöglichkeiten? Im Versuch, auf diese Frage etwas zu sagen, knüpfe ich an Reflexions- und Handlungssituationen an, wie ich sie im Praxisfeld humanistischer Psychologie und Pädagogik, vor allem in den Bereichen Sozialpädagogik und Sozialtherapie, erlebe. Globale und politische Anliegen und Themenbereiche in diesen Arbeitsfeldern sind u.a. Förderung persönlichen Wachstums unter konkreten gesellschaftlichen Bedingungen, Aufhebung von Benachteiligung und Unterdrückung (z.B. in der Erziehung,

im Verhältnis Mann–Frau, im Verhältnis der Mehrheiten zu Minderheiten usw.), Bearbeiten von Störungen der Umwelt und aus der Umwelt, Friedensarbeit und Friedensinitiativen. Diese Themen »gelten« für Innen und Außen, für den Mikro- wie den Makrobereich, d.h. es sind Inhalte der Beziehungsarbeit in Gruppen und zugleich globale Problemlagen, die für die Konfliktfelder unserer demokratischen Gesellschaft heute charakteristisch sind. Was heißt nun humanistisches, verantwortliches Handeln, dessen Grundlinien ich oben beschrieben habe, als Friedensarbeit und Friedensinitiative unter den konkreten geschichtlichen Bedingungen, die das Leben in unserem demokratischen Rechtsstaat bestimmen? Wenn ich mich an Aktionen gegen drohende Zerstörung von Leben und Lebensbedingungen beteilige — wann handele ich legal? — welches Handeln ist legitim?

Ich schreibe diese Zeilen in den Tagen um den 8. Mai 1985, dem 40. Jahrestag der deutschen Kapitulation, mit seinen Bewältigungsversuchen einer unglückseligen Vergangenheit. In einem jedenfalls, wenn auch nicht in diesem allein, waren diese Tage ein Lehrstück: Legalität und Legitimität sind nicht unbedingt identisch. Die »Judengesetze« der Nationalsozialisten waren im Sinne des damaligen Staates legal — waren sie es? —, aber unter den Aspekten der Humanität und Menschenrechte war dieses »Recht« nicht legal oder gar legitim. Die Apartheid-Politik wird durch die Rechtsordnung des südafrikanischen Staates legalisiert, ist jedoch nicht zu legitimieren im Sinne der Menschenrechte, die dort durch das geltende Recht bzw. die rechtliche Praxis mißachtet werden.

Die demokratischen Staaten haben im Prinzip menschenrechtswürdige Verfassungen und sind nicht mit denen zu vergleichen, die Humanität aus machtpolitischen oder rassistischen Gründen außer acht lassen. Aber geht es uns nicht furchtbar leicht von der Hand, das Böse der Nazis, der Südafrikaner, der Palästinenser ... anzuprangern und den Balken im eigenen Auge zu übersehen? Die nukleare Aufrüstung ist im Sinne der Gesetzgebung legal, aber ich und viele andere bezweifeln, ob sie als totale Bedrohung des Lebens auf der Erde noch zu legitimieren ist. Die Legalität unseres Wirtschaftssystems steht außer Zweifel, selbst die das politische Gemeinwesen dominierenden Wirtschaftsinteressen der Privilegierten zuungunsten vieler sind legal im Sinne des herrschenden Systems. Aber sollten wir nicht bezweifeln, ob systembedingte (strukturelle) Arbeitslosigkeit, Formen der rücksichtslosen Ausbeutung von Mensch und Natur, Verschmutzung und Zerstörung lebensnotwendiger Umwelt, die Ausbeutung der Frau, legt man die Wertmaßstäbe des Grundgesetzes an, noch zu legitimieren sind?

In meinem Verständnis von mündigen Bürgerinnen und Bürgern in einer partizipierenden Demokratie weiß ich mich mit vielen darin einig, daß der demokratische Staat sich befragen lassen muß, ob bei sich verändernden Rahmenbedingungen die Übersetzung der Grundrechte in die konkrete Gesetzes- und Rechtspraxis den höchsten Wert, nämlich das Leben des einzelnen und der Gesellschaft, noch ausreichend repräsentiert. Das schließt die kritische Frage an die jeweiligen Regierenden ein, ob sie auf den verschiedenen Ebenen der Konkretisierung unserer demokratischen Grundordnung Entscheidungen fällen oder Entscheidungen und Handlungen zulassen, die menschenwürdiges Leben von einzelnen, Gruppen, der Gesellschaft und anderer Völker ernsthaft gefährden oder zu zerstören drohen.

Hier lassen sich grundlegende Implikationen des Postulats »Sei deine eigene Chairperson« offenlegen, die weit über das interaktionelle Gruppenkonzept der TZI hinausreichen:

— Es repräsentiert ein humanes Handlungskonzept, das sich an die holistischen, ethischen und politischen Grundaussagen der TZI-Axiome bindet;
— darin wird die »Chairperson« eine kritische politische »Instanz«, die aus ihrem Gewußten und Gewissen heraus und in der Verantwortung gegenüber sich selbst und menschlicher und natürlicher Umwelt Legitimität gewinnt, sich — z.B. in gewaltfreien direkten Aktionen — gegen scheinbare oder wirkliche Legalitäten zu wenden, die gefährden, was mir und anderen unverzichtbares Gut bedeutet: Frieden und Menschlichkeit.

Damit kein Mißverständnis entsteht: Dies ist *meine* Antwort auf der Basis der Axiomatik und der Postulate der TZI als holistisch-humanistischem Handlungskonzept; es ist nicht *die* Antwort und nicht die Antwort *der TZI.*

Meine These ist: Wer sich mit den Grundlagen pädagogischen, therapeutischen und politischen Handelns auf der Basis der humanistischen Psychologie beschäftigt, wird mit innerer Notwendigkeit auf Handlungsprobleme und Herausforderungen stoßen, wie ich sie hier ansatzweise beschrieben habe. Diesen Herausforderungen als »mein eigener Chairman« zu begegnen, findet Rückhalt auf mehrfache Weise:

— durch Bezugsgruppen mit gleichem Anliegen, in denen ich persönliches Wachstum erfahren, politisch reflektieren und kooperativ handeln kann;
— durch das Wissen, daß es in unserem Land und in der Welt unzählige Gruppen gibt, die ihr Anliegen, Frieden und Menschlichkeit zu bewahren oder zu erreichen, mit ähnlichen, gewaltfreien Methoden vertreten;

— durch die Hoffnung auf »objektive Chancen« für die Entwicklung eines neuen Selbst- und Weltverständnisses vieler Menschen. Unsere Zeit, in der die Menschheit dabei ist, Schritt für Schritt »sich selbst und ihre Lebensgrundlagen« zu zerstören, »enthält auch unerhörte Möglichkeiten ... der Vielfältigkeit und der Steigerung des Menschseins ... Die(se) Möglichkeiten des Menschen heute sind durch eine unerhörte, nie dagewesene Gleichzeitigkeit bestimmt ... Es könnte sich daraus eine neue humane Kultur entwickeln« (Böhme 1985, S. 10);

— durch die öffentlich geführte Diskussion, die sich in Schriften und Reden niederschlägt. Ich nenne hier in subjektiver Auswahl — außer den bisher genannten — nur einige Autoren: Paulo Freire, der in seiner »Pädagogik der Unterdrückten« (1971) die politischen Dimensionen des dialogischen Handlungsprinzips aufzeigt; Rawls' »Theorie der Gerechtigkeit« (1975); Martin Luther King: Der Traum vom Frieden (1983) und: Testament der Hoffnung (1974); Theodor Ebert: Soziale Verteidigung (1981); Ernst Tugendhat: Rationalität und Irrationalität der Friedensbewegung und ihrer Gegner (1983); Jürgen Habermas: Ziviler Ungehorsam — Testfall für den demokratischen Rechtsstaat. Wider den autoritären Legalismus in der Bundesrepublik (1983), Heinrich Bölls Bemerkungen über die Straße als Medium politischer Willensäußerungen und Aktionen (Glotz 1983) — oder die Anthologie »Gedichte gegen den Krieg« (1961).

Zusammenfassung: Im Anschluß an einen Gesprächskreis über neuere humanistische Konzepte habe ich darzustellen versucht, welche Bedeutung und Funktion die axiomatischen Grundaussagen Ruth Cohns im Rahmen des TZI-Systems haben, nämlich die Legitimation und Begründung therapeutischen und pädagogischen Handelns aus humanistischer Sicht. Im Fortgang der Überlegungen ist dann deutlich geworden, daß diese anthropologisch-ethischen Grundlagen weit über das Methodenkonzept der TZI in den gesellschaftlichen und politischen Raum hineinreichen und Legitimation und Begründung für Handeln sein können, das auf anderen methodischen Ebenen liegt als die face-to-face-Interaktion überschaubarer Kleingruppen. Diese bleiben zwar Kern und Ausgangspunkte für humanistisches innovatorisches Handeln und Bezugsgruppen für persönliches Wachstum und gemeinsame Orientierung. Ihre eigenen anthropologisch-ethischen Voraussetzungen führen jedoch über sie hinaus und werden grundlegend für Methoden, die gesellschaftlichem und politischem Handeln adäquat sind.

Für meine Vorgehensweise, in der Reflexion der holistisch-ethischen Grundlagen der TZI Gemeinsamkeiten mit anderen humanistischen — humanistisch hier im weiteren Sinn — Handlungskonzepten und Denkansätze aufzusuchen, gibt es vor allem zwei Gründe. Einen eher subjektiven Grund: Er liegt in meinem Bedürfnis, bei der Diskussion kritisch-politischen Handelns, das aus der Diskrepanz zwischen Legalität und Legitimität in unserer demokratischen Gesellschaft erwächst, mit »meinem Konzept« nicht allein zu stehen, sondern durch Anlehnung an andere Menschen und Konzepte Sicherheit zu gewinnen.
Der zweite Grund ist ein eher objektiver und final gerichteter: Ich wollte nicht nur spezielle Züge und Besonderheiten des TZI-Systems ansprechen, sondern auch auf Kooperationszusammenhänge hin argumentieren und in dem gemeinsamen humanistischen Grundanliegen die Möglichkeiten des Zusammengehens mit vielen Menschen und Konzepten offenhalten.

Anita Ockel

Über mich: »Ich lebe mein Leben in wachsenden Ringen ...« persönlich und von Berufs wegen als Psychoanalytikerin in eigener Praxis und als Dozentin am Lehrinstitut Hannover. Das Familienleben ist in den Hintergrund getreten, dafür besitze ich zwei Klaviere, auf denen ich mit Freunden begeistert Mozart spiele.
Geboren 1923 in Frankfurt am Main, aufgewachsen in einer Arztfamilie, wurde ich im Krieg als Rote-Kreuz-Schwester eingesetzt. Ich studierte Medizin und machte meinen Facharzt in Kinderheilkunde.
1950 heiratete ich, bekam zwei Töchter und widmete mich nebenher dem Studium der Psychoanalyse.
Die Begegnung mit Ruth Cohn 1969 wurde zu einem entscheidenden Erlebnis für mich, erweiterte meine Sichtweise der vorwiegenden Aufarbeitung genetischer Konflikte bei seelisch Kranken zu mehr aktiver Selbstentfaltung im Hier und Jetzt, zu mitverantwortlichen Beziehungen und Sorge um das persönliche und politische Umfeld. Diese Weiterbildung schloß ich 1974 mit der Graduierung zur Gruppenleiterin ab und gebe seitdem Seminare, die sich in letzter Zeit vorwiegend mit der Integration weiblicher/männlicher Seiten bei beiden Geschlechtern befassen.

Ich bin mein eigen' chairman

Wildpferde galoppieren — ungebunden — schnell — ihre Mähnen fliegen — nichts hält sie auf — Sehnsucht des Menschen

und

Ein Roboter schreitet auf vorgeschriebenem Weg — exakt — genau — fehlerlos — entwickelt Formeln, die Lösungen bringen — Irrtum ausgeschlossen — Triumph des Menschen.

Wenn kleine Kinder sich entfalten, haben sie noch diese ungebändigte Lust wilder Pferde, breiten sich neugierig, zugreifend aus, balgen sich herum, holen sich Zärtlichkeit und Liebe. Gleichzeitig drängt es sie zu erkennen, sich zu bemächtigen, auseinanderzunehmen und zu beherrschen, zu bemeistern.

Bedürfnisse, mit wahrnehmen, fühlen und denken verbunden, entwickeln sich zunächst, instinktiv einander zugeordnet, als würde eine große, unsichtbare Hand sie lenken. Im Schutze dieser Leitung entfaltet sich das Ich, das mit der Zeit diese schwierige Aufgabe der Steuerung übernehmen wird. Es ist mit einem Wagenlenker zu vergleichen, dem die Kunst trotz widerstrebender Pferde gelingt, seinen Wagen in die von ihm gewünschte Richtung zu lenken. Wie er das schafft, hängt von seiner Einstellung ab. Er kann mit der Peitsche hart zuschlagen, kann aber auch mit jedem Pferd Kontakt herstellen und sie untereinander vertraut machen. Beide Verhaltensweisen führen vielleicht ans Ziel; es kann sogar sein, daß mit Druck ein Ziel schneller erreicht wird, doch die Qualität jedes einzelnen gelebten Augenblickes ist sehr unterschiedlich. Während Druck Angst und inneren Widerstand erzeugt und nur noch der Wunsch zählt, möglichst durch Erreichen des Zieles davon befreit zu werden, haben im Miteinander vielerlei Lustgefühle während des Laufes Raum.

Die Einflußnahme von Eltern, Geschwistern, Kindergärtnerinnen, Lehrerinnen, Lehrern und Meistern, die alle wiederum von einer bestimmten Gesellschaftsform geprägt sind, wirkt auf die heranwachsenden Kinder. Je einengender sie behandelt werden, desto weniger können sie auf ihren eigenen Rhythmus hören, ihre eigene Art entfalten und langsam in gleichwertige Beziehungen hineinwachsen. Ihr Ich gerät unter normative Einflüsse und entwickelt fremdgesteuerte Zielvorstellungen. Damit aber wird der jeweilige Augenblick zur Gewohnheit, er wird nicht mehr mit der eigenen Sichtweise empfunden, sondern pflichtgemäß als ein Soll auf dem Weg zum Ziel erfüllt. Wird das Essen zur Gewohnheit, schmeckt es nicht mehr. Komfort ist gefährlich, denn er läßt vergessen, daß es Kälte und Hunger in der Welt gibt. Rollen bekommen ihre vorgeschriebenen Muster, werden nicht mehr individuell gelebt. Als ich mir meines Altwerdens bewußt wurde, fing ich plötzlich an, mich an jedem Geländer festzuhalten, was gar nicht nötig war. »Wir laufen alle in einem Nebel rum wie seelenlose Maschinen und können Gefühle nicht mehr direkt spüren und ausdrücken. Die Wut steigert sich innen.«[1] Wälder erkranken; es wird diskutiert und diskutiert. Wie lange wird es noch dauern, bis Schmerz und Trauer über den Verlust so stark fühlbar werden, daß sofort alle Kräfte zur Verhinderung oder Linderung eingesetzt werden?

Die durch Wahrnehmungs- und Gefühlslücken entstandene existentielle Verunsicherung wird mit dem Streben nach rationaler Perfektion aus-

zugleichen versucht. Roboter bauen Roboter. — Verwöhnende Einflußnahme wiederum führt in einen Dschungel von Ansprüchen und Erwartungen an andere. Nörgelige und mißmutige Gefühle, daß einem etwas vorenthalten wird, entstehen. In Wirklichkeit gelingt das eigene Zugreifen nicht. Aus Mißtrauen dieser scheinbar so entsagenden Umwelt gegenüber wächst Vorurteil; aus dem Nicht-fragen-Können wird vage Annahme. »Die-da« sind die beneidenswerten anderen, die sich unverschämterweise holen, was sie brauchen. — Läßt man Kinder einfach machen, was sie wollen, dann entbehren sie einfühlsames und liebevolles Verständnis, entbehren Beziehung.
Im Konflikt zwischen diesen unbefriedigenden Lebensweisen und den im Hintergrund rebellierenden unterdrückten Bedürfnissen und Gefühlen entstehen psychische und körperliche Symptome, sozusagen Warnsignale von Krankheitswert.

Ich bin ...

Leidensdruck aber auch Liebeserlebnisse, Träume und manchmal nur etwas dunkel Andrängendes wecken Wünsche nach etwas Anderem, fördern die Entscheidung, sich gleichsam wie Pilger oder Pilgerinnen auf den Weg zu machen. Mühsal und Plagen nehmen sie auf sich auf der Suche nach dem verloren gegangenen Sein, denn: »Der Weg ist nicht ohne Gefahr. Alles Gute ist kostbar, und die Entwicklung der Persönlichkeit gehört zu den kostspieligsten« (Jung/Wilhelm 1971, S. 15).
»Ich« oder gar »Ich will« zu sagen, ist schon schwer. Es gibt unliebsame Erinnerungen. Noch heute bereitet es mir etwas Unbehagen, einen Brief mit Ich anzufangen, es könnte egoistisch wirken. Elternbotschaften vieler Art sind lebendig geblieben: »Du hast gar nichts zu wollen!« oder »Mündchen halten, still gesessen und das Essen nicht vergessen!« Das Wort »Man« kaschiert das eigene Bedürfnis und findet Schutz im Normativen. In »Wir« wird gar die Getrenntheit von anderen geleugnet. In der Aussage »Du bist, solltest, könntest ...« wird dem anderen Eigenes dirigistisch zugeschoben.
Mit der Entscheidung zur Ich-Selbstentfaltung geht Unschuld verloren. An die Stelle des ungeniert Vor-sich-Hinleidens — andere dafür verantwortlich machend und sie durch Klagen und Vorwürfe ausbeutend — rückt die Selbstverantwortlichkeit. Illusionäre Wunschvorstellungen von wie auch immer gearteten Schlaraffenländern, die erreicht werden, wenn man sich nur brav und leistungswillig durch einen Grießbreiberg arbeitet, verschwinden. Vor allem aber geht Sicherheit verloren, denn das Erlebnis des »Ich bin« reißt mich aus dem Gefühl des Einsseins mit

anderen in die Ungewißheit der eigenen Wegsuche. Als kleines Mädchen betrachtete ich mich einmal in einem Spiegel, stutzte plötzlich und entdeckte staunend: »Das bin ja ich!« Staunen wandelte sich in Erschrecken: »Ich allein!?« M. Mahler (1979, S. 77) spricht vom Ausschlüpfen aus dem symbiotischen Umkreis und dem Gewahrwerden des Getrenntseins, der Unterscheidung des eigenen Körperbildes von der Außenwelt, in der die Objekte entdeckt werden. In diesem Erkenntnisaugenblick ist die Haut ganz dünn und erklärt das Erschrecken (Winnicot 1978, S. 29). Diese wird fortan besetzt als abgrenzendes, schützendes und aufnehmendes Organ und gewinnt große Wichtigkeit. Dennoch ist das Gefühl des Alleinseins schwer zu ertragen und wird deshalb auch im Laufe des Lebens immer wieder verleugnet und neu entdeckt. Die Sehnsucht des Menschen nach dem Wiedereinswerden ist sehr groß. In jeder beginnenden Liebesbeziehung scheint es zu gelingen und muß doch dem Gefühl des unabänderlichen Getrenntseins wieder weichen.

Auch Pilger und Pilgerin lernen sich auf ihrer Reise erneut in ihrer Körperlichkeit kennen: als Subjekt, das den Körper aktiv berühren kann, und als Objekt, das die Berührung passiv empfindet. Wahrnehmung wird eine ständige Begleiterin. Jetzt sehe ich, was in einem Blatt lebendig ist, sehe Wesentliches, rieche den Duft dieser einzigartigen Rose in diesem Augenblick. Ich höre zu, erwidere, es wird mir zugehört und geantwortet. Für kurze Zeit führen zwei Wege zusammen und lassen ein Gefühl von Heimat entstehen — vielleicht für eine Stunde, dann trennen sich die Wege wieder. Nichts ist von Dauer, Sättigung ist eingetreten. Jeder kehrt zu sich selbst zurück, läßt wieder los, Beziehung bleibt. Das Erlebte wird ins Innere genommen, wird verdaut, manches wird integriert, manches wieder entfernt. Das ganze Sein hat jeden Augenblick dieser Stunde erlebt, der Körper, der Geist, das Gefühl, die Phantasie, die Intuition; es klang Vergangenes und Zukünftiges an, alles vereint im Schnittpunkt des Hier und Jetzt.

Ich bin mein Eigen' ...

Ich gehöre mir. Das Ich hat sich in seinen unzähligen Möglichkeiten entfaltet, in seinem vielfachen Wollen und Entscheiden. Es hat auch Einschränkungen erfahren, die es hinnimmt, weil es die Konsequenzen nicht tragen will. Auch erfährt es sie in seinem Gewissen und seinen Wertvorstellungen. Eigenart wird in der Weise gefunden, *wie* der Mensch mit seinen und den Gaben anderer umgeht. Alles ist etwas wert, wenn er es nur besitzt. Was er nicht als sein eigen akzeptieren will, was aber doch zu ihm gehört, ist leicht angreifbar, führt zu Gekränkt- und Verletztsein. In gegenseitigen Kränkungen liegt eine große Gefahr. Wenn sie nicht als solche wahrgenommen und ausgesprochen werden, wird zurückgeschlagen. Starre Fronten bilden sich, die, unerbittlich ihre eigenen Werte verteidigend, nicht müde werden, die gegnerische Seite abzuwerten. Dahinter wächst immense Wut, die Explosivkraft hat, denn die Angriffe treffen ständig auf alte, kaum vernarbte Wunden.

Sich selbst wertzuschätzen und Kränkungen nicht mit Gegenabwertungen zu beantworten, sondern das Verletztsein auszudrücken, ist ein ganz wichtiger Lernprozeß. Die Gesamtsteuerung der Persönlichkeit gerät sonst in Gefahr, erheblich vom eigenen Weg abzukommen und sich in irgendeiner Sackgasse zu verbeißen, um schließlich gar nicht mehr zu wissen, wieso sie da gelandet ist. Auch Verführungen, Lobpreisungen, Gaukeleien haben es auf die Werte abgesehen, die nicht wirklich im Besitz sind. Die eigene Wertigkeit wird dann als minder erlebt. Jede Beziehung ist vom Wertgefühl begleitet. Ist sie gleichwertig, dann entsteht ein Gefühl, sich einander gewachsen zu sein. Ist sie jedoch ungleichwertig, dann kommt es zu einem Oben/Unten-Gefühl, in dem sich mehr oder weniger wert gefühlt wird. Je mehr ich mich im Besitz meiner Werte fühle, um so leichter fällt es, das Selbstwertgefühl auf einer dynamischen Linie zu halten, auch wenn Verlust oder Niederlage droht.

In einem alten Gleichnis wird es folgendermaßen beschrieben:

»In alten Zeiten fragte der Schüler den Meister, was das Selbstgefühl sei. Der Meister antwortete ihm, er wisse das nicht. Aber er gab dem Drängen nach und meinte, das Selbstgefühl sei wie ein Schwan, der über das Weltmeer fliege. Er fliege dauernd, aber sein einer Fuß bliebe im Wasser.«

Dieses Gefühl von Selbstsicherheit und Selbstachtung steht, wie im Gleichnis beschrieben, ständig mit dem Lebensfluß in Verbindung: mit den Triebbereichen, mit denen der Mensch gerade Gegenwart lebt, sich in Beziehungen mit der Objektwelt befindet; es ist also nicht isoliert auf das Ich bezogen.

In einem Gedankenaustausch mit Ilse und Karl Horst Wrage haben wir versucht, diese beiden Ebenen zueinander in Beziehung zu setzen (Abbildung dazu auf Seite 64):

Umlernen, umdenken, umfühlen geschieht im Miteinander-Reden, im Fehler-Machen, durch Hilfe von innen, in den Träumen. Im Unbewußten schlummern heilsame Kräfte, die, entschlüsselt, wertvolle Hinweise zur Lösung von Konflikten geben können. Träume nehmen den Menschen bis in jede Einzelheit seines Tuns hinein ernst und rücken sein Leben in bedeutend größere Zusammenhänge.

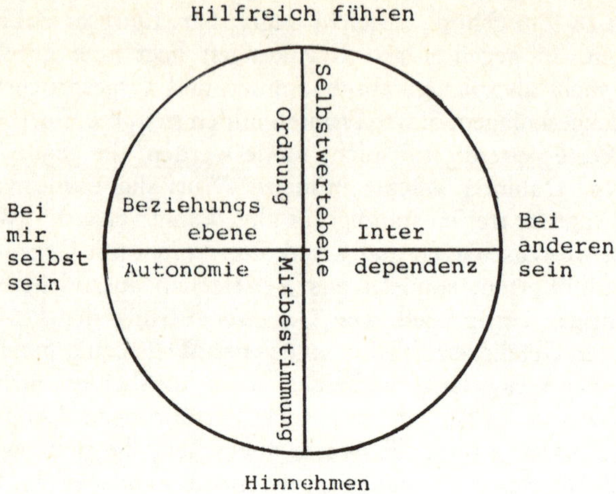

Sie bestärken die Wichtigkeit des einzelnen, wo er doch oft von Konformität bedroht ist. Sich auf Träume einzulassen, heißt für das steuernde Ich, vorübergehend das Balancieren zu lockern, um aufnahmebereit für Botschaften zu sein, Entdeckungen zuzulassen. Es ist also wichtig, daß die Beziehung des Ich zu seinen einzelnen »Pferden« flexibel und nicht starr ist. Die neu gewonnene Erkenntnis wird integriert, in die vorhandene Identität in Wechselseitigkeit eingefügt. Es kommt zu einer neuen Balance, die somit einen dynamischen Charakter erhält.

Träume teilen verschlüsselt Wünsche mit, die dem Bewußtsein nicht zugängig, nicht erlaubt sind. Sie sagen auch aus, wovon Abschied zu nehmen ist oder unmerklich genommen wurde. Ich erinnere mich an den Traum eines Vaters aus meinem letzten Seminar über die Beziehung zwischen ihm und seiner 13jährigen Tochter: »Da war ein Pfirsich, der wie eine Burg geformt war.« Lust und Gefahr sind hier in ein plastisches Bild gebracht. Der Pfirsich ist natürlich die aufblühende Tochter, in die er gerne hineinbeißen möchte — aber er ist zur Burg gestaltet, einem wehrhaften Gebäude, das dem Schutz vor Eindringlingen dient. Angebot und Abweisung auf der Tochterseite, Versuchung und Versagung auf der Vaterseite — es wird Zeit, von der Beziehung der Kinderjahre Abschied zu nehmen.

Träume geben auch Hinweise auf persönlichkeitsfremde Anteile, die irgendwann einmal hineingenommen wurden, um dort ein Ich-fremdes Eigenleben zu führen. Ich erinnere mich mit Unbehagen an eine Gardinenpredigt, die ich einem Freund hielt und dabei so ein dumpfes, unstimmiges Gefühl hatte. Anschließend träumte ich von einer »Fremden«,

die »Spinat« aß, den ich als Kind nie mochte, aber essen mußte. Damals ließ ich mir die Backen vollfüllen, um dann alles wieder auszuspucken. Immerhin hatte ich den Spinat teilweise in mich hineingenommen, ähnlich wie die Moralpredigten meiner Mutter, von denen ich damals ungewollt eine wieder ausspuckte. Das Ich bekommt diese Seiten zwar nicht unter Kontrolle, ist aber dennoch für deren Tun verantwortlich. Meine Gardinenpredigt damals hatte jedenfalls Konsequenzen.
Günter Hoppe spricht vom »Anti-Chairman«. Ein Kindergedicht sagt etwas Näheres über diesen aus:

Will ich in mein Gärtlein gehen,
und mein Blümlein gießen,
steht das bucklig' Männlein da,
fängt gleich an zu niesen.

Hier wird die fleißige Gärtnerin verunsichert, ärgert sich, will von dem Männlein nichts wissen. Es muß nicht unbedingt eine Ich-fremde Seite darstellen, eher vielleicht einen verdrängten Anteil, der sich, zwar unliebsam, dennoch bemerkbar macht und angenommen werden will. Solche abgelehnten Seiten führen, da sie Angst machen, ein Schattendasein. Doch immer wieder kommen sie unaufgefordert an, plustern sich auf und werden mit allen Mitteln bekämpft, um endlich von ihnen freizuwerden. Doch je mehr sie bekämpft werden, um so größer wird die Verstrickung. Sich in diese Verwirrung fallen zu lassen, hilft rauszufinden:

»Was du zusammendrücken willst,
das mußt du erst richtig sich ausdehnen lassen.
Was du schwächen willst,
das mußt du erst richtig stark werden lassen.
Was du vernichten willst,
das mußt du erst richtig aufblühen lassen.
Wem du nehmen willst,
dem mußt du erst richtig geben.
Das heißt Klarheit über das Unsichtbare.« (Laotse)

Das bucklig' Männlein kann sich, erst einmal akzeptiert, in einen fröhlichen Burschen verwandeln, der dem zu fleißigen Mädchen mehr Lebensfreude schenkt.
Was sich im Inneren bewegt, schlägt sich auch im Äußeren nieder, und umgekehrt. Autonomie wird nur im ständigen Austausch erreicht und ist auch immer wieder von diesem abhängig. — Langsam wächst dem balancierenden Ich ein Freund zu, ein ruhender Pol in der Erscheinungen Flucht: die eigene Mitte. Hier schlägt sich alle Lebensarbeit als »See-

lenkern«, symbolhaft verdichtet, nieder (v. Franz 1968, S. 196). Er ruht und weist sogleich den Weg. Ein Analysand träumte vom »stonely point« und erkannte darin seinen Mittelpunkt, steinern, ruhend, schwer, rund. Er begann, seinen Weg wahrzunehmen, wo er vorher glaubte, unzählige Möglichkeiten offen zu haben. Die Einschränkung ist zugleich eine Offenbarung, daß es einen eigenen Weg überhaupt gibt. Fortan werden scheinbare Zufälle als etwas genommen, was einem zufällt und gerade jetzt wichtig ist. Diese Hinweise helfen, den Weg nicht zu verlieren, der immer nur bis zur nächsten Biegung sichtbar, manchmal auch wieder ganz und gar von Nebel eingehüllt ist. Das eigene Zentrum gibt jedoch immer wieder Signale, daß er da ist und die Seele dort wandert.

Hier klingt Religiöses an. Ich bin in meiner analytischen Arbeit mit mir und anderen immer wieder an das Wunder der Veränderung gestoßen. Es ist letztlich nicht faßbar, wie es dazu kommt. Da ist etwas auf einmal anders, wird manchmal aus tiefstem Herzen verstanden — »aha!«

In Gedichten, im kreativen Gestalten fließen Erkenntnisse ein, die vorher nicht bewußt waren. Die Arbeit bis dorthin ist schwer, führt durch Dickicht, Untiefen, Tränenmeere, aber schließlich wird es leicht ums Herz. Freude überwiegt. Ich sehe dieses Wunder als Niederschlag einer göttlichen Seite in jedem Menschen, die ich bewundere und liebe.

Sie klingt auch an in Freundschaften, Liebe, Naturgeschehen, bei Geburt und Tod. Es ist, als ob die unsichtbare, ordnende Hand der frühen Kinderjahre wieder wirksam wird und auf andere und doch ähnliche Weise die All-Einheit zwischen Lebewesen, Natur und Ordnung herstellt. Ob sie außen oder innen wahrgenommen wird, sie bleibt die gleiche. Ich bin sicher, daß auch die Welt ein ordnendes Prinzip in sich trägt, das Verehrung und Achtung verdient.

Ich bin mein eigen' chairman

Ich leite mich selbst, heißt, ich bringe mich in Übereinstimmung mit allen meinen verschiedenen Seiten, entscheide und handle. Ich tue das unter Einbeziehung des jeweiligen Themas, des Umfeldes und der Menschen, mit denen ich mich in Interaktion befinde. Ihnen bringe ich die Achtung entgegen, die ich mir selbst gebe. Ich bin dann weder in einer Rolle noch in einem eingefahrenen, sonstigen Schema, sondern befinde mich als einmalige, unverwechselbare Persönlichkeit ebenso einmaligen, unverwechselbaren Persönlichkeiten gegenüber. Wenn ich mit ihnen in Beziehung trete, dann ist vollkommen unvorhersehbar, was kommt, was der nächste Augenblick bringt. Ich spreche von mir zu ihnen und nicht von mir, ohne zu ihnen zu sprechen. Ich habe die Hoffnung, daß so jeder Tag, jede Stunde, jeder Augenblick zu einer schöpferischen Aufgabe wird.

Karl Horst Wrage

1926 in Hamburg geboren. Seit 26 Jahren in Hannover.
Abitur 1946. Medizinisches Staatsexamen und Promotion 1951. Assistentenjahre in der Chirurgie, Gynäkologie, Unfallheilkunde und Pathologie mündeten in diverse Disziplinen der Inneren Medizin und Psychosomatik (Facharzt 1958).
Parallel wuchs das Interesse für die Sozialmedizin und darin besonders für die Eheberatung und die Sexualpädagogik. 1950 Mitbegründung der Hamburger Arbeitsgemeinschaft für Jugend- und Eheberatung. 1951 Einrichtung eines ständigen Seminardienstes für die Vorbereitung auf Ehe und Familie beim Hamburger Landesjugendring.
Eine 1947 begonnene Freundschaft mit einer Studienkollegin führte 1952, vor jetzt 33 Jahren zur Heirat. Drei Söhne. — Ein langer gemeinsamer Weg mit vielen Höhen und Tiefen im andauernden Bemühen um Individuation im Dialog, Separation innerhalb der Beziehung.
1959 Übernahme der Leitung des neu gegründeten Sozialmedizinischen Amtes der Ev.-Luth. Landeskirche Hannover (SmA), dem heutigen Sozialmedizinisch-Psychologischen Institut (SmPI). Gleichzeitig — zusammen mit der Ehefrau — Beginn der Psychoanalytischen Weiterbildung, Examen 1969.
In der Hannoverschen Landeskirche Initiieren und Begründen der analytischen Pastoralpsychologie, der Ehe- und Lebensberatung mit jetzt 25 Beratungsstellen und mehr als 150 Mitarbeitern, sowie einer modernen psychoanalytisch fundierten und anfangs gruppendynamisch orientierten Seelsorgeaus- und -fortbildung für Pastoren und andere kirchliche Mitarbeiter. In dieser Arbeit, auf der Suche nach einer Methode, lebendiger zu lehren und zu lernen, erste Begegnung mit Ruth Cohn am 1. Mai 1970. Ab Dezember 1970 Zusammenarbeit mit Ruth Ronall und in den Folgejahren mit vielen anderen deutsch-amerikanischen TZI-Lehrern und -Freunden in Hannover und darüber hinaus in Europa.
Die fachlichen Schwerpunkte Psychoanalyse und TZI haben in den letzten Jahren eine Erweiterung erfahren durch die spezielle Beschäftigung mit Fragen der dynamischen Balance zwischen Männlichem und Weiblichem.

Themen finden — Themen einführen

Liebe Leserin, lieber Leser!

Ich wurde aufgefordert, meine »Erfahrungen lebendigen Lernens« mit dem Beitrag »Themen finden — Themen einführen« für diese Publikation zur Verfügung zu stellen. Die Herausgeber hatten in ihrer Vorbereitung ein altes Arbeitspapier von mir entdeckt und mich gebeten, dieses zu überarbeiten. Ich habe mich darüber sehr gefreut, auch über die darin zum Ausdruck gekommene nachträgliche Anerkennung einer lange zurückliegenden Arbeit.

Dieses Papier hatte damals den Titel »Themen finden — Themen setzen«, und es trug als »Arbeitsmaterial« den unübersehbaren Zusatz »nur für den internen Seminargebrauch«.

Was hatte es damit für eine Bewandtnis? Warum hatte ich das damals so deutlich eingerahmt?

Beim Lesen und Bearbeiten dieses Papiers wurde es mir zunehmend klarer. Das damalige Arbeitspapier kam eben nur zur Verwendung in Zusammenhang mit dem erlebenden Erarbeiten seiner Inhalte. Es war immer nur zu verstehen aus dem Erleben der TEILNEHMER, *aus meinem gemeinsamen Handeln mit allen Beteiligten eines Seminars und deshalb in meiner Erinnerung und in der Erinnerung der Seminarteilnehmer durchdrungen von der erlebten Interaktion. — So wie dieses Papier konnte ich jetzt nicht schreiben. Diese abgerissenen und herausgerissenen Fakten waren unlebendig.*

Also: Ich setzte mich hin und begann einen Aufsatz zu schreiben. Die isolierten Sätze miteinander zu verbinden, Beziehungen zwischen den Aussagen herzustellen. — Es mißlang. — Sollte ich das alte Manuskript über den Haufen werfen, völlig neu anfangen? — Dazu reichte nicht die Zeit.

Es vergingen einige Wochen. Immer wieder sah mich der inzwischen angewachsene Stapel an allen möglichen Papieren und angereicherten Manuskriptblättern an. Unwillig verbannte ich ihn vorübergehend in eine Schublade.

Und dann gelang eines Tages in einem entspannten Augenblick die Phantasie, mit dem Leser in einen imaginären Bezug einzutreten, mich mit dem zukünftigen LESER, *dessen Reaktion ich nie so ganzheitlich werde erleben können wie in einem Seminar, in eine phantasierte Kommunikation einzutreten. Nun gelang die flüssige Ausarbeitung, und sie wurde lang und länger, angereichert durch zahlreiche Beispiele und Ein-*

fälle. Es wurde schließlich ein imaginäres, aus der Erfahrung gespeistes Manuskript eines ganzen Fünf-Tage-Seminars.
Zuviel! Und der nächste Prozeß war dann wohl der schmerzhafteste: Zu streichen, die Kommunikation wieder zu reduzieren, Beispiele zugunsten des Prinzipiellen wegzulassen, zu verdichten auf einen einigermaßen vertretbaren Umfang. Das Ergebnis können Sie nun lesen. Ich würde mich freuen, wenn ich gelegentlich von Ihnen höre, auch, um für zukünftige Arbeiten vielleicht weiter zu lernen, meine publikatorischen Mitteilungen zu verbessern, ein ja legitimes TZI-Ziel.
In diesem Reduktionsprozeß eines viel längeren Kapitels kam es mir auch darauf an, eine Sprache zu finden, die von potentiellen Lesern verstanden wird, ohne gekränkt zu sein. Etwas, was mir auch aus meiner therapeutischen Arbeit sehr wichtig ist: Verletzungen zu vermeiden. Und deshalb will ich für eine ganz bestimmte Entscheidung, die ich getroffen habe, hier noch eine Erklärung anfügen: Ich spreche in meinen Ausführungen immer vom Gruppenleiter. Und ich denke an diesen Begriff immer mehr geschlechts-neutral. Wieviel habe ich von Leiterinnen gelernt, wieviel vorzügliche Leiterinnen haben mich begleitet! Der Versuch jedoch, immer beide Geschlechter in ausgewogener Häufigkeit zu nennen, hat mich vorübergehend in eine hoffnungslose Sprachstil-Verwirrung geführt, und so habe ich mich entschlossen — »typisch« werden vielleicht manche sagen — als pars pro toto vom Gruppenleiter zu sprechen. Mir ist wichtig, dieses mitzuteilen, weil ich besonders in den letzten fünf Jahren einen größer werdenden inneren Zugang zu den Anliegen der Frauenbewegung, im weitesten Sinne zum Feminismus und zur Feministischen Theologie, zu der Sprache der Veränderung mit all ihren paläolinguistischen und gegenwarts-linguistischen Problemen gefunden habe und, wie ich meine, auch beginne, in meinen eigenen Interaktionen zu leben. Deshalb mögen Sie mir verzeihen, wenn sich eine von Ihnen verletzt fühlt, die Sprache so gewählt zu haben, wie ich sie gewählt habe.

Auf ein Thema zentrieren

Ruth Cohn nannte einen ihrer entscheidenden Aufsätze über die TZI: »Das Thema als Mittelpunkt interaktioneller Gruppen«, und unterschied diese Arbeits- und Erlebnisweise schon in der Überschrift deutlich von therapeutischen Techniken.
Für eine auf ein »Thema« zentrierte interaktionelle Gruppenarbeit ist nötig, dieses Thema präzise zu formulieren; denn ein ansprechendes Thema fördert nicht nur die Motivation der sich freiwillig zur Mitarbeit meldenden, sondern ist zugleich auch Arbeitsauftrag, Lernziel-, Aufgabenbeschreibung derer, die in der Gruppe zu gemeinsamem Tun freiwillig oder unfreiwillig zusammenkommen. Die im Thema enthaltene Lern- bzw. Arbeitsziel-Angabe ist wesentlich mitentscheidend für das Gelingen der Arbeitsgemeinschaft, den Lernerfolg der Teilnehmer und das Erreichen oder Nichterreichen der selbst gestellten oder von außen bestimmten Aufgabe. Von dem Gefühl, das im Thema gestellte Ziel erreichen zu können, ist die eigene Aktivität jedes Mitarbeiters direkt abhängig. Ein unerreichbares Ziel entmutigt und lähmt, ein erreichbares spornt in der zur Verfügung stehenden Zeit an.
Diese Erkenntnisse gelten sowohl für Seminare als auch für ständige Arbeitsgruppen und Teams, sowohl für den jeweiligen Gesamtauftrag als auch für Teilabschnitte gemeinsamer Tätigkeit.
In dieser Bearbeitung zu den Erfahrungen lebendigen Lernens will ich mich auf die Anwendung dieser Erkenntnis auf TZI-Seminare beschränken und hoffe, daß es dem Leser aufgrund seiner eigenen Erfahrungen mit TZI leicht gelingt, meine Erfahrungen mit seinen in die Praxis am Arbeitsplatz ebenso zu übersetzen wie in die Vorbereitung und Gestaltung von Festen und Feiern, von Familienzusammenkünften und politischen Aktivitäten. Wenn auch die Gruppenleitung bei kleinen und Groß-Gruppen unterschiedliche Aspekte zu berücksichtigen hat, so gilt nach meiner Erfahrung die thematische Präzisierung für beide, um zu

einem für alle beglückenden Erfolgserlebnis zu kommen, das wiederum für die Selbstwertbestätigung des einzelnen, der Gruppe und des Leiters entscheidend ist und zu weiterer Zusammenarbeit motiviert.
Die hier mitgeteilten Erfahrungen wurden 1972 aus meiner Zusammenarbeit mit Ruth Ronall am Sozialmedizinisch-Psychologischen Institut der Hannoverschen Landeskirche zum ersten Male niedergeschrieben. Ich möchte an dieser Stelle Ruth Ronall herzlich danken für diese produktive Zeit gemeinsamen Handelns. Im Laufe der Jahre hier und da angereichert haben diese Hinweise sich mir immer wieder bestätigt. Wenn ich — im Gedränge der Geschäfte — die eine oder andere Seite dieses Problems vernachlässigte und das Versäumnis nicht während der Seminararbeit ausgleichen konnte, habe ich dafür meistens bitter »bezahlen« müssen, entweder dadurch, daß eine Seminarausschreibung nicht beachtet wurde, oder dadurch, daß einzelne Sitzungen große Unzufriedenheit bei allen hinterließen und das Arbeitsziel in Teilen oder insgesamt nicht erreicht wurde.
Im Sinne der TZI ist die dynamische Balance zwischen
- den Absichten des Veranstalters, der Institution, des Betriebes, dem GLOBE,
- den Wünschen sowie der Spezialisierung der leitenden Fachkraft, also dem ICH des Leiters oder des Leitungsteams,
- dem WIR in der Befindlichkeit, Ausgangssituation, Arbeitsbereitschaft sowie den Zielen der Gruppenteilnehmer,
  — und schließlich —
- dem Anspruch des Themas, dem ES

sehr genau zu beachten
Deshalb sollten Veranstalter und Fachkraft möglichst viele Fakten vor Beginn der ersten Sitzung auch über die Teilnehmer und ihre Wünsche in Erfahrung bringen, oder durch die Themenformulierung in der Einladung nur eine bestimmte Gruppe von Personen ansprechen und zur Teilnahme anregen. Die erste — noch indirekte — Kommunikation mit den Teilnehmern erfolgt nämlich durch das in der Einladung genannte Thema. Je präziser dieses Thema formuliert ist, desto mehr werden die Menschen, die zusammenkommen, dessen Bearbeitung, wenn auch mit individuellen Unterschieden, wirklich wünschen. Je globaler und diffuser ein Thema formuliert ist, desto stärker werden die persönlichen Wünsche und Vorstellungen divergieren und die Kommunikation erschweren.
Es wird für den erfahrenen Gruppenleiter im allgemeinen leichter sein, während des Seminars bzw. während einer Sitzung aufgrund der ihm inzwischen deutlicher bekannt gewordenen Teilnehmerwünsche und auf-

grund seiner Wahrnehmung der Gruppenbefindlichkeit ein Sub-Thema zu finden und zu formulieren, als schon im voraus die Entwicklungsmöglichkeiten der Gruppe angemessen thematisch zu berücksichtigen. Optimal ist deshalb, wenn Gruppenleiter und/oder Fachkräfte so weitgehend den betreffenden thematischen Bereich übersehen und mit ihm umgehen können, daß sie in der jeweiligen Situation ihre Wissensaussagen auf die Gruppe hin modifizieren können.

Thema- und aufgabenzentrierte Interaktion erfordern deshalb nicht nur die Fähigkeit zur Gruppenleitung und Anleitung, sondern setzen auch ein gerütteltes Maß an Fachkenntnissen zu dem jeweiligen Sachgebiet und zu den dem entsprechenden Handlungsfeld innewohnenden Konflikten, »Störungen« voraus. Der Kopf kann bei TZI-Arbeit also nicht an der Garderobe abgegeben werden, Gefühle und Empfindungen ersetzen kein Wissen. Ein ohne Bezug auf die Teilnehmer und deren Arbeitsbereich vorformuliertes Thema oder ein noch so gut ausgearbeitetes Referat stehen in der Gefahr, die Motivation der tatsächlich Anwesenden zu verfehlen und damit zu einer bloßen — vielleicht sogar interessanten — Information zu werden, die aber übergestülpt bleibt und ein experientielles, erlebendes Lernen für die Teilnehmer verhindert. Diese Gefahr besteht auch bei TZI, wenn Gruppenleiter respektive Fachkraft meinen, am besten zu wissen, was der Gruppe guttue und wie sie am besten lerne und arbeite.

Die nachstehenden Gesichtspunkte sind nach den Postulaten der TZI geordnet. Diese Zusammenstellung bedeutet keine Rangfolge, vielmehr geht es in der Vorbereitung und Durchführung um eine ständige dynamische Balance im Mit- und Nebeneinander der verschiedenen Anliegen. Jeder Gruppenleiter und jede TZI-geschulte Fachkraft wird sie aufgrund eigener Erfahrungen und Selbsterkenntnis ergänzen und modifizieren sowie besondere Schwerpunkte setzen können.

Ich habe die nach meinen Erfahrungen beim Themenfinden zu berücksichtigenden Anliegen in Form von Fragen formuliert, wie ich sie mir stelle und für mich zu beantworten suche, wenn ich ein Seminar vorbereite. Diese Form bietet dem TZI-Lernenden die Möglichkeit, sich fragen zu lassen, woran er bei der Vorbereitung gedacht und woran er nicht gedacht hat. Sie ist eine Checkliste, um sich über seine eigene Vorbereitung zu vergewissern.

In den einzelnen Abschnitten geht es immer wieder um den Viererschritt, die Anforderungen des Globe, die eigenen Interessen, die der Mitarbeiter und Teilnehmer und schließlich die dem Thema innewohnende Dynamik zu berücksichtigen.

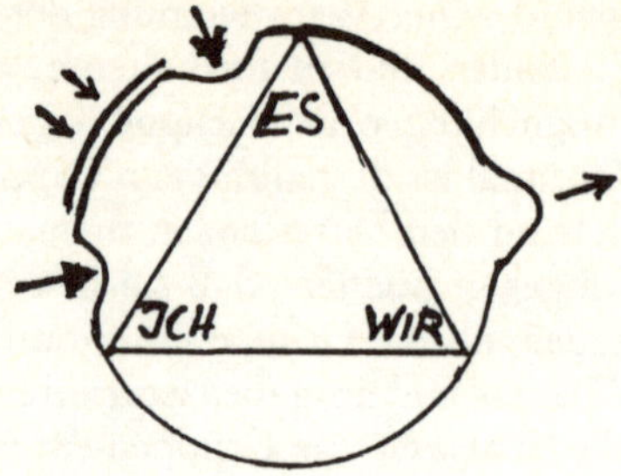

Berücksichtigen des GLOBE

Welches sind die Interessen des Veranstalters, Trägers, Auftraggebers?
Was möchte er durch das Seminar erreichen?
Sind seine Ziele mit meinen — oder wieweit nicht — zu vereinbaren?
Gibt es eine Kompromißebene, auf die ich mich einlassen kann?
Kommen die Teilnehmer freiwillig oder nur scheinbar freiwillig,
weil sie sich z. B. nicht ausschließen wollen,
traditionsgemäß kommen, weil von ihnen erwartet wird, daß sie sich interessieren,
oder sind die Teilnehmer abgeordnet? Handelt es sich um eine Pflichtveranstaltung mit indifferenter Motivation?
Wer bezahlt die Veranstaltung?
Welche Ansprüche werden durch eine Fremd-»Finanzierung« indirekt an mich und an die Teilnehmer gestellt?
Welche Ansprüche haben die Teilnehmer aufgrund ihrer Eigenfinanzierung des Seminars?
Wird durch die Eigenfinanzierung eine Konsumhaltung gefördert? Muß der Leiter besonders viel hergeben? Bleibt genügend Spielraum für eigene Aktivitäten? Kann eine Mischfinanzierung auch zu einer Balance der Interessen und Wünsche führen?
Wie groß ist die erwartete Teilnehmerzahl?
Wie viele Teilnehmer möchte der Veranstalter unterbringen?
Wie viele Teilnehmer sind gruppendynamisch zu verantworten, damit jeder auf seine »Kosten« kommt?
Kann ich es mir »leisten«, Teilnehmer abzuweisen, die m. E. die Voraussetzungen — wenn ich welche stelle — nicht erfüllen?
Besteht bei großem Andrang die reale Möglichkeit von seiten des Trägers und von meiner Seite, ein analoges Seminar mit weiteren Interessenten durchzuführen?
Handelt es sich um eine homogene oder um eine heterogene Gruppe?
In bezug auf das Geschlecht,
auf Bildung — Vorwissen — Erfahrung,

Lebensalter der Teilnehmer, auch z. B. des Ehealters, des Alters der Kinder?
Kommen die Teilnehmer aus dem gleichen Arbeitsfeld, haben sie analoge Berufserfahrung?
Haben die Teilnehmer schon analoge gemeinsame Erlebniserfahrungen gesammelt,
und welchen Einfluß kann ich auf die Gruppenzusammensetzung ausüben, wenn das Seminar ausgeschrieben wird?

Wie und wo findet die Veranstaltung statt?
Wie ist der Raum ausgestattet: Sitzmöbel, Beleuchtung, akustische Sicherheit?
An welchem Ort finden die Gruppensitzungen statt? Handelt es sich um eine Klausurtagung an unbekanntem Ort oder um eine Tagung innerhalb des alltäglichen Lebensbereiches oder um eine Tagung innerhalb des alltäglichen Lebensbereiches mit einem speziellen Gruppenraum?
Gibt es eine Möglichkeit, die Arbeitsatmosphäre des Ortes und des Raumes von mir aus vorweg mitzubestimmen, so daß ich für mich Voraussetzungen schaffe, in denen ich optimal mit den Teilnehmern arbeiten kann?

Wieviel Zeit habe ich zur Verfügung, und wieviel Zeit will ich zur Verfügung stellen?
Wie lange kann eine Sitzung im einzelnen, wie lange die Arbeitsgemeinschaft insgesamt dauern?
Welche Frequenz der Arbeitssitzungen pro Tag sind mir und den Teilnehmern zuträglich und zumutbar.
Wie frei bin ich in der Gestaltung von Pausen und freien Zeiten?
Können das Erleben der Umgebung, das Wahrnehmen von Sehenswürdigkeiten in das Seminar einbezogen werden?
Soll das Seminar auch der Entspannung von dem üblichen Alltagsstreß und damit in gewisser Weise auch der Erholung dienen?

Mit welchen allgemeinen vorausschaubaren Störungen habe ich zu rechnen — auf welche Störungen muß ich mich vorbereiten?
Wie kann ich den pünktlichen gemeinsamen Beginn der ersten Sitzung für alle Beteiligten weitgehend vorbereiten?
Was kann ich den Teilnehmern und mir bezüglich der Anreise zumuten und was ist bezüglich der Tagungsstätte, des Hotels diesbezüglich realistisch?
Auf welche »natürlichen« Konflikte muß ich mich einstellen, wenn ich z. B. als jugendlicher Leiter mit älteren Menschen arbeite (Kind-Eltern-Konflikte) oder als älterer Leiter mit jugendlichen Teilneh-

mern arbeite (Autoritäts-, Mitbestimmungs-Konflikte)? Welche traditionellen Konflikte oder Vorurteile habe ich zu berücksichtigen, wenn meine berufliche Herkunft mit denen der Teilnehmer nicht übereinstimmt?

Wie werde ich mich kleiden?

Welche Widerstände habe ich zu bedenken, die durch Kleidung, Haartracht, Sprechweise und Sprachschatz in der Gruppe entstehen können, und wie kann ich diese vermindern, ohne die Teilnehmer oder mich zu zwingen, uns ertragen zu müssen?

Was folgt für die Teilnehmer und für mich nach dieser Veranstaltung?

Wie ist die Backhome-Situation?

Wie kann ich von vornherein das Ende der gemeinsamen Arbeit in dieser unwiderbringlich einmaligen Gruppe (und jede Gruppe ist einmalig!) einbeziehen und damit die Rückkehr in die alltägliche Lebenswelt erleichtern?

Welche Brücken zwischen dem Alltags-Festland und der Gruppen-Insel will ich für mich und für die Teilnehmer auf jeden Fall erhalten?

Was und wie kann ich von vornherein beitragen, die emotionalen und intellektuellen Erfahrungen mitzunehmen, um sie im Alltag des Berufes und persönlichen Lebens anzuwenden, ggf. auch neu zu erproben?

Gibt es Möglichkeiten der Fortsetzung, der Vertiefung der Erfahrung in und mit dieser Gruppe in gleicher oder ähnlicher Zusammensetzung?

Welche realistischen Angebote können vom Veranstalter und von mir wirklich gemacht werden, falls die Teilnehmer eine Fortsetzung mit mir wünschen?

Welche Möglichkeiten habe ich unter Berücksichtigung der realistischen Situation der Teilnehmer, sie auf andere Lern- oder Seminarerfahrungen zu verweisen?

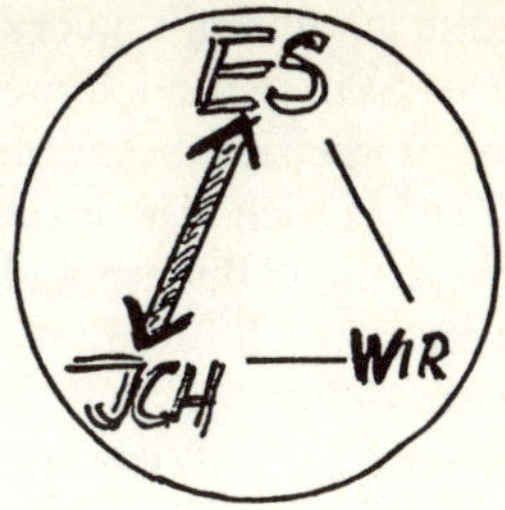

Meine Beziehungen zum ES

Welche persönlichen Beziehungen habe ich zu dem Thema, dessen sachlichen Inhalt, zu Aufgabe und Auftrag,

erlebnis- und gefühlsmäßig auch hinsichtlich realer, konkreter Betroffenheit,

lebensgeschichtlich und in der gegenwärtigen Zeitgeschichte,

vom sachlichen und fachlichen Interesse her?

Was veranlaßt mich rational und emotional ausgerechnet diese Aufgabe aufzugreifen, das Angebot anzunehmen oder vorzuschlagen, zu bearbeiten?

Welches Wissen habe ich mir hierzu schon erarbeitet, und welche Erfahrungen habe ich in der Anwendung dieses Wissens bereits gesammelt?

Welches Wissen muß ich auffrischen, welches mir neu erarbeiten?

Wie eröffne ich mir den Zugang zu den realen Erfahrungen der zu erwartenden Teilnehmer, um sie mit meinem Wissen dort abzuholen, wo sie stehen, um ihnen das vermitteln zu können, was mir wichtig ist, um mit ihnen gemeinsam Neues erarbeiten zu können?

Wie weit reichen meine Kenntnisse über Nachbargebiete des Themas?

Wie weit will ich »Ausflüge« in angrenzende Bereiche zulassen, Abweichungen vorübergehend nachgeben?

Die Beantwortung dieser Frage ist wesentlich für das spätere Zulassen von interessanten »Störungen«, ohne dabei selbst die Balance zu verlieren.

Wo habe ich meine Probleme mit dem Thema?

Habe ich diese Probleme hinreichend bearbeitet? — Bin ich mit dem Ergebnis zufrieden? — Wo nicht? — Wo habe ich Zweifel an mir?

Was möchte ich bei der Themenbearbeitung für mich klären, weiterführen?

Hier ist es wichtig, ehrlich mit sich selbst zu sein. Keiner kann ein Thema vollständig für sich geklärt haben. Wer sich etwas vormacht — und auch kritische Fragestellungen anderer zurückweist — wird durch eine sensible Gruppe bald an die eigenen Lücken herangeführt und kann dann unangenehm überrascht werden. Es ist besser, sich darauf vorbereitet zu haben und sich auch zu überlegen:

Was möchte ich von mir zu erkennen geben, was nicht, was auf gar keinen Fall? — Wie richte ich meine selektive Authentizität ein?
Wie kann ich mich am besten auf das Thema und die Arbeit vorbereiten?
Wieviel Zeit will ich mir dazu und wie nehmen?

Welche Artikel, Bücher will ich mir dazu noch erarbeiten?

Mit wem will ich hierüber noch Kontakt aufnehmen und Erfahrungen austauschen?

Wie kompetent will ich mich für dieses Thema machen?

Welche und wie viele Lücken kann ich mir ohne in meinem Selbstwertgefühl zu leiden, zugestehen?

Wieviel Kompetenz will ich den Teilnehmern zumuten?
Wieviel gemeinsame Kompetenz mit den Teilnehmern erhoffe ich mir in dem Arbeitsprozeß zu erlangen, um das Ziel gemeinsam zu erreichen?

Vorklären meiner Beziehungen zum WIR

Diese Beziehungen vorher zu klären ist schwer, wenn es sich um eine völlig unbekannte Gruppe handelt.
Ich versuche in solchen Situationen, wenn es die Entfernung zuläßt und besonders dann, wenn ich Teilnehmer einer mehr oder minder geschlossenen, mir fremden Arbeitsgruppe zu erwarten habe, einige Wochen vorher zumindest mit einigen dieser Teilnehmer für zwei bis drei Stunden zusammenzukommen, um deren Anliegen direkt und ohne Vermittlung des Veranstalters oder Auftraggebers zu erfahren. Bei einer entsprechenden allgemeinen Vorankündigung im Betrieb, in der Verwaltung, in einem Schulbezirk, einer begrenzten Ausschreibung für eine bestimmte Berufsgruppe, erbitte ich neben der noch unverbindlichen Rückmeldung des Interesses auch eine Mitteilung darüber, wer von den potentiellen Gruppenmitgliedern bereit ist, an einer Vorbesprechung teilzunehmen. Diese lade ich dann gesondert rechtzeitig vorher ein. Manchmal gelingt es schon in dieser Vorbesprechung, das Seminarziel gemeinsam soweit vorzuformulieren, daß es dann auch von den anfangs zögernden Interessenten angenommen werden kann.

Bei bekannten Teilnehmern, oder wenn einige Teilnehmer bekannt sind, bzw. aufgrund einer besonderen Ausschreibung Teilnehmer aus bekannten Handlungsfeldern zu erwarten sind, ist die Frage nach meiner Beziehung zu dem Wir der Gruppe besser zu bearbeiten.
Die nachfolgenden Fragen berücksichtigen beide Bereiche, unbekannte und bekannte zu erwartende Teilnehmer.

Welche persönlichen Beziehungen habe ich zur Gruppe?
Was interessiert mich an den Menschen dieses Berufes und/oder an den Mitarbeitern in dem speziellen Handlungsfeld? Welche Vorerfahrungen habe ich mit Vertretern dieses Genres gemacht?

Belasten diese Vorerfahrungen mich? Kann ich mich davon befreien? Erfreuen sie mich und haben möglicherweise Illusionen in mir geweckt?

Was interessiert mich von den Schicksalen, die zu dem Interesse an dem ausgeschriebenen Seminar geführt haben?
Will ich die Motivationen vorher kennen?

Wenn ja, dann empfehle ich eine dezidierte Ausschreibung vorzunehmen und auf dem Anmeldebogen die Bitte um die Fragenbeantwortung nach der persönlichen und beruflichen Motivation sowie nach dem privaten oder beruflichen Handlungsfeld zu äußern, für das der Erfahrungszuwachs durch das Seminar gewünscht wird. Ich habe die Erfahrung gemacht, daß die meisten Interessenten darauf reagieren; denn sie werden sonst selten danach gefragt.

Es gebietet dann aber nicht nur die Höflichkeit, sondern auch die Notwendigkeit zu einer akzeptierenden Grundeinstellung des Seminarleiters, diese Angaben sorgfältig zu studieren und sie sich auch innerlich verfugbar zu machen, um pfleglich mit diesen Mitteilungen im Seminar umgehen zu können.

Wie kann ich am besten »unerledigte Geschäfte« mit einzelnen, Störungen aus früheren Begegnungen entweder vorher zu einem gewissen Abschluß bringen oder — ohne den anderen zu kompromittieren — für die Bearbeitung des zukünftigen Themas in der Gruppe fruchtbar machen?
Wieweit ist mein Interesse, mit dieser Gruppe zu arbeiten, mitbestimmt durch meine persönlichen Beziehungen zu einzelnen Teilnehmern oder zu dem Veranstalter?

Was könnte davon hinderlich, was förderlich für den Arbeitsprozeß werden?

Wie kann ich das am besten sagen, was die Teilnehmer mit mir zusammen erlernen und erfahren sowie erleben wollen?

Meine Einstellung auf das Bildungs- und Sprachniveau der Teilnehmer ist sehr wichtig und kann — wenn ich ehrlich bin — manchmal dazu führen, ein Seminar nicht zu übernehmen.

Mit welcher Gruppengröße will ich am liebsten arbeiten?

Ist es möglich, die Bedingungen des Seminars so zu setzen, daß für mich optimale Arbeitsbedingungen gegeben sind und — erfahrungsgemäß — die Teilnehmer am besten mit mir arbeiten können?

Wie kann ich meine Erlebnisse mit dem Themenbereich für die Teilnehmer zu deren Selbsterkenntnis und Lerneffektivität zur Verfügung stellen?

Wie setze ich die Weite und die Grenze meiner selektiven Authentizität als Gruppenleiter und als Fachkraft, um die persönliche Entwicklung der Teilnehmer anzuregen, sie nicht durch meine Perfektion zu entmutigen und sie auch nicht durch meine Unbeholfenheit zu erschrecken?

Vorbereiten auf das Verbinden von Thema und Gruppe

Was sind die Anliegen der Teilnehmer in bezug auf das Thema? Um diese Frage klären und das Thema danach formulieren zu können, sind möglichst viele Vorinformationen über die Teilnehmer notwendig. Hierzu sind schon in den vorherigen Abschnitten einige Hinweise gegeben. Sind diese Vorinformationen auch nicht über den Veranstalter zu erlangen, so müssen die Antworten auf diese Frage zu Beginn des Seminars eingeholt werden, z.B. unter dem »Thema«: Was möchte ich — jeder einzelne — hier und jetzt in diesem Seminar bearbeiten? Die Antworten machen unter Umständen eine Umstellung des Vorhabens erforderlich. An die emotionale und rationale Beweglichkeit der Fachkraft und des Gruppenleiters werden dabei hohe Anforderungen gestellt. Nach einer solchen Klärung noch einen fertigen Vortrag aus der Tasche zu ziehen oder allein den eigenen Vorbereitungen zu folgen, erstickt jede kontinuierliche Zusammenarbeit mit den Teilnehmern, die gerade gehofft hatten, mit ihren Anliegen berücksichtigt zu werden.

Allerdings sollten auch Gruppenleiter und Fachkraft ihre Wünsche genauso einbringen, wie die anderen Teilnehmer. In einem ersten Prozeß der Verständigung und Einigung kann das erste Arbeitsthema aus der Zusammenarbeit von Lehrenden und Lernenden modellhaft für den methodischen Ansatz von TZI und für das Seminar entstehen.
In festen Teams und Arbeitsgruppen, die die von außen vorgegebenen oder selbst gestellten Aufgaben gemeinsam lösen wollen und oft auch müssen, weil sie dafür angestellt sind, kommt es schon zu Beginn wesentlich darauf an, die Motivation zu der hier und jetzt anstehenden Aufgabe zu wecken. Hierzu empfehle ich, Störungen, Widerstände, Abneigung, Ärger auszusprechen und auch die unterschiedlichen Meinungen und Empfindungen zur Sprache zu bringen, um allmählich zu einer Vereinbarung zu kommen. Es ist nicht ausgeschlossen, daß in diesem Prozeß trotz aller grundsätzlichen Arbeitsbereitschaft eine Ablehnung des gestellten Auftrages erfolgt. Besteht die Möglichkeit, den Auftrag zurückzugeben, so ist das zwar eine bittere, aber oft auch eine heilsame Konsequenz. Nicht selten werden dann in Zukunft Arbeitsaufträge, ihr Umfang, Inhalt und auch der Terminplan mit dem Team abgesprochen, bevor sie »erteilt« werden.
Andererseits ist auch sehr realistisch zu prüfen, welche Konsequenzen aus einer gemeinschaftlichen Zurückweisung eines Auftrages entstehen können, und — ob diese Konsequenzen von jedem einzelnen Teammitglied, zu dem ja auch der Leiter gehört, auch tatsächlich getragen werden wollen. Dieses »Sub-Thema« (Unterthema) offen zu bearbeiten, führt zu einer sehr dichten Gemeinsamkeit der Arbeitsgruppe, wenn es gelingt, die sogenannten Alpha- und Omega-Positionen von Majorität und Minorität, hier also die Standpunkte von Befürwortung und Ablehnung, in Mehrheits- und Minderheitsverteilung als eine in jedem Gruppenmitglied innerlich vorhandene Möglichkeit deutlich werden zu lassen. Dadurch wird das äußere Gegeneinander verschiedener Auffassungen zu einem inneren Konflikt, an dem jeder mit beiden Möglichkeiten der Entscheidung beteiligt ist. Am Schluß eines solchen Prozesses kann dann ein Kompromiß stehen, der von jedem nach seinen Kräften getragen wird, auch ein Kompromiß gegenüber dem aus dem Globe kommenden Auftrag.
Solche Prozesse einzuüben, halte ich für äußerst wichtig, weil die häufige Insel-Situation eines auswärtigen Seminars bezüglich des Globe nur selten der Arbeitsplatz-Realität entspricht und das Bearbeiten solcher Affekte während einer Kompromißbildung oft ungeübt bleibt.
Optimal wäre es natürlich, wenn es gelingt, die anordnenden »Vorgesetzten« aus ihrer Distanz in die Gruppe hereinzuholen, sie an dem

Prozeß zu beteiligen, so daß sie auch ihre eigene An-»Ordnung« überprüfen lernen können.
In diesem Zusammenhang ist mir wichtig, zu betonen, daß in solchen Prozessen der Gruppenleiter sich nicht aus der Verantwortung für das Thema und für die dynamische Balance entlassen kann. An allen anderen Stellen kann er gut und gerne — je erfahrener die Mitglieder sind, um so mehr — sich aus der momentanen Leitung zugunsten eines anderen zurückziehen, nicht aber aus dieser Verantwortung für das Thema und die Verbindung der Aufgabe mit allen Gruppenmitgliedern. Hier muß er sich zu seiner Leitungsposition bekennen, oder er ist unfähig zur Leitung. Themenzentrierte Interaktion heißt — mit anderen Worten — auch: »Aufgabenbezogene gemeinsame Gruppenarbeit unter einer zu jeder Zeit klar definierten Leitung«.
Aus diesem Grunde ist der Leiter auch verantwortlich für die genaue Themenformulierung, d.h. für die präzise Aufgabenbeschreibung im ganzen und in den Details der einzelnen Schritte, wobei Themen oder Arbeitsaufträge eben die Befindlichkeit jedes einzelnen sowie die Befindlichkeit der Gruppe zu jeder Zeit ebenso berücksichtigen sollen wie die geistigen und körperlichen Kräfte.
Um diese Verbindung geht es in den nächsten beiden Abschnitten, in denen ich die Wünsche an eine optimal anzustrebende Arbeitsweise des Gruppenleiters ausdrücke.

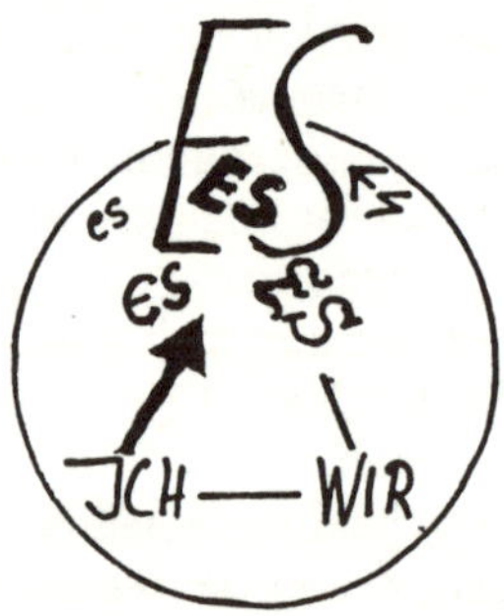

Themen formulieren

Jedes Thema eines ganzen Seminars, eines Tages, eines Abends, einer Sitzung sollte

- nur einen begrenzten Bereich ansprechen, der aller klugen Voraussicht nach in der zur Verfügung stehenden Zeit auch tatsächlich behandelt werden kann. Jedes tatsächlich erreichbare und erreichte Ziel führt bei allen Beteiligten zu einer Beglückung und zu einer erhöhten Motivation, sich auf die nächste Aufgabe zu freuen. Dabei sollte die

Potenz, das Können der Teilnehmer weder überschätzt noch unterschätzt werden, eine vorausschauende Planung, die erst mit zunehmender Erfahrung immer besser gelingt. Sollte sich im Laufe einer Sitzung, eines Seminars oder eines Arbeitsauftrages herausstellen, daß das vorformulierte Ziel nicht zu erreichen ist, so empfehle ich, rechtzeitig diese Begrenzung auszusprechen und bewußt zu machen. Sie ist dann leichter zu akzeptieren.

- nicht zuviel versprechen. Es ist wichtig, durch das Thema keine Versprechungen zu machen, die nicht eingelöst werden können. Erwartungen und Ansprüche werden sonst zu hoch geschraubt, belasten die Teilnehmer, und durch deren Forderungen auch die Leiter.
- Ängste und Widerstände sowie Gegensätze einbeziehen. Viele gerade existenziell betreffende Themen sind trotz aller freudigen Erwartung nach Vermehren von Glück und Zufriedenheit hintergründig oft durch Hemmungen, Ängste und Bedenken blockiert. Es ist wichtig, daß diese Schwierigkeiten antizipiert, vom Gruppenleiter als selbstverständlich vorweggenommen werden; denn nur dadurch wird es den Teilnehmern möglich — anders als bisher —, sich mit den eigenen Schwierigkeiten in der Erfüllung des »Themas« ernstzunehmen und diese Störungen offen auszusprechen und zu bearbeiten. Deshalb sollte ein Thema auch
- einen positiven Aspekt zum besseren Umgehen mit Schwierigkeiten, Problemen, Spannungen und Herausforderungen enthalten. Es ist eine Illusion, zu meinen, Schwierigkeiten könnten restlos überwunden, vermieden oder ausgeschaltet werden. Alle zwischenmenschlichen Beziehungen sind konflikthaft und werden es auch immer bleiben. Auch alle Beziehungen zur Arbeit sind immer wieder ambivalent, zwiespältig. Deshalb wird jedes Thema, auch das abstrakteste und sachlichste, eigentlich nicht abgehandelt werden können, ohne die Konflikte der Menschen und ihrer Kommunikation zu berücksichtigen. Ein thematisches Angebot soll deshalb nicht Konfliktfreiheit oder die Beseitigung von Schwierigkeiten — vordergründig oder hintergründig — versprechen. Vielmehr sollte das Vorhandensein von Schwierigkeiten und Konflikten bejaht und Hilfen aufgezeigt werden, mit diesen Störungen besser als bisher umzugehen, mit ihnen zu leben und nicht gegen sie. Dies gilt m. E. ganz besonders für sogenannte Basisseminare, in denen leicht das Ich zum Thema wird und das Dreieck dann eigentlich ICH — ICH — WIR lautet, also mehr eine Selbsterfahrung nicht der Methode oder der Aufgabe, sondern der Person erfolgt. Ein Anspruch zur Überwindung von Schwierigkeiten kann in solchen Situationen leicht zu einer therapeutischen,

heilenden Herausforderung führen, die letztlich scheitern muß, weil weder ein TZI-Basisseminar noch eine andere Themenzentrierte Interaktion wirklich Therapie sein kann. Ich schreibe dies aus der bitteren Erfahrung meiner nachträglichen Begegnung mit TZI-selbsterfahrungs-geschädigten ehemaligen Teilnehmern. Hier ist es wichtig, daß auch der Gruppenleiter seine — unter Umständen sogar vorhandenen — therapeutischen Fähigkeiten in der Wirksamkeit einer Themenzentrierten Interaktion nicht überschätzt. TZI ist keine Therapiemethode.

- Dessen ungeachtet sollte jedes Thema von seiner zeitlichen Anlage her das Einbringen von persönlichen Störungen auch aufgrund von in der Persönlichkeit liegenden Konfliktursachen ermöglichen. Jedoch sind solche Störungen immer thematisch zu behandeln und in Erinnerung an die Störungsregeln nur insoweit zu bearbeiten, als sie die Mitarbeit des gestörten Gruppenmitgliedes an der gemeinsamen Aufgabe des Wir hindern. — Anders ist es, wenn für eine ausgesprochene therapeutische Gruppe, die von einem erfahrenen Therapeuten geleitet wird, das therapeutische Geschehen gemäß der TZI gestaltet wird. Hierbei handelt es sich aber in der Regel um kontinuierliche Gruppen, die eigens zu dem Zweck der persönlichen Therapie jedes einzelnen zusammenkommen, und nicht um Arbeitsgruppen, die alltäglich am Arbeitsplatz auch in anderen als in therapeutischen Bezügen miteinander umgehen müssen, und auch nicht um Gruppen, die sich zufällig zu einem ambulanten Seminar gemeldet haben und hernach ohne persönlichen Schutz und ohne persönliche helfende Begleitung alleine wieder zu Hause sind. Ich möchte deshalb jedem Gruppenleiter sehr viel Behutsamkeit empfehlen bei der Formulierung von Themen, die »Störungen« ansprechen, die im innerpsychischen Konfliktbereich der Teilnehmer begründet sind.
- Jedes Thema sollte aktiv, dynamisch, auf die Zukunft hin ausgerichtet sein und sich nicht in der lähmenden Beschreibung des Status quo erschöpfen, also nicht statisch formuliert werden. Zu solchen statischen Themen gehören die häufig so leichthin formulierten »Wie...-Themen«. Sie führen in der Regel nicht weiter und erfordern in der nächsten Sitzung einen erneuten Anlauf, »wie« denn nun mit dem Wust der geäußerten Befindlichkeiten umgegangen werden soll. Eine auf die Zukunft gerichtete Themenformulierung läßt zwar die Bestandsaufnahme zu, richtet aber den Blick von vornherein auf eine aktive Beschäftigung mit diesem Bestand in Richtung auf eine Verbesserung, Veränderung, auf ein neues Umgehen mit dem Vorhandenen. Deshalb ist es gut, wenn das Thema

- die Eigeninitiative des einzelnen fördert, was in einfacher Form durch eine Ich-Aussage im Thema ausgedrückt wird oder durch eine anregende Ermunterung zur persönlichen Aktivität.
- Abstrakte Setzungen, nüchterne Informationen, rationale Mitteilungen sollten durch einen persönlichen Bezug lebendig gemacht werden. In vielen — wenn nicht in den meisten — Gruppen und Arbeitsprozessen ist es notwendig, neue Informationen zu vermitteln. Das gilt auch für das Erlernen der TZI-Anwendung. Vermehrtes Wissen führt jedoch nicht zwangsläufig zu verändertem oder verbessertem Verhalten, sondern nur dann, wenn dieses neue Wissen mit neuem Erleben im Lernprozeß gekoppelt wird. Deshalb ist es hilfreich, die thematisch angekündigte Information von vornherein mit dem emotionalen Bezug im Thema zu verbinden.

An dieser Stelle standen in meinem ersten Manuskript etliche Beispiele, die im Laufe der Jahre immer wieder ersetzt und durch neue erweitert wurden. Sie hier anzuführen, ist einerseits kein Platz und andererseits können sie dem interessierten Leser wohl auch nicht helfen, wenn sie nicht — mühsam — selbst erarbeitet werden.
In meinem ersten Seminar bei Ruth Cohn und in folgenden Seminaren mit Ruth Cohn und Ruth Ronall, wenn ich als Leiter einer Sitzung mit ihnen in den Pausen »üben« durfte, war ich oft verblüfft, wieviel Mühe sich beide gaben, das »richtige«, stimmige Thema herauszufinden. Oft haben wir zwanzig und mehr Formulierungen erprobt, nach allen möglichen Richtungen hin abgetastet, bevor wir uns zu einer entschlossen. Ich war oft ungeduldig, wollte auch die Erholung der Pause und den Spaß genießen ... und merkte erst allmählich, aus welcher großen Erfahrung heraus mir etwas vermittelt wurde; denn in der Sitzung selbst konnte mich dann kaum eine Störung wirklich aus dem Gleichgewicht bringen, weil ich fast alle Sub-Themen schon einmal in Gedanken durchgespielt hatte und nun »nur« in diese Spielkiste zu greifen brauchte, um mit der Störung und deren Bearbeitung im Sitzungsthema bleiben zu können, ohne meine Balance und die Balance der Beziehung zu Es, Wir und Ich total zu verlieren. So vorbereitet konnte ich mich auf meine emotionale Erschütterung durch manche Konflikte einlassen und brauchte das Thema dabei nicht aus den Augen zu verlieren. Ich will deshalb hier nur empfehlen, es mit einem erfahrenen Lehrer zu üben und nicht müde zu werden, die stimmige Formulierung zu finden, um sie dann — zu Beginn einer Sitzung oder im Verlauf einer solchen — auch mit Lockerheit verlassen zu können und ein neues, durch die aktuelle Interaktion mitbestimmtes Thema oder Unterthema zu finden.

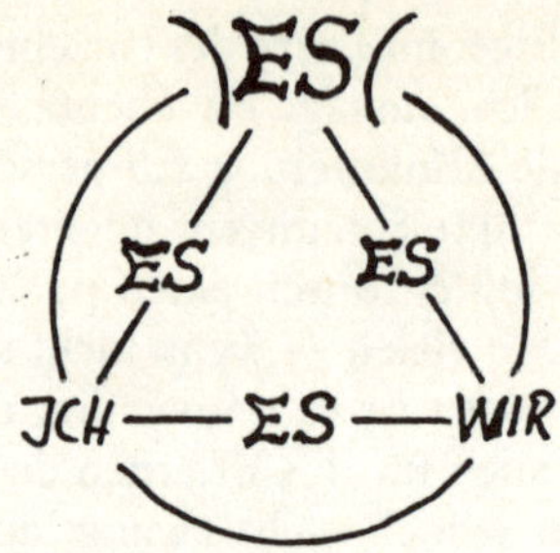

Themen einführen

Es gibt eine ganze Reihe von Möglichkeiten, das Thema mit den Teilnehmern zu verbinden, die Aufgabe in die Gruppe einzuführen. Jede Situation fordert eine spezifische Reaktion heraus, und jeder Gruppenleiter wird nach Maßgabe seiner Fähigkeiten die Gelegenheit gestalten.

Mir hat sich bewährt, das Generalthema und das einzelne Sitzungsthema in großen Lettern lesbar aufzuschreiben und im Gruppenraum deutlich sichtbar aufzuhängen, damit jeder Teilnehmer das Thema sich immer wieder vergegenwärtigen kann. Da in aller Regel das Generalthema bekannt ist, dazu wurde ja mit Programm oder Tagesordnung eingeladen, deshalb sind die Teilnehmer ja gekommen — vielleicht sogar routinemäßig wie zu regelmäßigen Teambesprechungen —, braucht zu Beginn das Generalthema nicht immer in allen Details verhandelt zu werden, es sei denn, daß es wichtig ist, die Motivation, das Dasein im Hier und Jetzt bei unbekannten, einander fremden Gruppenteilnehmern hörbar zu machen.

Auch kann die erste Sitzung vorwiegend dem Bekanntwerden dienen. In diesem Falle empfiehlt sich jedoch, die Ich-Aussagen beim Vorstellen von vornherein zumindest auf den Globe und das Wir, möglichst auch schon auf den vorgegebenen Seminartitel oder den Sitzungsschwerpunkt zu beziehen.

Wichtig ist mir, daß ich mich trotz und vielleicht gerade wegen aller meiner Vorbereitung zu Beginn der Sitzung selbst noch einmal mit dem Thema in Kontakt bringe. Ich brauche auch noch einmal Zeit, hinzuspüren, wie es mir hier und jetzt mit dem Thema in der Situation geht, und ich habe die Erfahrung gemacht, daß es mir und anderen auch als Teilnehmer ähnlich ergeht.

Am Anfang kann auch gerade bei zeitlich begrenzten Veranstaltungen ein kurzes »Referat« stehen, das jedoch nach meinen Erfahrungen niemals länger als 15 Minuten sein sollte. Ich verstehe hier unter »Referat« eine zunächst einseitige Mitteilung des Leiters oder der Fachkraft. Die

Aussage »zeitlich begrenzte Veranstaltung« kann auch für ein Seminar mit zufälligen Teilnehmern gelten ebenso wie für eine sich regelmäßig wiederholende, aber jeweils nur kurzzeitige Teamsitzung. Fühlt sich eine Fachkraft veranlaßt, länger als 15 Minuten zu sprechen, so ist in der Regel der Themenbereich zu umfangreich, als daß er in einer 90-Minuten-Sitzung, also mit anschließenden 75 Minuten Gespräch — mit ca. 15 Teilnehmern — einigermaßen befriedigend bearbeitet werden könnte.
Bei umfangreichen Sachgebieten ist es besser, in aufeinanderfolgenden Arbeitssitzungen die Informationen fraktioniert jeweils dann einzublenden, wenn die Gruppe von ihrem rationalen und emotionalen Verarbeitungsprozeß her soweit ist, daß sie eine weiterführende und ergänzende Information von sich aus »verlangt«, um in ihrem Erarbeiten und Aneignen der Information fortschreiten zu können. Informationsvermittlung kann auch durch kurze Arbeitspapiere mit Lese- und Studieneinheiten unterstützt werden, sofern alle Gruppenmitglieder bereit sind, eine »Sitzungs-Pause« für das Selbststudium des einzelnen oder in kleinen Gruppen zu nutzen, um danach die Informationsverarbeitung in der Gesamtgruppe vorzunehmen. Wenn aus persönlichen, zeitlichen oder Abstraktionsgründen ein kurzes Referat am Anfang einer Gruppenarbeit stehen soll, ist es wichtig, daß der Referent mitteilt, was ihn bewegt und veranlaßt, in dieser Form in das Thema und die aufgabenzentrierte Arbeit einzuführen. Wenige Worte genügen meistens und stellen durch den Ich-Bezug zum Thema eine Atmosphäre her, die die Teilnehmer ihrerseits anregt, ihren persönlichen Bezug zum Thema zu klären.
Ferner sollte der »Referent« von vornherein auffordern, die Teilnehmer mögen ihn unterbrechen. Zum Beispiel mit den von Ruth Cohn häufig gebrauchten Worten: »... ich möchte Sie auffordern, wenn Sie etwas nicht verstehen oder Sie sonst das Gefühl haben, mir nicht folgen zu können, wenn Sie irgendwie gestört sind, mich zu unterbrechen, wann immer Sie wollen.« Solche »Unterbrechungen« der Ein-Weg-Information Referent ⟶ Zuhörer sollten vom Veranstalter und von der Fachkraft sehr bewußt gefördert und auch zeitlich kalkuliert werden. Sie dienen der Kommunikation zunächst zwischen »Referent« und »Zuhörer«, weil letztere dadurch zu »Teilnehmern« werden. Sie dienen schließlich der Kommunikation zwischen allen Beteiligten, die dadurch einschließlich der Fachkraft zu »Mitarbeitern« an der Lösung der gleichen Aufgabe werden.

Eine prinzipiell andere Art, das Thema mit der Gruppe zu verbinden, besteht darin, von vornherein auf ein »Referat« zu verzichten und nach

Sitzungsbeginn das Thema unmittelbar in die persönliche Bearbeitung der Gruppenmitglieder zu geben. Hierzu hat sich eine stufenweise »kontemplative Themeneinführung« bewährt.
Die Gruppenteilnehmer werden aufgefordert, nach Wahrnehmung ihrer eigenen physischen und psychischen Befindlichkeit, der ein kurzer Austausch folgen kann, zu schweigen und das Thema in sich selbst zur Wirkung zu bringen. Das Schließen der Augen kann dabei hilfreich sein. Sie werden gebeten, den in die Stille vom Gruppenleiter hineingegebenen Anregungen zu folgen und zu versuchen, sich selbst in bezug auf die nachfolgend gestellten themenbezogenen Aufgaben intensiv wahrzunehmen. Die Aufforderung zu sprechen, wird vom Gruppenleiter am Schluß dieser kontemplativen Einführung gegeben, dann, wenn möglichst alle Gruppenmitglieder von ihrem Körperausdruck her den Eindruck erwecken, daß sie zu sprechen bereit sind.

Dreistufige kontemplative Einführung:
1. Stufe: Eigene Erlebnisse aus der Vergangenheit in bezug auf das Thema zu erinnern,
2. Stufe: Eigene Erlebnisse der Gegenwart möglichst schon in bezug auf die Gruppe hinsichtlich des Themas zu erinnern,
3. Stufe: Die mit der Erinnerung mobilisierten Affekte, Gefühle darauf hin zu »untersuchen«, wie sie zu einer eigenen Bearbeitung des jetzt anstehenden Themas anregen oder hindern.

Zweistufige kontemplative Einführung:
1. Stufe: Eigenes Erleben in Gegenwart oder Vergangenheit in bezug auf das Thema erinnern,
2. Stufe: Überlegen, welche Möglichkeiten sich eröffnen, mit Interesse hier und jetzt am Thema, an der Aufgabe mitzuarbeiten und die Arbeitsbedingungen für sich selbst so zu gestalten, daß die eigene Mitarbeit optimal sein kann.

Einstufige Einführung:
Eigenes Erleben in bezug auf das Thema und die Gruppe zu erinnern.

Am Schluß dieser schweigenden Selbstkonfrontation mit dem Thema sollte der Hinweis unüberhörbar gegeben werden, daß jeder Teilnehmer sich überlegt, was er von dem gerade im Stillen Erlebten und über sich selbst Erfahrenen in der nachfolgenden »öffentlichen« Besprechung wirklich mitteilen will und was nicht. An dieser Stelle die chairperson-Regel einzuführen oder zu wiederholen, halte ich deshalb für äußerst wichtig, weil dadurch die Eigenverantwortung jedes einzelnen unmittelbar erfahrbar wird.

Wer danach bereit ist, etwas zum Thema und über sein Erleben mit dem Thema mitzuteilen, kann beginnen. Bei in TZI noch ungeübten Gruppen ist es hilfreich, von vornherein darauf zu achten, daß keine »Berichte«, keine Statements »abgegeben« werden, sondern der unmittelbare Bezug von eigenen Anliegen zu Thema und Gruppe hergestellt wird. — Diese am Anfang stärker strukturierende Maßnahme des Gruppenleiters entfällt, sobald die Gruppe sich mit den Grundregeln vertraut gemacht hat und sie selbständig handhaben kann.
Wichtig ist, daß der Gruppenleiter sich selbst in diesen Prozeß einbezieht, indem er — am besten wenn einige Gruppenmitglieder bereits gesprochen haben — auch mitteilt, was ihn veranlaßt, diese Sitzung unter diesem Thema durchzuführen und was er aus seinem eigenen kontemplativen Be-denken seiner Erinnerungen mitteilen will.

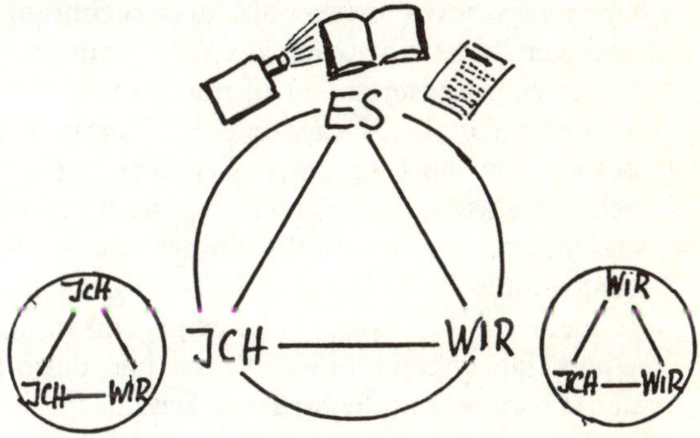

Themen konzentrieren und balancieren

In der *Themen*zentrierten Interaktion besteht die Aufgabe des Gruppenleiters nicht nur darin, ein Thema zu finden und einzuführen, sondern auch darin, das ES im erlebenden Lernen zu balancieren zwischen einer vorübergehend stärkeren Arbeit am ICH und einer ebenso vorübergehend stärkeren Arbeit am WIR, ohne es völlig zu verlieren. Wird das Ich vorübergehend zum Thema, also zum »Gegenstand« der Bearbeitung, so handelt es sich um einen Prozeß der *persönlichen Selbsterfahrung*. Wird das Wir vorübergehend zum Thema, so stehen *gruppendynamische Erfahrungen* im Vordergrund. Auf beiden Gebieten sollte der TZI-Gruppenleiter Erfahrung haben, um die Balance nicht zu verlieren und zum Thema zurückführen zu können.

Sofern er in diesen Methoden Erfahrung hat, kann er sich mit den Teilnehmern *vorübergehend* auf Selbsterfahrung oder Gruppendynamik einlassen, soweit es zum Erreichen des Arbeitszieles (Es) notwendig ist, — und — er kann sich und die Teilnehmer dann auch wieder aus dieser Beschäftigung entlassen.

Ohne einschlägige Erfahrungen und Fähigkeiten auf den Gebieten Selbsterfahrung und Gruppendynamik entgleitet eine Arbeitssitzung und manchmal ein ganzes Seminar »ungewollt« in die eine oder andere Richtung, und konkrete »Arbeitsergebnisse« rücken in schier unerreichbare Ferne.

Das kann notwendig sein, wenn ohne vorheriges Bearbeiten von persönlichkeitsbedingten »Störungen«, ohne vorheriges Klären der gruppendynamisch wirkenden Organisationsstrukturen eine Arbeit am Sachthema (Es) unmöglich wird; es kostet jedoch viel Zeil, die in einem Seminar selten zur Verfügung steht. In ständigen Arbeitsgruppen ist das leichter zu bewerkstelligen, wenngleich das Erledigen des Arbeitsauftrages (Es) vorübergehend zurückgestellt werden muß.

Ich sehe heute allerdings auch eine Gefahr, das Anliegen der TZI, lebendiges sowie erlebendes und sachbezogenes Arbeiten, Lehren und Lernen in Gruppen aus dem Sinn zu verlieren, und TZI als Selbsterfahrungsmethode zu mißbrauchen.

Je mehr ein TZI-Gruppenleiter therapeutische Erfahrungen hat, desto eher wird er einer Tendenz zur persönlichkeitsbezogenen Selbsterfahrung entgegenwirken, sie wenn nötig steuern und balancieren, und gegebenenfalls ein gesondertes Seminar zur Selbsterfahrung »unter Anwenden der TZI« anbieten und durchführen können.

Je mehr ein TZI-Gruppenleiter organisations- und gruppendynamische Erfahrungen und Kenntnisse hat, desto eher wird er einer Tendenz, vorwiegend die Struktur-Seite bearbeiten zu wollen, entgegenwirken, sie wenn nötig steuern und balancieren und gegebenenfalls ein gesondertes Seminar zur Gruppendynamik »unter Anwenden der TZI« anbieten und durchführen können.

Meistens ist es vonnöten, eine stärkere Konzentration des Es zu erwirken. Hierfür können durchaus andere pädagogische Hilfsmittel herangezogen werden, jedoch gebietet die TZI einen spezifischen Umgang damit. Auf einige Details der Anwendung solcher pädagogischer Hilfsmittel will ich hier abschließend hinweisen.

Vorab erstelltes themenbezogenes *Arbeitsmaterial* und dessen zeitlich gezielte Verteilung kann den Lern- und Arbeitsprozeß günstig beeinflussen, weil Mitschreiben weitgehend überflüssig wird. Jedes Mitschreiben zieht ein erhebliches Maß an Aufmerksamkeit vom Erleben des Gruppenprozesses ab. *Materialzusammenstellungen* sollten möglichst kurz und knapp sein. Dabei ist wichtig, daß der Gruppenleiter mitteilt, was ihm der Text bedeutet.

Zusammenfassende *Darstellungen mit vielen Daten* sollten angekündigt werden etwa mit dem Hinweis: »... Sie bekommen zur Nacharbeit des

Seminars eine Übersicht über ...« Damit wird die Angst gemindert, nicht alles mit nach Hause oder mit ins Arbeitszimmer zu bekommen, was für die Weiterbeschäftigung mit dem Inhalt, dem Thema des Seminars, wichtig ist.

Wenn es zu unvorbereiteten Informationssituationen kommt, kann *Schreibgerät* für alle Gruppenmitglieder zur Verfügung gestellt werden, auch um *erarbeitetes Wissen gemeinsam* zu *fixieren.*

Die Anwendung von *Medien* ist in jeder interaktionellen thematischen Arbeit möglich. Audio-visuelle Mittler können zur thematischen Begrenzung und Konzentration ebenso beitragen wie zur emotionalen und thematischen Erweiterung. Wichtig ist, daß der Gruppenleiter ihre mögliche Wirkung vorausschauen kann und die Mittel nicht zum »Medium des Widerstandes« gegen die interaktionelle Arbeit werden. Ihr Einsatz ist also zu dosieren.

Ebenso sollen die Anwendung von *non-verbalen Übungen, Encounter-Techniken, Rollenspielen, Psychodrama, gezielte Musikeinlagen usw.* vorher möglichst genau kalkuliert werden. Solche Techniken können auch als Mittel zum Bewußtmachen von Gruppenprozessen benutzt werden, machen aber eine anschließende Reflexionseinheit notwendig, weil das TZI-Ziel sich ja nicht in einer therapeutischen Selbsterfahrung oder einem gruppendynamischen Training erschöpft, sondern eine gemeinsame Themenbearbeitung zum Ziel hat. Ohne eine solche Nachbesprechung im Hinblick auf das Lernziel können solche Techniken sich allzu leicht verselbständigen und über der Freude am Tun das Lernziel vergessen lassen.

In ähnlicher Weise kann *schöpferisches gemeinsames Arbeiten* einbezogen werden. Es verstärkt in der Regel das Erleben der gegenseitigen Kommunikation, ohne die ein gemeinsames rationales Interesse an einem Thema auf Dauer nicht aufrecht erhalten werden kann. Sichzusehen, wiederzusehen, mit anderen ähnlich interessierten Teilnehmern zusammenzusein ist oft eine wesentliche Motivation, an TZI-Veranstaltungen teilzunehmen. Gemeinsame Raumgestaltung, ad hoc stattfindende Essensvorbereitungen können dazu beitragen.

Diese Mittel, die ihnen innewohnenden Motive, Antriebe und Kräfte stellen eine große Chance dar für lebendiges Lehren und Lernen, wenn sie selektiv in die Themenzentrierte Interaktion einbezogen werden. Umgekehrt kann jede themen- und aufgabenbezogene Arbeit durch TZI bereichert und in ihrer Effektivität erweitert werden.

Bojan von Plotho

In Hamburg geboren und in einer bürgerlichen Familie als jüngstes Kind dort aufgewachsen, versuchte ich mich in verschiedenen Berufen, u.a. als Mitarbeiterin in dem Zwillingsforschungs-Institut der Med. Univ. Klinik Hamburg. Nach dem Abitur und Medizinstudium in Hamburg und in Graz konnte ich erst 1949 mein Medizinisches Staatsexamen in Hamburg machen und promovierte 1950 ebenfalls dort über ein hämatologisches Thema.
Von 1949 bis 1982 arbeitete ich kontinuierlich als Nervenärztin, die ersten 4 Jahre an Allgemein-Krankenhäusern in Hamburg, seit 1953 an den Universitätskliniken in Köln und Bonn, zuletzt als akademische Oberrätin. Berufsbegleitend machte ich eine psychoanalytische Ausbildung in Köln und eine TZI-Ausbildung bei WILL/Europa, wo ich 1974 graduiert wurde.
Seit 1982 arbeite ich, nachdem ich mich frühzeitig habe pensionieren lassen, in einer freien psychotherapeutischen Praxis.

Lebendiges Lernen in, durch und mit Krisen

Vorgeschichte

Als jüngstes Kind in einer bewegten Familie aufgewachsen, konnte ich von den Erwachsenen und den drei älteren Geschwistern viel lernen. Ich bekam zwar Hilfen und Anleitungen von ihnen, sollte aber auch lernen zu gehorchen, was mir nicht immer schmeckte. Ich war zu neugierig darauf, eigene Erfahrungen zu machen, und zu viel Dirigismus machte mich störrisch. Ich resignierte und wurde passiv, weil ich mich der Übermacht nicht gewachsen fühlte. Mein Widerstand wurde als Faulheit und Trotz ausgelegt, obwohl viel Angst dahinter steckte, die Liebe und die

Anerkennung meiner Angehörigen zu verlieren. Bei den von mir geliebten, bewunderten und respektierten Menschen, die mich mochten und es kundiger verstanden, auf mich einzugehen, lernte ich recht schnell und gern und entwickelte im Verlauf meines Lebens sogar schöpferische Tendenzen. Es fiel mir leicht durch Erleben und Erfahrung zu lernen, wenn dies mit menschlichen Beziehungen verbunden war. Ich nannte das damals mein »empirisches Lernen«, dabei ahnend, daß rein theoretisches Lernen sowie logisches und abstrahierendes Denken mir gewisse Schwierigkeiten bereitete. In der Schule und im Medizinstudium hatte ich deswegen gelegentlich Probleme.

Als Assistentin in einer psychiatrischen Klinik fühlte ich mich dagegen am richtigen Platz, als mein damaliger Chef Friedrich Mauz uns jungen Medizinern sagte, daß wir die Geistes- und Gemütskranken nur dann lernen würden zu verstehen, wenn wir täglich viele Stunden mit ihnen zusammen leben würden. Wir hatten also nicht nur therapeutische Gespräche mit ihnen zu führen und psychopathologische Phänomene festzuhalten, körperliche Untersuchungen und Therapien durchzuführen, sondern wir gingen auch mit ihnen spazieren im Park, lasen mit ihnen gemeinsam Bücher, kochten und aßen zusammen und gingen sogar im nahen Dorfkrug miteinander tanzen.

Mauz selbst lebte uns diesen nahen Kontakt mit den Patienten vor, ohne die therapeutische Distanz zu überschreiten. Um eine bessere mitmenschliche Kommunikation zu eröffnen, brachte er z. B. mittags zum Gespräch mit einer jungen, gesperrten schizophrenen Russin zwei kleine Gläser Sekt mit, fuhr er nachmittags mit einer alten depressiven, hypochondrischen Lehrerin eine Stunde im Auto in der Landschaft herum etc. Wir lernten von ihm, wie gemeinsames Erleben therapeutisch einzusetzen ist. U. a. machte ich Weihnachtsaufführungen mit den Patienten, die die heilige Familie, Hirten und Könige darstellten. Ich selbst stand im Hintergrund der Akteure, eingehüllt in weiß-silberne Tücher als Weihnachtsstern und soufflierte. Anfang der 50er Jahre fanden wir Assistenten den Mut zur Gruppenpsychotherapie mit den psychotischen Patienten, in denen ihre intrapsychischen, interpersonalen und sozialen Probleme thematisiert und bearbeitet wurden. Besonders progressive Kollegen wagten es bereits, mittels Märchen, Mythen oder Musik Gruppentherapien zu machen. In dieser Zeit war Ruth Cohn in Amerika bereits mit Vorarbeiten zur Themenzentrierten Interaktion beschäftigt, eine Methode, die mir später sehr helfen sollte, in der Sozialpsychiatrie besser mit Mitarbeitern und Patienten arbeiten zu können.

Durch eine berufsbegleitende psychoanalytische Ausbildung neben meiner nervenärztlichen Tätigkeit flossen mehr tiefenpsychologische

Erkenntnisse und Erfahrungen in meine psychotherapeutische Gruppenarbeit. Ich lernte besser mit der psychoanalytischen Abstinenz umzugehen und die unbewußten Probleme zu erkennen, die Libidotheorie und Ich-Psychologie von Freud zu verstehen. Daß hierbei für mich und auch für viele Kranke das Begreifen auf der körperlichen Ebene zu kurz kam zugunsten der psychisch-geistig-rationalen, fiel mir schon damals auf. Um mit psychiatrischen Patienten auch die Handlungsebene in die Kommunikation einzubeziehen, wurde von mir und anderen eine differenziertere Bewegungs- und Beschäftigungstherapie entwickelt, welch letztere zur Gestaltungstherapie führte. Außerdem wurden Klinikfeste und andere gemeinsame Unternehmungen geplant und durchgeführt, ein Patienten-Club und ein Übergangs-Wohnheim gegründet, flankiert durch soziale Maßnahmen.

1968 lernte ich Ruth Cohn in Wien auf dem Internationalen Kongreß für Gruppenpsychotherapie kennen. Ein Jahr später war ich wieder sehr beeindruckt durch ihre offene und mitmenschliche Art, als sie eine Großgruppe von ca. 500 Ärzten und Psychologen bei der Arbeitstagung des DAGG (in Bonn) leitete. Mittels der Themenzentrierten Interaktion und dem dazugehörigen humanistischen System gelang es ihr immer wieder, Probleme zu thematisieren und die Teilnehmer dazu zu bewegen, sich miteinander zu konfrontieren, auseinanderzusetzen und wieder zusammenzukommen, gemeinsame Wege zu finden oder auch Gegensätze zu akzeptieren ohne gegenseitige Herabsetzung oder Ablehnung. Ich besuchte daraufhin in den folgenden Jahren ihre workshops und hatte viel Gewinn durch das lebendige Lernen mit ihr. Es tat mir gut, durch die offene Zusammenarbeit im Hier und Jetzt ganz neue Lösungen meiner Probleme zu erleben.

Aber erst nach fast drei Jahren hatte ich das Evidenz-Erlebnis, daß ich diese TZI-Methode und das damit zusammenhängende System sehr gut auch in der psychiatrischen Klinik anwenden konnte, in der ich seit ca. 20 Jahren arbeitete. Ich arbeitete in der psychotherapeutischen Ambulanz einer Universitäts-Nervenklinik unter dem psychodynamisch engagierten Hans Jörg Weitbrecht. Häufig wurde ich damals von jungen Kollegen oder anderen klinischen Mitarbeitern um psychotherapeutische oder psychoanalytische Hilfen und Ausbildungsmöglichkeiten gebeten, damit sie verständnisvoller und besser mit ihren Patienten umgehen könnten. Durch die spezifische Abstinenz der Psychoanalyse und die besondere institutionelle Situation ergaben sich jedoch allerlei Probleme, die mit Abhängigkeiten, Autoritäts- und Machtfragen, Rivalität und Kooperation zusammenhingen, sowie mit verschiedenen beruflichen Ausbildungsgängen und Aufgaben.

Die TZI eröffnete hier ganz neue und passende Möglichkeiten, die ich zu nutzen begann, denn von Kollegen durchgeführte frühere Versuche analytisch orientierter Gruppengespräche zwischen psychiatrischen Patienten und Therapeuten waren an dem Rückzug der Patienten gescheitert.
Möglicherweise hatten sich diese durch zu sachlich erlebte psychoanalytische Deutungen mehr als Opfer erlebt, anstatt die erwartete Hilfe zu bekommen. Zudem hatten sich zu viele interessierte klinische Mitarbeiter in diese Gruppen begeben, so daß sie wohl auch als Übermacht erlebt wurden und keine ausreichende Balance zwischen Leitern und Patienten mehr stattfinden konnte.

Ich begann eine systematische Ausbildung der verschiedenen Stationsteams der vier psychiatrischen Stationen, die aus Ärzten, Psychologen, Schwestern, Pflegern, einer Sozialarbeiterin, Beschäftigungstherapeuten und Krankengymnasten bestanden, sogar gelegentlich ergänzt durch die Sekretärinnen. Nach wöchentlichen Team-Sitzungen von 90 Minuten, in denen eine modifizierte Selbsterfahrung und die TZI-Methode gelehrt wurde, traten mehr berufsbezogene Themen in den Vordergrund. Schließlich waren alle motivierten Mitarbeiter der vier psychiatrischen Stationen so weit ausgebildet, daß wir wöchentliche Supervisionssitzungen abhalten konnten. In diesen kamen die sozial-therapeutischen Gesprächsgruppen mit der TZI zur Sprache, die inzwischen von den Ärzten, der Sozialarbeiterin, oder auch allein von den Schwestern und Pflegern mit den Patienten durchgeführt wurden, sowie die gestaltungstherapeutischen Gruppen der Beschäftigungstherapeuten und die bewegungstherapeutischen der Heilgymnastinnen. Methodisch wurden sowohl Protokolle, Berichte, Kassetten- und Videoaufnahmen benutzt, bzw. die von den Patienten angefertigten Bilder und Plastiken.

Während dieser sechsjährigen Arbeit stellte ich fest, wie gut sich die TZI für die sozialtherapeutische, sozialpsychiatrische und Team-Arbeit auf den Stationen eignet — obwohl es sich explizit nicht um eine therapeutische, sondern eher pädagogisch-andragogische, kommunikative Gruppenmethode handelt. Auch bei den Lehrveranstaltungen für die Studenten konnte ich die TZI didaktisch erfolgreich einsetzen.
Das durch TZI vermittelte Lebendige Lernen ist in den unterschiedlichsten Bereichen einer Klinik immer dort fruchtbar anzuwenden, wo es um Lehren und Lernen in Kommunikationsgruppen und um soziale Fragen geht.
In diesen Jahren der gemeinsamen Arbeit erlebten wir, wie sich das zwischenmenschliche Klima auf den verschiedenen Stationen deutlich positiv veränderte in Richtung einer Humanisierung der Arbeitswelt. Die Kontakte zwischen den einzelnen Stationsmitgliedern verbesserten sich, ebenso die Kommunikation unter den vier verschiedenen psychiatrischen Stationen, deren Mitarbeiter sich vorher oft persönlich nicht einmal gekannt hatten.

Es wurden mehr gemeinsame, therapeutische Projekte entwickelt und der Austausch der unterschiedlichen therapeutischen Konzepte gedieh im Sinne einer verbesserten Arbeitskooperation. Dieses spiegelte sich auch bei den Patienten wider, die zwar nicht durch die TZI-Erfahrung geheilt wurden von ihren Krankheiten, aber lernten, anders und bekömmlicher mit sich, ihrer Krankheit, ihrem Kranksein und ihren Beziehungspersonen und Mitmenschen umzugehen und sich auch besser wieder in die Gesellschaft einzugliedern. Ein deutliches Zeichen hierfür war auch der Rückgang von Selbstmordversuchen und Suiziden der Patienten während der stationären Aufenthalte.

TZI und Psychopathologie

Während dieser Zeit hatte ich öfters mit Ruth Cohn zusammen arbeiten können, und zwar habe ich neben workshops für leitende Mitarbeiter von psychiatrischen Landeskliniken vor allem auch Krisenkurse mit ihr geleitet. In diesen erlebte ich staunend und bewundernd, wie Ruth den Teilnehmern psychopathologische Zustandsbilder aus Psychiatrie und Neurosenlehre eindrucksvoll vorspielte und ihnen hiermit das Leiden und verzerrte Erleben dieser Kranken mit ihren verqueren menschlichen Beziehungsmustern näher brachte, ohne daß diese durch Vorstellungen in einer Vorlesung belastet wurden. Ruth lebte die abnorme und kranke Beziehungswelt dramatisch und bewegend vor. Im folgenden Gruppenprozeß wurden die belebten Erinnerungen und Gefühle mancher Kursteilnehmer ausgesprochen, die mit psychisch Kranken zusammengelebt oder zu tun hatten. Bis dahin streng geheimgehaltene Erfahrungen mit psychotischen und schwer neurotischen Familienangehörigen, Freunden oder Mitarbeitern wurden mitgeteilt, wobei eine starke emotionale Entlastung spürbar wurde und sich auch viele Ängste vor dem Unheimlichen, Absurden, Abstrusen und Unverständlichen verloren. Die Gefühle der Hilflosigkeit und der psychische Druck der Betroffenen wurde durch die interaktionelle Anteilnahme und das Mitgefühl der anderen geringer. Ruths offene und direkte Freundlichkeit, mit der sie die Beziehung zu einer psychotischen Teilnehmerin aufnahm, sich mit ihr konfrontierte und auch von ihr abgrenzte, habe ich in meinem ersten Kurs bei ihr erlebt. Bemerkenswerterweise half sie der Kranken durch ihre anteilnehmenden Gespräche mehr als sechs anwesende Ärzte, weil sie der Patientin Verständnis für ihr Erleben vermittelte. Auf Ruths Zureden nahm sie Beruhigungsmedikamente und ließ sich dann von zwei Ärzten in die 100 km entfernte Klinik ihres Heimatortes bringen.

Ich selbst erlebte die Erfahrung der Identifikation mit dem Krankhaften als sehr fruchtbar, wenn ich bei Ruths Inszenierungen als Co-Leiterin mitspielte und bestimmte Rollen übernahm. Deswegen führte ich in meinen späteren Krisenkursen ein, daß einige der Teilnehmer sich an diesen psychopathologischen Rollenspielen ebenfalls beteiligten, um ein sensibleres Mitgefühl und einen Abbau ihrer Ängste zu erfahren. Außerdem lag mir besonders daran, den humanistischen Umgang durch die TZI in sozialtherapeutischen Gruppen zu verdeutlichen, da dieses System meinem eigenen sozialpsychiatrischen Konzept entsprach und ich in der Klinik inzwischen die oben erwähnten positiven Erfahrungen gemacht hatte. Es ging mir also darum, nicht nur krankhaftes Erleben zu verdeutlichen, sondern auch den positiven Einfluß von Methode und System der TZI im sozialtherapeutischen Sinne zu vermitteln.
Die Risiken eines solchen Vorgehens waren mir durchaus bewußt. Ich wußte, daß ich sehr vorsichtig vorgehen mußte, wenn ich den Teilnehmern die Übernahme von Rollen zumutete, in denen sie psychisch Kranke darstellen sollten. Es war mir auch geläufig, daß durch ungeschickte Stimulierung des seelischen Primärprozesses das ES zu pathologischen Überschwemmungen eines labilen ICHS neigt und damit den Sekundärprozeß aus der Balance bringen kann, u. U. sogar mit folgenden psychischen Zusammenbrüchen. Deshalb suchte ich die Rollenträger der psychopathologischen Zustandsbilder sehr sorgfältig aus, wußte auch sehr genau, welche Vertrautheitsgrade zwischen uns vonnöten waren, welche Grenzen ich mir auch selbst setzen mußte und auch wie intensiv ich mich nach dem Rollenspiel gerade um diese Darsteller kümmern mußte.

Nach vieljährigen Erfahrungen habe ich nur einmal das Aufflackern einer schizophrenen Episode nach einem Kurs, den ich geleitet hatte, erlebt. Bei einem Teilnehmer, der während dieses Krisenkurses im Rollenspiel eine hysterische Persönlichkeit darstellte und später einen Autoritätskonflikt bearbeitete, hatte ich während des Seminars keine besonderen Auffälligkeiten bemerkt. Am letzten Tag zeigte er nur eine ziemliche Ungeduld nach Hause zu kommen und verabschiedete sich kurz und als erster Teilnehmer. Als das Leitungsteam nach dem allgemeinen Abschied zu einer Nachbesprechung zusammen saß, kehrte er plötzlich zurück und machte einen gehetzten, geängstigten und völlig verunsicherten Eindruck. Er fragte uns mißtrauisch, ob wir etwas gegen ihn im Schilde führten oder ob er bei uns sicher sein könnte. Dann berichtete er uns, daß er auf dem Bahnhof Angst bekommen hätte, weil er auf die Gleise laufen sollte. Er habe sich dagegen gewehrt und sich dann schnell entschlossen, zu uns zurückzukehren, weil er zu uns Zutrauen habe. Er ließ sich dann von uns helfen und auffangen, beraten und auch medikamentös therapieren, so daß eine stationäre Aufnahme in der fremden Stadt nicht nötig war. Nach sicherem Heimgeleit fand er durch eine ihm empfohlene ambulante Behandlung recht bald sein psychisches Gleichgewicht wieder. Wir erfuhren noch, daß er zehn Jahre zuvor schon einmal während eines gruppendynamischen Trainings vorübergehend psychotisch dekompensiert gewesen sei.

In anderen Kursen, die ich als Teilnehmer besuchte oder mit deren Teilnehmern ich als Klinikärztin zu tun hatte, habe ich gelegentlich mit psychotischen Exacerbationen, die während eines workshops auftraten, zu tun gehabt. Meistens klangen sie erstaunlich schnell ab. Fast schien es mir so, als ob ein psychisch unter Druck stehender, evtl. latent psychotischer Mensch sich durch solche Ausbrüche ein Ventil geschaffen und danach auch wieder eine intrapsychische Balance gefunden habe. Ich überlegte mir, ob einige meiner Kursteilnehmer dieses Ventil vielleicht bereits durch das Rollenspiel gefunden hätten und dadurch psychisch stabiler wurden bzw. leichter wieder ihre Balance zurückgewannen. Dieses schien mir eher einzutreten, als daß Teilnehmer in meinen Kursen durch die seelische Belastung in eine psychotische Episode gerieten.

Derartige Erfahrungen und Überlegungen wollte ich beim Lebendigen Lernen der Psychopathologie und Neurosenpsychologie sowie des Umganges mit Störungen und Verstörtheiten in Gruppen und bei einzelnen mit einbeziehen. Besonders wichtig war für mich dabei auch, die Chance wahrzunehmen, die für den einzelnen in einer Krise beinhaltet ist, so daß ein fruchtbarer Lernprozeß durchgemacht werden kann.

Der »Krisenkurs« oder das Lebendige Lernen von Psychopathologie, Neurosenpsychologie und des Umgangs mit Störungen und Verstörtheiten Einzelner und in Gruppen.

Vorbemerkungen

Unter Berücksichtigung des Gruppenprozesses plane und strukturiere ich den Kurs ähnlich wie auch andere Seminare, und zwar berücksichtige ich die vorherrschenden drei verschiedenen Phasen des Gesamtverlaufes, die sich entsprechend eines relativ groben Rasters auf je ein Drittel des Gruppenprozesses verteilen.

Das *erste Drittel* des Gruppenprozesses, die *Abhängigkeitsphase* dient zum Kennenlernen und damit zum Wachsen des gegenseitigen Vertrauens und der Gruppenkohäsion. Sollte dieses nicht gelingen, ist mit Depressionen, Resignation und Mißtrauen bis zu paranoiden Isolierungstendenzen bei den Teilnehmern zu rechnen.
Das *zweite Drittel,* die sogenannte *Kampf- und Fluchtphase* ist für die *Auseinandersetzung* reserviert, sowohl mit den psycho-pathologischen — oft emotional erregenden — Inhalten in einem Krisenkurs, als auch interaktionell untereinander, d.h. bedingt durch die interpersonale und auch intrapsychische Dynamik der einzelnen Teilnehmer. Geschieht dieses nicht ausreichend durch zu sehr ausgeprägte Rückzugstendenzen — manche Teilnehmer brauchen auch eine gewisse Schonzeit — so breitet sich eine Vermeiderhaltung aus, es kommt zu unfruchtbaren Rivalitäten, Querelen, Intrigen und Cliquenwirtschaft. Konfrontiert sich die Gruppe als Ganzes mit Konflikten und die einzelnen Teilnehmer unterein-

ander, so können sie ein befriedigendes Selbstwertgefühl und Autonomie erfahren. Dieses ist die Basis für
das *dritte Drittel,* die *Kooperationsphase,* in der die Gruppe zum gemeinsamen lebendigen Lernen und Arbeiten fähig ist und am Ende des Kurses schließlich auch zur Trennung nach einer angemessenen Trauerarbeit.

Da es sich bei den Teilnehmern der Krisenkurse um fortgeschrittene WILL-Interessenten und Ausbildungskandidaten handelt, kann ich bereits Erfahrung im lebendigen Lernen mit der TZI voraussetzen und soviel Kommunikations- und Kooperationsfähigkeit, daß sie den Belastungen eines Krisenkurses gewachsen sind. Natürlich gibt es Ausnahmen und auch spezielle Situationen, die bei einigen Teilnehmern früher oder später zu Störungen führen können, die dann den entsprechenden Vorrang der Bearbeitung haben.

Die Abhängigkeitsphase

Zu Beginn fange ich sehr behutsam an, da sich viele Teilnehmer in diesem neuen Kurs noch nicht kennen, zumindest nicht in dieser Zusammensetzung. Um gelegentlich auftretende, erhöhte Erwartungen auf eigene Therapie zu relativieren, betone ich das didaktische Ziel, nämlich Psychopathologie und Neurosenpsychologie, sowie den Umgang mit Störungen und Verstörtheiten in Gruppen zu vermitteln, dieses allerdings durch persönliche Beispiele und Einsatz lebendig zu lernen. Deshalb und wegen der täglichen kurzen Theorieanteile würden häufiger Plena stattfinden und weniger die so beliebten Kleingruppen.
Der oben dargestellte Gruppenprozeß der drei verschiedenen Phasen wird unterstützt durch die Themen und Strukturen der Sitzungen.
In den ersten Tagen wechseln Kleingruppen und Plena, um vielfältige Interaktionen zu ermöglichen und damit das Kennenlernen der Teilnehmer untereinander, ihrer Motivationen und Befindlichkeiten, bis sie miteinander vertrauter geworden sind. Anschließend biete ich gerne eine Übung an, um die gegenseitigen Beziehungsmuster transparenter werden zu lassen. Hierdurch können die unbewußten intrapsychischen und interpersonalen Gefühlseinstellungen, wie Übertragungen, Gegenübertragungen, Widerstände und Abwehrmechanismen des ICHS der einzelnen Teilnehmer am praktischen Beispiel erfahren und gemeinsam reflektiert werden.

Übertragungen sind unbewußte Gefühlseinstellungen gegenüber anderen Personen, die sich durch die bio-psychischen Erfahrungen mit den ersten und frühesten Beziehungspersonen geformt haben und sich im späteren Leben unbewußt wiederholen.

Gegenübertragungen sind die unbewußten Gefühlsreaktionen der anderen Personen auf die Übertragungsgefühle der ersten Person. Sie haben die gleiche Vorgeschichte, sind also auch entstanden durch Erfahrungen mit früheren Beziehungspersonen und wiederholen sich unbewußt.
Widerstände sind unbewußte psychische Hindernisse, quasi Barrieren, die das Selbst schon sehr früh entwickelt hat, um sich gegen Ängste und peinliche Situationen, hervorgerufen durch konkrete Personen, eigene Gewissensskrupel oder bedrohliche Triebbedürfnisse zu schützen.
Die unbewußten **Abwehrmechanismen des ICH** richten sich gegen angsterwekkende Triebansprüche des ES, die verdrängt oder durch andere psychische Umformung (s. Tab. I) verhindert, unterdrückt oder »unschädlich« gemacht werden.

1. *Verdrängung*
   (»Nein, sagt mein Stolz, das habe ich nicht getan. Doch, sagt das Gedächtnis, das hast du getan ... Schließlich gibt das Gedächtnis nach.« -Nietzsche-)
2. *Regression*
   (Paradies der Kindheit)
3. *Inkorporation / Introjektion / Identifikation*
   (Jemanden zum Fressen gern haben.
   Du bist mein, ich bin dein ...
   so groß wie du will ich auch ..., bin ich schon lange ...)
4. *Projektion*
   (Eine von mir ersehnte Fähigkeit, bewundere ich bei dir
   meine eigene verpönte Aggression greife ich bei dir an.)
5. *Wendungen gegen die eigene Person*
   (Nägelkauen, Kratzen, psychosom. Krankheiten, Neurosen, Suicid.)
6. *Ungeschehen machen*
   (DRK-Spenden nach einer »bösen« Tat, nach einem »schlimmen« Gedanken)
7. *Verkehrung ins Gegenteil*
   (Die »Anfechtung« wird verdammt)
8. *Reaktionsbildung*
   (»arschfreundlich« sein)
9. *Isolierung*
   (das Herz weiß nicht, was die rechte Hand tut
   die linke Hand weiß nicht, was die rechte Hand tut)
10. *Rationalisieren*
    (»vernünftigerweise ....«)

Tabelle I: Die Abwehrmechanismen des ICH

Diese intrapsychischen Gefühlsabläufe bzw. -formen finden sich bei allen Menschen als Versuch einer dynamischen Balance zwischen ES, ICH und ÜBER-ICH, d.h. deren entgegengesetzte Triebbedürfnisse, Realitätsbewältigungstendenzen und Moralansprüche auf einen gemeinsamen, möglichst optimalen Nenner zu bringen. Dieses Bemühen, das relativ häufig mißlingt, führt zu einem langen dynamischen Reifungsprozeß im Leben eines Menschen. Er kostet viel Kraft und bedarf vieler Hilfen durch seine Umwelt, bis es zu einer intrapsychischen Integration der verschiedenen — schließlich modifizierten — Bedürfnisse und Wünsche nach Befriedigung kommt. Bei einem Mißlingen dieser Integration kann es zu psychischen Störungen kommen, sowohl zu Psychoneurosen wie psychosomatischen Krankheiten und sonstigen abnormen Verhaltensweisen. Auch bei psychotischen Kranken erleben wir z.T. im Übermaß derartige gestörte Gefühlsmuster, bei denen es u.a. nicht nur zu Zwiespältigkeiten und intrapsychischen Ambivalenzen* kommt, sondern auch zu deutlichen seelischen Spaltungstendenzen und Gefühlsüberflutungen.

Um diese unbewußten Gefühlseinstellungen in der Gruppe bei sich selbst und den anderen deutlicher wahrzunehmen und zu erfahren, findet eine besondere Wahrnehmungs- und Assoziationsübung in Dreiergruppen statt mit Hilfe 5 relativ stereotyper Phasen:

A sucht sich B aus, an dem/der, ihm/ihr irgend etwas bekannt vorkommt. C als die dritte Person wird als Beobachter dazugewählt, anfangs um klärend eingreifen zu können, später wird C meistens in den Prozeß involviert. A spricht die Wahrnehmung aus, die stereotyp ist, und erinnert sich dann:

1. »*Mir fällt an Dir auf, daß Du,* z.B. dunkles Haar und große, leuchtende Augen hast« (oder eine harte Stimme, graziöse Bewegungen, rote Strümpfe anhast etc.);
2. »*das erinnert mich an* die Freundin meiner Mutter«.
3. »*das bedeutet für mich* Wärme und Geborgenheit, die ich von ihr bekommen habe. Bei meiner Mutter kam ich immer zu kurz, sie war nur mit sich selbst beschäftigt«;
4. »*deswegen* fühle ich mich von Dir so angezogen und erwarte wohl auch die Wärme und Geborgenheit von Dir«.
5. »*Was macht Dir das aus?* Kannst Du das erwidern oder fühlst Du Dich überfahren von mir?« (Es handelt sich hier um eine liebevolle, erwartungsvolle ideale Mutterübertragung, die durch die Freundin der Mutter befriedigt wurde und die jetzt schon mit einer bewußter werdenden Projektion verknüpft ist.)

* Als *Ambivalenz* wird ein unbewußtes Bedürfnis bezeichnet, zwei entgegengesetzte Wünsche gleichzeitig zu befriedigen, während beim Zwiespalt die Person sich weder zwischen dem einen noch dem anderen entgegengesetzten Bedürfnis bewußt entscheiden kann.

B antwortet: »Ich finde Dich ganz sympathisch, aber mehr auch nicht, eher erlebe ich in mir ein Gefühl, mich zurückziehen zu wollen, mich gegen Dich abzugrenzen, weil Du mich überforderst. Aha, jetzt fällt mir dazu ein, so ähnlich war das auch früher mit meiner Mutter, die neigte immer dazu, mich zu vereinnahmen und zu überfahren. (Die Gegenübertragung von B ist ängstlich, peinlich berührt, eher ablehnend.)
B spürt einen Widerstand in sich und will sich zurückziehen. Wenn B z. B. A vorschlagen würde, später das Zimmer miteinander aufzuräumen, so verdrängt B seine unangenehmen Gefühle und vereinbart — vielleicht aus unbewußten Schuldgefühlen — eine gemeinsame positive Handlung, es handelt sich dann entweder um eine *Isolierung,* ein *Ungeschehenmachen* oder eine *Verkehrung ins Gegenteil.* Wenn B A gegenüber äußert: »So alte Geschichten kommen schon mal vor, damit muß man fertig werden und solche Gefühle nicht wuchern lassen«, dann handelt es sich mehr um eine *Rationalisierung.* Antwortet B aber: »Das sagt mir gar nichts, ich weiß nicht, was ich Dir darauf antworten soll«, dann wird man eher eine einfache *Verdrängung* annehmen können. Häufig kombinieren sich die verschiedenen Abwehrmechanismen auch.
A und B arbeiten so miteinander, u. U. äußert B auch gegenüber A oder C weitere Gefühle, die mit seinen früheren Beziehungspersonen zu tun haben, von diesen übertragen werden. C läßt sich gegebenenfalls auch in diesen Beziehungsprozeß hineinziehen, und die drei arbeiten weiter an der Klärung ihrer intrapsychischen und interpersonalen Beziehungsmuster, erinnern, assoziieren, reflektieren und verdeutlichen sich dabei auch den sogenannten *Wiederholungszwang.* Dieser, basierend auf früh erfahrenen Gefühlserlebnissen, deren Repetierung unbewußt konstelliert wird, formen eine Persönlichkeit, so daß sich stereotype Verhaltensweisen und Beziehungsmuster fixieren. Solche sogenannten »alten Gewohnheiten« können manchmal recht brauchbar sein, z. B. beim emotional-kognitiven Lernen bestimmter Stoffgebiete oder besonderer Fertigkeiten, guter Sitten etc. Manchmal können jedoch »schlechte alte Gewohnheiten« spontanes fruchtbares Erleben verhindern und zerstören; dann sollten sie bearbeitet und möglichst durch neue Erkenntnisse verändert werden.
Diese und ähnliche Erfahrungen aus den Dreiergruppen werden in einem längeren Plenum intensiv durchgearbeitet.
Ein kurzer Theorieteil mit einer Schautafel über den psychischen Apparat nach Freud (s. Tab. II), sein abstraktes metapsychologisches Seelenmodell trägt dazu bei, das eben Erfahrene anschaulich zu vertiefen und mit den Beispielen der Erlebnisse der anderen Teilnehmer — die auch immer wieder Identifikationsmöglichkeiten anbieten — zu vergleichen.

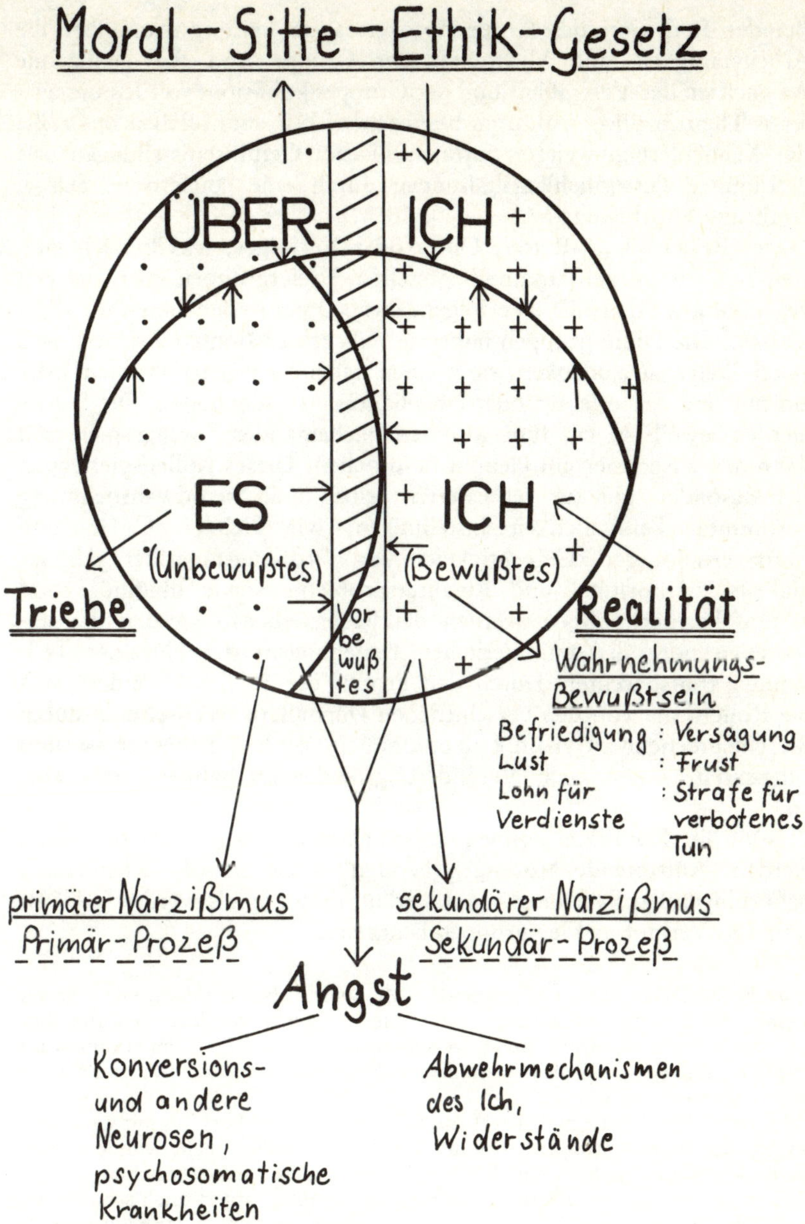

Tabelle II: Der psychische Apparat nach Sigmund Freud

Bei der Reflexion des Gruppenprozesses im Leitungsteam über die Arbeitsfähigkeit und Flexibilität der Gruppe und das genügende Anwachsen des Vertrauens und der Gruppenkohäsion, werden die weiteren Themen und Strukturen besprochen. Wir entschließen uns z.B., das Kennenlernen weiterer intrapsychischer Gefühlseinstellungen und bestimmter Persönlichkeitshaltungen durch eine spielerische Selbsterfahrung anzubieten.
Dieses Rollenspiel: »**Retter, Opfer oder Verfolger, was bin ich meistens?**« findet in neu zusammengestellten Dreiergruppen statt, die sich gegenseitig wählen: die »Verfolger« ihre »Opfer« oder diese ihre »Retter« etc. Die Dreiergruppen haben jeweils zehn Minuten Zeit, um sich einen Sketch auszudenken, sie können dabei ein eigenes Problem oder ein mit anderen erlebtes oder ein phantasiertes darstellen. Die Stücke werden jeweils in ca. fünf Minuten nacheinander durchgespielt und dann alle zusammen im Plenum besprochen. Dieses Rollenspiel eignet sich besonders gut zur verbesserten Selbst- und Fremdwahrnehmung bestimmter Persönlichkeitseinstellungen, wie Helfer-, Opfer- und Märtyrerhaltungen, Gerechtigkeits- und Ordnungsfanatiker. Abhängigkeits-, Autoritäts- und Rivalitätsprobleme sowie libidinöse und andere Partnerkonflikte werden deutlicher, ebenso werden die stereotypen oder diskontinuierlichen Beziehungsmuster einzelner Teilnehmer transparenter. Durch den Prozeß des Spieles verändern sich die Rollen, die von den verschiedenen Darstellern wechselseitig durch die entsprechende Dynamik übernommen werden. Erkenntnisse und Einsichten, sowie auch Veränderungstendenzen bahnen sich dabei an.
Persönliche Konflikte können dabei gestreift oder auch bearbeitet werden. Auftretende Störungen bedingt durch die oft tiefgehenden beunruhigenden Erkenntnisse im Verlauf dieses Spiels werden u. U. im weiteren Verlauf in Kleingruppen bearbeitet.

Zum Beispiel sagte eine Teilnehmerin: »Mir wurde eben deutlich, wie sehr ich meinen Sohn verunselbständige durch meine überfürsorgliche Haltung ihm gegenüber. Da muß mein Mann ja gegensteuern, ich veranlasse ihn ja unbewußt geradezu, daß er sich so als Haustyrann aufführt und damit lächerlich macht. Er ist ja eigentlich mein Opfer.«
Oder ein Lehrer überlegt sich: »Wenn ich so oft außer Haus bin mit wichtigen politischen Verpflichtungen, so kann ich mich eigentlich nicht wundern, daß meine Frau unzufrieden ist und sich u. U. auf andere Partnerbeziehungen einläßt. Aber, daß das gerade der beste Freund sein muß, ärgert mich schon sehr, wo bleibt da die Solidarität? Dabei ist es im Grunde genommen das Naheliegendste, weil wir so vertraut miteinander sind und uns gerne mögen. Das habe ich mir selbst eingebrockt, weil ich so ehrgeizig und egoistisch bin!«

Eine Heimleiterin überlegt sich: »Eben in dem Drachen-töten-Spiel habe ich mich ja mit dem Drachen identifiziert und wollte den retten. Ich war ganz gegen meinen Retter, den Ritter St. Georg eingestellt. Deswegen kam auch gar nichts heraus in dem Spiel. Jetzt ist mir plötzlich klargeworden, der Drache verkörpert für mich Natur, Freiheit, Wildheit, aber auch Stärke und vor allen Dingen den Wald, meine Heimat. Grade weil ich meine Heimat und meine Eltern verloren habe, mußte ich im Spiel den Drachen retten. Ich bin doch das Waldmädchen, ich bin im Wald aufgewachsen. Und weil ich noch so an der Vergangenheit hänge, komme ich mit der Gegenwart nicht zurecht. Und ich glaube, so etwas passiert mir auch in der Partnerschaft mit Männern, da habe ich ja immer wieder Schwierigkeiten.«

Diese Eindrücke der ersten Tage mit persönlichen Erfahrungen, durchzogen von theoretischen Kenntnissen und Erkenntnissen über Beziehungsmuster und damit zusammenhängende Störungen, werden von den Teilnehmern durch Restebearbeitungen und auch durch ICH-orientierte Gestaltungssitzungen vertieft, durch Tagebücher und prozeßanalytische Zusammenfassungen festgehalten und weiter bearbeitet.
Ausgehend von eigenen Erlebnissen werden die Definitionen der verschiedenen, problematischen psychischen Konstellationen in Kleingruppen miteinander erarbeitet:
Eine Störung bedeutet, daß ein Teilnehmer dem Gruppenprozeß nicht mehr folgen kann, da er abgelenkt ist durch andere Gedanken oder starke psychische Gefühle oder somatische Sensationen. Um wieder mit der Gruppe und dem Gruppenprozeß zusammenarbeiten zu können, ist es für ihn wichtig, diese Störung zu äußern, ihr also den Vorrang zu geben, wodurch er sich schon oft wieder in den Gruppenprozeß einfädeln kann. Gegebenenfalls kann er diese Störung auch ein Stück bearbeiten. Gelegentlich kann ein gestörter und störender Teilnehmer das Sprachrohr der ganzen Gruppe sein und durch Bearbeitung seiner Störung hilfreich dem Gruppenprozeß nützen.
Massive Störungsäußerungen einzelner können allerdings auch zu einer Gruppenstörung werden, so daß der Leiter diese vorrangig bearbeiten sollte.
Eine *Verstörtheit* kann als Ausdruck einer psychischen Erkrankung, einer Psychose oder einer sehr starken, abnormen psychischen (neurotischen) Reaktion bis zu einem krankhaften Ausnahmezustand angesehen werden. Eine Verstörtheit kann u. U. im Hier und Jetzt ausgelöst werden, liegt aber psychodynamisch tiefer oder entspricht eigenen Krankheitsgesetzen. Sie kann mitmenschlich aufgefangen werden, bedarf gegebenenfalls jedoch einer ärztlichen Behandlung.
Ein *Konflikt* ist situations- und personenbezogen, spielt sich sowohl interpersonal als auch intrapsychisch bei den betreffenden Personen ab,

wird im Hier und Jetzt deutlich, obwohl alte Fehlhaltungen aus dem »Dort und Dann« eine wesentliche Rolle spielen können. Ein Konflikt kann überall auftreten wo Menschen miteinander zu tun haben. Wenn er nicht bearbeitet wird, kann sich daraus eine

Krise

entwickeln, die weiter schwelend entweder die Zusammenarbeit blockieren und auch zu einem Eklat führen kann. Die Bearbeitung eines solchen Ausbruchs und der damit verbundenen Krise kann als Chance benutzt werden im Sinne einer Klärung der eigenen Einstellung und der des Kontrahenten. Im besten Falle kann dieses zu einer beiderseitigen Veränderung der Einstellungen und damit auch der Situation führen, quasi also zu einem neuen Anfang.

Um solche schwierige psychische Bearbeitung leisten zu können, ist es notwendig, sich selbst und seinen »**Schatten**« (C. G. Jung) (»das in mir Abgelehnte«) und die eigenen Beziehungsmuster zu kennen, sie zu akzeptieren, um sich gegebenenfalls von ihnen zu lösen. Auch die Fähigkeit, sich mit anderen Menschen und ihren Störungen z. T. identifizieren zu können, sollte geübt werden, wie die Bereitschaft und der Mut, sich in Krisensituationen mit dem Betroffenen oder Kontrahenten konfrontieren zu können, den »Stier bei den Hörnern packen zu können«.

Auch hier gibt es natürlich Grenzen oder die Möglichkeit zur Delegation, wenn meine eigenen Kräfte nicht mehr ausreichen.

Aus diesem Grunde empfiehlt es sich für jeden Leiter eines Seminars, sich vor Beginn über reale Bedingungen zu orientieren, z. B. die Telefonnummern der jeweiligen Ärzte, Krankenhäuser und Rettungsdienste zu notieren, um sich in Notfällen im Sinne des Realitätsprinzips helfen zu können. Sich über bestimmte Krankheiten, an denen die Teilnehmer leiden könnten, genau vorher zu vergewissern, verbietet der Takt und der Respekt vor der Intimsphäre. Jeder Leiter sollte jedoch wissen, daß es bestimmte Krankheiten gibt, wie die des Herzens und des Kreislaufes, des Stoffwechsels oder durch ein epileptisches Anfall-Leiden, die u. U. zu somatischen Störungen mit Bewußtseinsveränderungen führen können. In solchen Fällen ist unbedingt ärztliche Hilfe vonnöten.

Die Auseinandersetzungsphase

Nachdem die Gruppe mehr zusammengewachsen ist, nähern wir uns dem zweiten Drittel des Gesamtgruppenprozesses, der Auseinandersetzungsphase. Für mich ist dieses das Kernstück und der schwierigste Teil

des Kursus, da ich mich bei der Vermittlung von Psychopathologie und damit einer Fühlungnahme mit der unbewußten Tiefe des einzelnen besonders engagiere und auch mitleide.
Ich beginne morgens mit einer Körperübung, begleitet von Musik, um eine psychosomatische Selbsterfahrung zu ermöglichen: *»Ich fühle mich, ich spüre Dich«*. Die Übung beginnt mit dem Auffinden des eigenen Standpunktes in dem Raum, mit geschlossenen Augen zu stehen und dann zu gehen, allein und blind sowie sehend mit gewählten Partnern. Es geht darum, sich selbst und den anderen kennenzulernen, Trennung, Abschied und Wiedersehen zu erleben und sich schließlich wieder selbst zu finden. Sich selbst zu fühlen und sich auf den eigenen Körper mit seinen differenzierten Funktionen bei geschlossenen Augen und durchpulst von dem eigenen Herzschlag und lebendigen Atem einzulassen, beendet diese psychische Körpererfahrung.
Diese sehr beliebte Übung schult das innere und äußere Wahrnehmungsvermögen, spricht alle Sinne an und rührt verquere oder befriedigende, gefürchtete oder geschätzte Emotionen und Beziehungen an, läßt diese körperlich und seelisch wieder oder auch neu erleben. Jeder Teilnehmer, der sich nicht wohl fühlt, kann sich hinsetzen oder sogar herausgehen. Ein bis zwei meiner Co-Leiter sind im Raum verteilt, da ich nicht alle Teilnehmer im Auge habe und wahrnehmen kann. Hierbei gewinne ich auch einen Eindruck über die Balance, Stabilität, Offenheit und Belastbarkeit des einzelnen, was für die folgende Arbeit sehr wichtig ist. Gelegentlich können Schwindel- oder Angstzustände auftreten, die jedoch meistens aufzufangen sind, ohne die Übung unterbrechen zu müssen. Derartige Störungen können gegebenenfalls später eingehender bearbeitet werden.
Diese Einführung in psychosomatische Erlebensweisen ist die Basis für eine weitere theoretische Sitzung. In dieser interaktionell aufgelockerten Stunde geht es um psychopathologisches Wissen über exogene und endogene Psychosen, ihre Unterformen, deren Aussehen, Auftreten, endo-reaktive Ursachen oder Auslösungen, Morbidität, Mortalität, Häufigkeit, Vorsorge und Therapie. In Abgrenzung bzw. Ergänzung dazu werden die bekanntesten Neuroseformen mit den entsprechenden unterschiedlichen Charaktertypen und psychosomatischen Krankheitsbildern angesprochen, die auf Schautafeln übersichtlich angeordnet sind (Tab. III und IV). Durch die Einfälle der Teilnehmer, mit welchen Menschen, wann und wie sie diese Krankheitsbilder schon einmal erlebt und wie sie damit umgegangen sind, u. U. auch durch kurzes Vorspielen des Verhaltens eines psychotischen oder neurotischen Kranken, oder eines besonderen Charakterbildes wird dieser große und schwierige Stoff um-

I. *Exogene Psychosen* = sog. körperlich bedingte Psychosen

Ursachen	**Symptome**
Gehirnschädigung (frühkindliche und andere Geburtstraumen; andere Traumata)	Schwachsinn (Idiotie, Imbecillität, Debilität)
Gehirntumor Gehirnentzündung Gehirnatrophie Degenerative Erkrankung des Gehirns	Geistiger Abbau/Demenz Wesensveränderung Epilepsie (0,4%)
Kreislauf-, Herzerkrankungen Stoffwechselerkrankung	Coma Bewußtlosigkeit/ Bewußtseinstrübung Dämmerzustand Benommenheit opt. Sinnestäuschung, z.B. weiße Mäuse Wahnphänomene

Intoxikationen

- innere --- Urämie/Nierenversagen
  Eklampsie/Nierenversagen i. d. Schwangerschaft
  Zucker-Krankheit
- äußere --- Alkohol
  Drogen (Medikamente)
  Nikotin

II. *Endogene Psychosen*

1. Schizophrenie (1%)
   a) hebephrene Form
   Verlauf:
   b) paranoide Form
   Verlauf:
   c) katatonisch-halluzinatorische Form
   Verlauf:

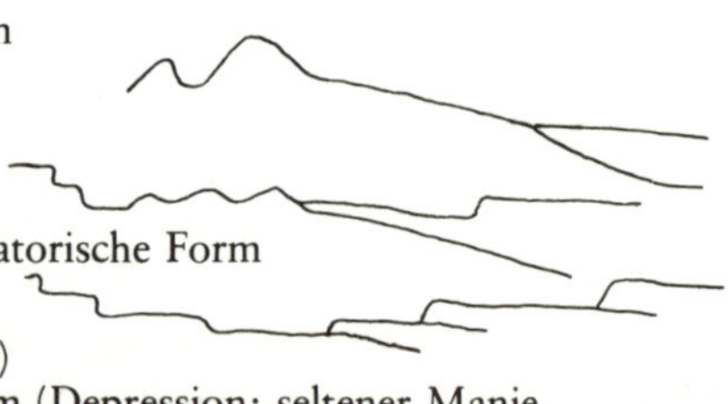

2. Zyklothymie (0,5%)
   a) monopolare Form (Depression; seltener Manie.
   Verlauf: phasenhaft

   b) bipolare Form (Depression und Manie; meist nur manische Nachschwankung)
   Verlauf: phasenhaft

Tabelle III: Geistes- und Gemütskrankheiten, exogene und endogene Psychosen

Jahr	Persönlichkeitsstruktur	Narzißmus	Psychoneurosen	Psychosomatische Erkrankungen
1.	Schizoide	+ + +	»Borderline« Schizoide Neurose Angstneurose	Hautkrankheiten
1.–2.	Depressive	+ +	Phobie (Klaustrophobie, Agoraphobie) depressive Neurosen hypochondrische Neurosen	Angina, Bettnässen, Mager-, Fettsucht; Süchte Herzneurosen
2.–4.	Zwanghafte	+ +	Zwangsneurose (Waschzwang, Kontrollzwang)	Asthma bronch., Kopfweh, Magen/Darm-Erkrankungen, Colica mucosa/Colitis ulcerosa, Rheuma, Stottern, Nägelbeißen
4.–6.	Hysterische	+ + +	phallisch-narzißtische Neurose (Borderline) hysterische Neurose Konversions-Neurose	Impotenz, Vaginismus Dyspareunie (Unfähigkeit, Orgasmus zu erleben) Infertilität

Tabelle IV: Charakterstrukturen, Neurosen und entsprechende psychosomatische Erkrankungen

rissen, eingeführt und im weiteren Verlauf durch persönliches Erleben im Rollenspiel lebendig kennengelernt. Diese Eindrücke und auch die Wiederbelebung alter und neuerer, u. U. schmerzlicher Erfahrungen mit psychisch kranken Menschen braucht viel Zeit zur Bearbeitung. Da zur besseren Bewältigung eine gewisse Identifikation und entsprechendes Handeln angezeigt ist, bitte ich die Teilnehmer im weiteren Verlauf, etwa zehn typische Krankheitsbilder als Rollen zu übernehmen, um eine sozialtherapeutische Gruppensitzung mit verschiedenen Patienten in einer psychiatrischen Klinik darzustellen. Erstaunlicherweise sind immer genügend Teilnehmer in diesen Seminaren, die Erfahrung haben mit Kranken, die an endogenen Psychosen, an Alkohol- und Drogenabhängigkeit und psychosomatischen Erkrankungen etc. leiden. Auch mit den verschiedenen Formen der neurotischen Persönlichkeiten, vor allem

auch der sogenannten »borderline«-Kranken bzw. Dissozialen, oder wie man sie früher nannte, der Psychopathen und Soziopathen, liegen einschlägige Erlebnisse und Kenntnisse vor.
Durch die Erinnerung an einen kranken Menschen, der einem familiär, freundschaftlich oder beruflich verbunden war, finden einige Teilnehmer den Mut, sich mit diesem vorübergehend teilweise zu identifizieren und zu versuchen, sein Verhalten nachzuerleben, in seine Erlebniswelt hineinzutauchen und diese zu erfahren. Die bedrohliche Welt eines Schizophrenen, der sich gespalten erlebt, verfolgt, beobachtet, gelenkt, beeinträchtigt und beeinflußt von unheimlichen Mächten — »Dämonen« —, durch Wahnphänomene, Sinnestäuschungen und Denkstörungen verändert und verängstigt, das ist nur andeutungsweise wiederzugeben, ist fast vermessen.
Dabei gelingt dieses oft besser, als ich anfangs annahm, vielleicht weil in uns Menschen diese tiefe Erlebnismöglichkeit des Primärprozesses bereitliegt, vielleicht nur darauf wartet, auch zur »Sprache« zu kommen, um sich dann — gezügelt und gesteuert — in die Gesamtpersönlichkeit besser integrieren zu können. Bei dem Versuch der hoffnungslosen Tiefe der Depression nachzugehen, sich versteinert oder total hilflos und passiv zu erleben, ausgeliefert und ohne Kraft sich selbst aus diesem Verlies zu befreien, sondern nur noch die Möglichkeit zu haben, sich anzuschuldigen und/oder sich zu opfern, spürt der Darsteller oft einen gefährlichen Sog nach tief unten, dem er sich nur schwer entziehen kann. Einen Ausweg daraus sucht der depressive Kranke, indem er sich an andere jammernd oder klagend anklammert und, diese dabei mit herabziehend, die unbewußte Tendenz verdeutlicht, ihm nahestehende Beziehungspersonen wie z.B. die Mutter zu treffen oder sich an ihr zu rächen.
Derartige Erkenntnisse der intrapsychischen Dynamik von Geistes- und Gemütskrankheiten, wie auch die intensive Auseinandersetzung mit neurotischen Fehlhaltungen und Entwicklungsstörungen und den ihnen zugrundeliegenden Sinngehalten ergeben oft eine erhebliche Belastung und auch erschreckende Erkenntnisse für die Darsteller dieser Rollen und auch für die Zuschauer. Die narzißtischen und schizoiden Kontaktstörungen, die mehr oder minder verhüllten Hilferufe der depressiven Neurosen, die vergitterte, rigide und penible Welt der zu Entscheidung unfähigen, jedoch aggressiv gestauten und oft latent chaotischen Zwangskranken, wie auch die kreativ überschäumende, oft ziellose, verführerisch fordernde und doch so enttäuschend leere Welt der hysterischen Neurosen erlauben den Teilnehmern durch diese Auseinandersetzung wesentliche Neuerfahrungen. Diese neurotischen Fehlentwicklungen sind pathologische Verformungen, entstanden aus den Zuspit-

zungen bestimmter charakterlicher Typen. Da die Grenzen nicht immer exakt zu ziehen sind, finden sich bei fast jeder Persönlichkeit leichtere, quasi »neurotoide« Anteile, mit denen dieser Mensch jedoch einigermaßen in der Lage ist zu leben, ohne sich selbst oder andere zu sehr zu schädigen.

Die besondere Persönlichkeit eines Menschen formt sich unter dem frühen Einfluß seiner Umwelt aus der Mischung seiner verschiedenen charaktertypischen Anteile. Sie ist bei jedem Menschen anders gemäß unterschiedlicher Integrationsmodifikationen der verschiedenen Persönlichkeitsanteile.

Zum Beispiel sind die *schizoiden* narzißtischen Anteile in unserer Persönlichkeit vonnöten, um mit uns alleine fertig zu werden, uns selbst zu genügen, uns abgrenzen zu können,

die *depressiven,* um Tiefe und Gemüt, Humor und Wärme sowie Sattheit und Geborgenheit zu erleben und zu genießen,

die *zwanghaften,* um Ordnung in unser Leben zu bringen, um mit Besitz, Macht und Autorität umgehen und zielstrebig und autonom sein zu können und

die *hysterischen,* um kreativ, liebevoll und hingabefähig sein zu können.

Hiermit habe ich nur einige der Eigenschaften erwähnt, die ausführlich von Riemann in den Urformen der Angst beschrieben sind (s. Tab. V auf der folgenden Seite).

Die Teilnehmer erfahren durch das Rollenspiel, welche Beziehungsformen den einzelnen Kranken oder Typen guttun, wieviel Nähe und Distanz jemand ertragen kann oder braucht, wieviel mitmenschliche Wärme oder Abgrenzung bekömmlich sind, um neue Wege mit Hilfe anderer oder alleine bewältigen zu können.

Es geht darum, welche schöpferischen oder autonomen Kräfte sich im einzelnen sammeln und wachsen können, wieviel Selbstbesinnung gebraucht wird und welches Beharrungsvermögen entwickelt werden kann, um anderen Menschen begegnen oder eine Grenzsituation durchstehen zu können.

Während der Proben zu der Psychopathologie-Gruppe, die ich wegen der wichtigen und wertvollen psychodramatischen und psychopathologischen Erfahrungen — und um auch nicht unnötige Rivalitäts- und Neidgefühle zu stimulieren — neuerdings mit allen Teilnehmern mache und nicht nur mit den Darstellern, müssen gelegentlich auch Rollen umbesetzt werden. Einige Darsteller identifizieren sich zu tief z. B. mit einer depressiven Kranken oder haben zu wenig bzw. zuviel schizoide oder hysterische Anteile in ihrer Persönlichkeit, um eine Rolle optimal übernehmen zu können. Oft stelle ich eine Rolle dar, um dieses Krankheits-

Riemann: Grundformen der Angst

Angst vor Selbsthingabe u. Ich-Verlust u. Abhängigkeit
Überwiegend schizoide Strukturanteile
Selbständigkeit, Unabhängigkeit, Mut zu sich selbst, zur Autonomie, scharfe Beobachtungsgabe, affektlos-kühle Sachlichkeit, kritisch unbestechlicher Blick für Tatsachen, kaum beengt durch Traditionen u. Dogmen, unsentimental, kompromißlos. Ironisch-satirisch, scharfer Blick für die Schwächen anderer, distanziert.

Angst vor Wandlung, Unsicherheit
Überwiegend zwanghafte Strukturanteile
Stabil, tragfähig, ausdauernd, pflichtbewußt, strebsam, fleißig, planvoll, zielstrebig, Gegenwart wenig genießend, konsequent, tüchtig, zäh, verantwortungsbewußt, Wirklichkeitssinn, solide, korrekt, zuverlässig, beständig, sauber, moralisch. Im Gefühl zurückhaltend, aber dauerhaft in Zuwendung, ernst, objektiv, meinungsstark.

Angst vor der Notwendigkeit, Endgültigkeit
Überwiegend hysterische Strukturanteile
Risikofreudig, unternehmungslustig, neugierig, elastisch, plastisch, lebendig, sprühend, mitreißend, lebhaft, spontan, improvisierend, nie langweilig, guter Gesellschafter, optimistische Erwartungen, rüttelt an den Traditionen, suggestiv charmant, nicht sehr ausdauernd, ungeduldig, eigenwillig.

Angst vor Selbstwerdung u. Isolation u. Ungeborgenheit
Überwiegend depressive Strukturanteile
Einfühlend, zuwendungsbereit, annehmend, fürsorglich, hilfsbereit, verständnisvoll, geduldig, anhänglich, anspruchslos, verzichtend, lebt schwer, humorvoll, Lebensfrömmigkeit, kann ausharren u. ertragen, »stille Wasser«, gemüthaft, gefühlstief, Herzenswärme, demütig.

Tabelle V: Die verschiedenen Strukturanteile der Persönlichkeit

bild den Teilnehmern nahezubringen oder spiele eine Rolle, die »übrig« bleibt, wenn ich einen sozialtherapeutisch erfahrenen TZI-Gruppenleiter unter den Teilnehmern finde. Dieses ist meistens eine recht schwierige Rolle, die ich zu übernehmen gewohnt und gewillt bin, um den Umgang mit diesen gestörten Menschen durch das TZI-System zu vermitteln. Wir spielen ca. eine halbe bis eine dreiviertel Stunde, die übrigen Teilnehmer sind die Zuschauer dieses Prozesses, an dem sie mehr »passiv« partizipieren. Der Verlauf ist unterschiedlich, in einigen Sitzungen komme ich als TZI-Sozialtherapeut gut »zum Zuge«, und ich kann demonstrieren, wie die Kranken sich durch mich und das humanistische Element im TZI-System angesprochen fühlen, motiviert und hilfreich beruhigt, der Realität näher gebracht und kommunikativ gefördert werden. In anderen Sitzungen dagegen fühle ich mich hilflos und überfordert, und wir alle erleben, welche Macht und Kraft ein Patient durch seine Krankheit, seine regressiven Tendenzen und durch den übermächtig werdenden Primärprozeß gegenüber Therapeuten, der Klinik als autoritärer Institution, ja auch allen Beziehungspersonen gegenüber hat und wie sehr er das nutzt, u. U. auch ausnutzt.

In solchen Momenten schäumt das Spiel über, das triebhafte »ES« meldet sich und droht alles zu überschwemmen. Diese ungezügelte Kraft wirkt dann nicht mehr kreativ, sondern zerstörerisch. Ich muß gegensteuern oder unterbrechen, um das stabilere ICH der Mitspieler wieder anzusprechen und zu stärken, die Balance wiederzufinden und den Sekundärprozeß mehr in den Vordergrund zu rücken. Das ist manchmal leichter gesagt als getan, und ich stehe dann als Leiter der Gefahr des Chaos gegenüber. Das Gegenteil ist die Übersteuerung durch mich, so daß die Psychopathologiesitzung zu zahm und überangepaßt verläuft. Dann drängen gestaute aggressive Bedürfnisse aller Persönlichkeitsanteile, die keine Ventile gefunden haben, hervor und fordern eine gezielte thematisierte Bearbeitung. Derartige Krisen als Chance zu sehen und zu vermitteln, wie ein Mensch und auch ein Kranker durch bessere Klärung seiner Beziehungen und Verständnis der Zusammenhänge die Möglichkeit findet zu einem neuen Ansatz, zu einem anderen, vielleicht zu einem fruchtbareren Lebensweg, der ihn aus einem Dilemma herausführt, sehe ich als mein Ziel an.

Die Selbstheilungstendenzen des Menschen und auch einer Gruppe, unterstützt durch die Leitung, findet im allgemeinen, wie auch hier in diesem Spiel, zu ihrer Aufgabe, ihrem Thema, ihrem Gleichgewicht und ihrer realitätsbezogenen kommunikativen Zusammenarbeit. Die Teilnehmer nehmen sich gegenseitig wahr, zeigen und erkennen sich auch deutlicher in ihrer dargestellten, unterschiedlichen pathologischen und abnormen Ausformung, sie setzen sich übereinander narzißtisch selbstbezogen hinweg, klammern sich abhängig aneinander oder kapseln sich voneinander ab, rivalisieren und konkurrieren miteinander, überrennen sich libidinös und verführerisch und helfen sich doch untereinander entweder brüderlich und schwesterlich oder väterlich, mütterlich und kindlich.

Dabei wird erlebt, wie wichtig es ist, bei *schizoiden* Persönlichkeiten und auch schizophrenen Kranken eine *kritische Distanz* zu wahren, um sie nicht durch zuviel Nähe zu ängstigen und sie dennoch schützend und partnerschaftlich zu begleiten. Wie notwendig ist es für *depressive* Kranke und Persönlichkeiten, eine *wärmende Geborgenheit* zu erleben, jedoch immer wieder mit der wohldosierten Aufforderung zur selbständigen Aktivität *ermutigt* und konfrontiert zu werden. *Zwangsneurotiker* dagegen haben es sehr nötig, sich zu *Entscheidungen durchzuringen,* um ihre skrupulöse Unentschiedenheit zu beenden und sich der *Auseinandersetzung zu stellen.* Bei *Hysterikern* dagegen kommt es vorwiegend darauf an, ein *Ziel* miteinander abzusprechen und darauf ohne allzuviele Nebenwege hinzuarbeiten mit einer ständigen *Realitätskonfrontation.*

Dieses sind nur ein paar Leitlinien in dem großen eindrucksvollen und lehrreichen, aber dennoch recht gewagten Spiel, das wir miteinander erleben. Ich weiß auch, wie unvollkommen unsere Darstellungen sind, denn niemals kann einer von uns ganz die Größe und Öde der dämonischen Tragik einer schizophrenen Erkrankung oder einer »schwarzen« Melancholie — wie sie z.B. Dürer so eindrucksvoll in seinem Kupferstich darstellte — ausloten. Durch meine bisherigen Erfahrungen bin ich jedoch ermutigt und setze all mein Können, meine Kraft und meine Kunst mit größter Vorsicht ein, um bei den Gruppenteilnehmern im lebendigen Lernen die Angst vor dem Unheimlichen und Bedrohlichen der Psychosen und der psychisch Kranken zu verringern. Ich möchte ihnen mehr Verständnis und Wissen vermitteln, um mit diesen Menschen, die außer sich und ver-rückt sind, besser umgehen zu können und sie nicht zu isolieren.

Nach Beendigung des Spiels kümmere ich mich sehr intensiv um die Darsteller, lasse sie ihre persönlichen Erfahrungen während des Spiels aussprechen und mache Körperarbeit mit ihnen, um destruktive Regressionstendenzen aufzufangen und sie aus der depressiven Tiefe oder illusionären, paranoiden und gespannten Abkapselung und Vereinsamung wieder herauszuholen. Ihre intrapsychischen, psychosomatischen, interpersonalen und sozialen Erlebnisse und die der Zuschauer werden lange, intensiv und assoziativ angereichert besprochen und durchgearbeitet.

Auch die wieder aufgetretenen und erkannten Gefühlseinstellungen, die den Beziehungsmustern zugrunde liegen, werden reflektiert und dabei auftretende Störungen bearbeitet. Während dieses ganzen eindrücklichen Prozesses wird deutlich, wie sich die Einstellung gegenüber psychisch Krankhaftem verändert und die Kluft zwischen den sogenannten Gesunden und den Kranken sich verkleinert.
Da die Teilnehmer meistens aus sozialen Berufen kommen, haben sie bereits während ihrer Ausbildung Berührung mit diesem Stoff gehabt und zeigen sich oft erfreut und bereichert, in dieser Weise die Psychopathologie und Neurosenpsychologie noch einmal lebendiger lernen zu können. Interessierte werden auf spezielle Bücher verwiesen, von denen ich immer eine Anzahl mitbringe. Unzufriedene können ihre Störungen einbringen und bearbeiten. Dies tritt häufiger bei denen auf, die keine ausreichende TZI-Vorbildung haben oder deren Interessen in ganz anderen Bereichen liegen.

Meistens zeigen die Träume am nächsten Tag einen deutlichen Widerhall der tiefgehenen Arbeit, die die Gruppe geleistet hat.
Zur Stabilisierung der Teilnehmer empfiehlt sich eine ergänzende Gestaltungs- oder Körperarbeit, um wieder eine intrapsychische Balance herzustellen. In einer Theoriesitzung wird noch einmal der psychische Apparat nach Freud erläutert. Die abstrakten Begriffe des ES, ICH und ÜBERICH sowie des mit dem ES zusammenhängenden Primärprozesses und primären Narzißmus und des mit dem ICH korrespondierenden Sekundärprozesses und sekundären Narzißmus werden noch einmal eingehend erläutert (Tab. II). Die unbewußte und bewußte Psychodynamik, die zwischen ES, ÜBERICH und ICH ein Gleichgewicht zu erreichen versucht, um ein gesundes und stabiles Selbst entstehen zu lassen, wird mit den verschiedenen Entwicklungsmöglichkeiten dargestellt, u. U. sogar im Rollenspiel mit drei Gruppen. Das ES als Herkunft triebhafter und kreativer Potenzen wird von dem ÜBERICH entsprechend der Moral, Sitte und Ethik gezügelt ebenso wie durch das ICH mit Hilfe der Abwehrmechanismen in Anpassung an das Realitätsprinzip. Freuds von der Vernunft getragener Wunsch: »Wo ES war, soll ICH werden«, ist inzwischen relativiert worden. Aber immer noch nutzen wir den Traum als via regia, als Königsweg zu dem Unbewußten, zum mindesten zum Vorbewußten, um Menschen besser verstehen zu können und ihnen gerecht zu werden. Die vielen Störungen und Verstörtheiten, unter denen die Menschen leiden, sind als Ausdruck des Ungleichgewichts zwischen diesen drei starken Kräften in der menschlichen Seele anzusehen.

Die Persönlichkeit des Menschen wird neben diesen psychodynamischen Balanceakten jedoch auch noch geprägt durch die Entwicklungen aus den unterschiedlichen Antriebsbereichen. Um diese »Triebschicksale« und ihre Integrierung miteinander besser kennenzulernen und die Vielfältigkeit und Differenzierung der unterschiedlichen tiefenpsychologischen Charaktertypen zu vermitteln, biete ich der Gruppe das Thema an: *»Es ist ein Stück von mir.«* Wir arbeiten im fishbowl im Plenum, in dem jeweils ein Leiter oder Co-Leiter sitzt und nacheinander zu den schizoiden, depressiven, zwanghaften oder hysterischen Anteilen der Persönlichkeiten einlädt. Die Teilnehmer, die sich vorher schon mit Riemanns *»Grundformen der Angst«* und damit mit den vier unterschiedlichen, vorwiegenden Charakterformen auseinandergesetzt haben, machen anfangs zögernd, dann mit zunehmender Lust, Humor, aber auch Angst, Trauer und Erschütterung mit. Sie erkunden die Zusammensetzung ihrer Persönlichkeit, spüren unterentwickelte Anteile auf, die sie verstärken wollen, akzeptieren verpönte und bisher abgelehnte Persönlichkeitszüge, finden deren gute Seiten und fangen an, sich mit ihnen zu versöhnen. Am schwersten fällt es ihnen, störende, übermäßige Charakterseiten aufzufangen, zu neutralisieren und zu verändern. Schmerzhafte, bedrückende, aber auch hoffnungsvolle, erheiternde Erkenntnisse bereichern die Runde. Sogar die Teilnehmerin wird angenommen, die ihren schizoiden Charakteranteil so charakterisiert, daß sie sich weigert, in den fishbowl hinabzusteigen und abgekapselt draußen sitzen bleibt. Als Ergebnis dieser Sitzung erkennen viele, daß trotz peinlicher und bedrückender Gefühle sich die Ängste voreinander verringert haben, daß viele sich mehr mit sich selbst versöhnt haben und daß das Selbstverständnis jedes einzelnen sich verändern und wachsen konnte.

Die Kooperations-, Arbeits- und Trennungsphase

Im letzten Drittel unseres Gruppenprozesses beginnt jetzt die Kooperations- und Arbeitsphase, wenn genügend Auseinandersetzung stattgefunden hat. Nach einer theoretischen Übersicht über normale und abnorme Persönlichkeitsentwicklungen und den Objektbeziehungen der ersten 6 Jahre, entstanden in der frühoralen, oralen, anal-sadistischen und ödipalen Phase, wenden wir uns den Problemen der einzelnen Teilnehmer zu.

Die weitere Themengestaltung und Struktur liegt jetzt mehr in den Händen der Gruppe, nachdem ein wichtiges Basiswissen erarbeitet worden ist.

Es werden die *»schwierigsten Klienten oder Patienten«* bearbeitet, Gruppenkrisen, narzißtische, depressive Abhängigkeits- und Besitz- sowie Macht-, Autoritäts- und Rivalitätsprobleme, Geld und Geltung, Intimität, Zärtlichkeit und Sexualität, Männer- und Frauenfragen, institutionelle, familiäre und Partnerprobleme etc. Dazwischen treten immer wieder Störungen einzelner oder mehrerer aus der Gruppe auf, die in authentischer Weise interaktionell bearbeitet werden und sehr zur weiteren Arbeitsfähigkeit beitragen. Sehr bewährt hat es sich, bestimmte Komplexe mit den Supervisionsmodellen von HEIGL und HEIGL-EVERS oder Hartmut und Betty RAGUSE zu bearbeiten, evtl. gelenkte Dialoge einzuschalten, u. U. weitere Rollenspiele, evtl. auch Gestaltarbeit oder Psychodrama. Letzteres allerdings in möglichst geringem Umfang, um nicht zu viel psychotherapeutische Arbeit anzubieten, die die Teilnehmer später dann doch nicht selber machen können. Bestimmte Störungen oder Probleme werden in kleinen oder Untergruppen bearbeitet.
Obwohl ich meistens 6—7 Tage für diese Kurse benötige, stehe ich am Ende immer noch vor einigen ganz wichtigen Themen, die nicht ausreichend bearbeitet worden sind. Ich tröste mich und die Teilnehmer dann damit, daß es doch viele weitere TZI-Kurse in ihrem Leben geben kann.
Am Ende des Kurses sind die Teilnehmer soweit befriedigt oder, wenn unbefriedigt, doch erfüllt von dem, was sie erfahren und gelernt haben, daß sie in der Lage sind, sich voneinander — wenn auch schmerzlich — zu trennen. Die Trennungsfähigkeit ist eine der wesentlichsten und reifsten Eigenschaften, die ein Mensch im Verlauf seiner Entwicklung erreichen kann, sie beruht auf dem Vermögen, durch angemessene Trauerarbeit Verlusterlebnisse zu bewältigen.

Zusammenfassend kommt es mir darauf an, den Teilnehmern eines Krisenkurses die Beziehungmuster zu vermitteln, durch die Störungen und Verstörtheiten, Krisen und Konflikte entstehen können. Durch lebendiges Lernen können sie erfahren, welche anderen oder neuen Möglichkeiten für sie eine Lösung bedeuten, sie können mehr Verständnis für sich selbst und andere entwickeln und lernen, angstfreier mit psychisch Krankem oder Abnormem, auch in sich selbst, umzugehen.
Jeder Kranke hat auch gesunde Anteile seiner Persönlichkeit, und jeder von uns sogenannten Gesunden hat auch kranke Anteile, mit denen auseinanderzusetzen es sich lohnt, eine Chance bedeuten kann.
Wie kann ich meinen Nächsten lieben wie mich selbst?
Liebe Deinen Nächsten, denn er ist wie Du (Martin Buber),
auch wenn er ver-rückt ist, wenn etwas in ihm sich verrückt hat,
— denn irren ist menschlich!

Rolf Birmelin

Geboren 1945. Unternehmensberater, Organisationsberater und TZI-Gruppenleiter. Ich sammelte 8 Jahre praktische Erfahrung als Verkäufer und Verkaufsleiter bei bedeutenden Markenartikelunternehmen der Konsumgüterbranche.
Vor meiner Selbständigkeit 1978 war ich 6 Jahre verantwortlich für das gesamte Verkaufs- und Managementtraining der Außendienstorganisation der Firma Mars-Schokoladen.
Heute bin ich geschäftsführender Gesellschafter der Birmelin & Partner GmbH, Trainings- und Beratungsgesellschaft in Wiesbaden. Diese Gesellschaft arbeitet in den Bereichen: Organisationsentwicklung, Persönlichkeitsentwicklung sowie Moderation, Training und Beratung in Vertriebs- und Marketingfragen.

Struktur — Prozeß — Vertrauen

Skizzen einer Organisationsentwicklung

In meiner Tätigkeit als Unternehmensberater und Trainer begegnet mir das Thema Struktur — Prozeß — Vertrauen immer wieder. Besonders in der Organisationsentwicklung (OE), bei der nicht nur wenige Entscheider, sondern ganze Abteilungen, Gruppen oder Organisationen anfallende Probleme selbst lösen. Dabei sind mir meine Erfahrungen als TZI-Gruppenleiter in der Beratung und Moderation von Arbeitsbesprechungen/workshops sehr hilfreich, da Haltung und methodisches Handwerkszeug der TZI in idealer Weise den Anforderungen der Organisationsentwicklung entsprechen. In meiner Funktion als Berater sehe ich mich dabei nicht als Fachspezialist (inhaltlicher Problemlöser), sondern als partizipierender Leiter. Gelingt es, daß in dem Beratungsprozeß alle Beteiligten

— das Problem verstehen
— Zusammenhänge und Hintergründe von Entscheidungen erkennen
— die Möglichkeit haben, ihre Meinung zu äußern, auch wenn sie Minderheiten angehören
— Lösungen finden, bei denen sich niemand als Verlierer fühlt
— an der Planung, Entscheidung und Durchführung der Aufgabe beteiligt sind,

dann ist die Chance groß, daß sich Vertrauen entwickelt und die Teilnehmer die gefundene Problemlösung akzeptieren bzw. mitverantworten. Damit ist eine emotionale und sachliche Basis geschaffen, auf der tragfähige Veränderungsprozesse erfolgen können. Diese so simplen Voraussetzungen helfen, Energien zu bündeln, Kräfte zu konzentrieren und so jede Organisation langfristig leistungsfähiger, humaner und lebendiger zu machen.

Organisationen, in denen
— nur wenige »das Sagen« haben
— viel verschleiert, wenig informiert wird
— die Mitarbeiter nicht um ihre Meinung gefragt werden
— Kritik als Demotivation abgewertet oder sogar bestraft wird
— die Mitarbeiter nur auf der Sachebene Kontakt miteinander haben,

kann keine vertrauensvolle Beziehung zwischen den Menschen entstehen. Dies hat in der Regel zur Folge, daß auf der Sachebene Entscheidungen boykottiert werden, indem die Mitarbeiter oftmals passiven Widerstand leisten.

Solche Organisationsstrukturen blockieren und demotivieren die Mitarbeiter und behindern die Leistungsfähigkeit einer Organisation. Unter solchen Bedingungen werden Energien zum Teil nutzlos verschleudert oder überhaupt nicht frei. Es wird Mißtrauen und Angst ausgelöst, was angepaßtes Verhalten und Lustlosigkeit verstärkt.

Die Kreativität und das vorhandene Potential des einzelnen werden so nicht genutzt, wodurch das Wachstum aller Betroffenen und somit auch der Organisation behindert bzw. verhindert wird.

Wir leben in einer Zeit, die u. a. geprägt ist von Technik und Leistungsdruck einerseits, von dem Wunsch nach mehr Menschlichkeit und mehr Lebensqualität andererseits. Ich glaube daran, daß wir eine gute Chance haben, unsere Zukunft sinnvoll und friedlicher miteinander zu gestalten, wenn es uns gelingt und wenn wir bereit sind, neue Formen der Zusammenarbeit und das Zusammenlebens zu versuchen.

Haltung und methodischer Ansatz der TZI sind hilfreicher Kompaß, um menschliche und aufgabenorientierte Ziele zu realisieren. Am Beispiel der Organisationsentwicklung für das »Werkstatt Institut für Lebendiges Lernen (WILL)« werde ich versuchen, einige Aspekte von Struktur — Prozeß — Vertrauen zu beschreiben.

Informationen über Ziele, Aufgaben und Struktur der WILL-Organisation

Damit Sie sich in die Zusammenhänge einfühlen können, gebe ich Ihnen zunächst einige Informationen über die Organisation des Institutes.

- WILL ist ein Workshop-Institut für lebendiges Lernen.
  WILL wurde von Ruth Cohn und anderen erfahrenen Psychotherapeuten und Analytikern 1966 in New York mit dem Ziel gegründet, »Ausbildung zum TZI-Gruppenleiten« anzubieten
- 1972 erfolgte die Gründung von WILL-Europa. Diese Organisation bietet eine Ausbildung zum TZI-Gruppenleiter an. WILL-Europa zählt heute ca. 900 Mitglieder.
- Das Interesse an der TZI-Ausbildung und an TZI-Seminaren nahm ständig zu. Der Wunsch der einzelnen Mitglieder, sich auch öfter außerhalb der Ausbildungskurse zu treffen, war vorhanden. Bedingt durch räumliche Nähe und Verbundenheit auf regionaler Ebene sind selbständige WILL-Gruppierungen entstanden. Daraus entwickelten sich in einigen Nationen und Regionen selbständige WILL-Vereine, die ihrerseits ebenfalls die TZI-Ausbildung anbieten. Ihre Mitgliederzahl beträgt insgesamt ca. 1100.
- Die zentrale Organisation WILL-Europa ist verantwortlich für den Ausbildungsstandard. Nur sie spricht die Befähigung zum TZI-Gruppenleiter aus.
- Um als einzelnes Mitglied auf regionaler und auf europäischer Ebene verbunden und informiert zu sein, ist eine Doppel-Mitgliedschaft notwendig.

Soviel in Kurzform zur Struktur der WILL-Organisationen

Wo liegt das Problem?
Woher kam der Wunsch nach Veränderung der Organisationsstruktur?

Viele Mitglieder der einzelnen WILL-Organisationen sind mit der bestehenden Vereinsstruktur unzufrieden; z.B.:

— Doppelmitgliedschaft kostet doppelten Beitrag (Finanzen)
— die Entscheidung über die Befähigung zum TZI-Gruppenleiter oder zur Lehrbefähigung wird nur von der Ausbildungskommission von WILL-Europa ausgesprochen (Macht)

— Ausbildungsstandards werden nur von der Ausbildungskommission von WILL-Europa festgelegt (Macht)
— Die Administration nahm, bedingt durch die wachsende Mitgliederzahl, ständig zu (Zuviel »Vereinsmeierei« — zuviel Vereinsstruktur)
— Fehlende Integration der WILL-Organisationen außerhalb von Europa und von WILL-England
— Der Wunsch der regionalen Vereine nach mehr Selbständigkeit in Ausbildungsfragen, fachlicher Kompetenz und Organisation nahm ständig zu.

Der Vergleich zwischen Eltern (WILL-Europa) und selbständig werdenden Kindern (WILL-Regionen) entspricht sehr der Situation.

Der Prozeß der Loslösung bei gleichzeitigem Wunsch nach Verbundenheit war deutlich spürbar.

Es wurde bereits über Jahre viel diskutiert; von Einzelpersonen oder einzelnen Gruppen wurden Vorschläge zur Veränderung erarbeitet, die aber alle im Ansatz steckenblieben.

So wurde viel Kraft und Energie verschleudert, weil es nicht gelang, alle betroffenen WILL-Organisationen miteinander ins Gespräch zu bringen.

Einstieg in den TZI-OE-Prozeß für WILL

Ich war es leid, immer wieder mit den alten Konflikten konfrontiert zu werden, Kraft zu verschleudern und keine Fortentwicklung zu erleben. Andererseits war mir klar, daß wir nur dann eine Chance zur Veränderung haben, wenn es uns gelingt, alle WILL-Organisationen gleichberechtigt miteinander ins Gespräch zu bringen, so daß alle Interessen berücksichtigt werden können.

Deshalb entwickelte ich zusammen mit Konrad Stopp ein Strategiepapier über eine mögliche Prozeßplanung, die das Ziel hatte, alle interessierten WILL-Mitglieder in den Entwicklungsprozeß zur Neu-Strukturierung von WILL einzubeziehen.

Anläßlich einer Mitgliederversammlung von WILL-Europa, dem nach wie vor größten WILL-Verein, präsentierten wir den Vorschlag.

Die anwesenden Mitglieder sprachen uns ihr Vertrauen aus, und der Vorstand von WILL-Europa beauftragte uns, die Neu-Strukturierung von WILL mit einem Team (Planungsteam) zu organisieren.

Für die Arbeitsgruppe gab es dann außer Konrad Stopp und mir weitere sechs Bewerber.

Aus Gründen der
— Wirtschaftlichkeit (Fahrt- und Tagungskosten) und der
— Arbeitsfähigkeit
hatten wir es uns zur Auflage gemacht, das Planungsteam auf 5 Mitarbeiter zu begrenzen. Deshalb versuchten wir gemeinsam in einem 3stündigen Gespräch, an dem alle an der Mitarbeit in der Arbeitsgruppe Interessierten sowie Beobachter anwesend waren, einen Entscheidungsprozeß ohne Wahlen.
Unter der Frage:

»Was motiviert mich, mit wem möchte ich gerne und was qualifiziert mich besonders, in diesem Team mitzuarbeiten?«

lernten wir uns kennen und diskutierten über unsere Vorstellungen.
Wir fanden einen Konsens, ohne die demokratischen Spielregeln zu sehr zu strapazieren, denn wir hatten äußere Grenzen, die besagten, wir haben noch drei Plätze zu vergeben und haben sechs Bewerber und müssen uns entscheiden.
Die Entscheidung fiel durch die Gruppe auf Elisabeth Miescher, Fritz Hoos und Delf Schnappauf.
Die anderen Bewerber haben zum Teil selbst aufgrund der Diskussion ihre Bewerbung zurückgezogen bzw. die vorgegebenen Rahmenbedingungen akzeptiert.

Welche Strukturen haben wir (das Planungsteam) gesetzt? Welche Auswirkungen hatten sie auf den Prozeß und auf das Vertrauen?

Das Planungsteam mußte Systeme und Instrumente entwickeln, die es ermöglichten, daß ca. 2000 Mitglieder miteinander zum gleichen Thema ins Gespräch kommen. Um diesen Organisationsentwicklungsprozeß zu strukturieren, war ein systemumfassendes Denken, wie es durch das Modell der TZI ausgedrückt wird, notwendig. Der einzelne (ich), die Gruppe (wir), das Thema (es) muß unter der Berücksichtigung der Umweltbedingungen (globe) so in Zusammenhang gebracht werden, daß Wachstum möglich ist.
Dabei war es unser erklärtes Ziel, die Basis, also alle interessierten Mitglieder, in den Meinungsbildungsprozeß mit einzubeziehen. Wir waren uns einig, daß wir dabei die Realität (Globe): Kapazitäten und Kosten nicht übersehen durften.
Die meisten Arbeiten in den WILL-Organisationen werden durch die Mitglieder ehrenamtlich geleistet. Dies galt es für uns bei der Planung zu berücksichtigen.

Wir waren uns einig, daß außer schriftlicher Informationsvermittlung der Standpunkte ein persönliches Treffen von Delegierten notwendig war. Meinungen, Tendenzen und Emotionen aus den einzelnen WILL-Gruppen zu erfahren, kann Papier allein nicht leisten. Somit entschieden wir uns für die Durchführung von Delegiertenversammlungen.
Die einzelnen WILL-Regionen, -Nationen und -Vereine sollten ein bis zwei Delegierte aus ihrem Kreis wählen, die ihre Ideen und Interessen bei den Delegiertenversammlungen vertreten.
Ein weiterer zentraler Gedanke unserer Planungsüberlegungen war es, soviel Transparenz wie nur möglich zu schaffen.
Gerade da wir nicht ständig mit allen Mitgliedern in persönlichem Kontakt stehen konnten, schien es uns wichtig, schriftlich soviel wie möglich zu informieren.
So berichteten wir von Anfang an allen Mitgliedern über unsere Termine, Arbeitsschritte, Eingang von Informationen, Meinungen, stellten Fragen und verteilten die Antworten trotz einer von uns durchgeführten Zusammenfassung als Fotokopie an alle Regionen, Vereine und Nationen im Original. (Kopien der Originale)
Obwohl der Papieraufwand sehr groß war, erschien es uns wichtig, jedem interessierten Mitglied so die Möglichkeit zu geben
a) die Planungs-/Prozeßstruktur
b) die inhaltlichen Standpunkte der einzelnen WILL-Organisationen nachzuvollziehen.
Schließlich ging es nicht darum, unsere Ideen (die Ideen der Mitglieder des Planungsteams) zu realisieren, sondern die aller WILL-Mitglieder in den einzelnen Organisationen.
Deshalb stellten wir noch einmal im ersten Bericht des Planungsteams unter folgender Überschrift unsere Rolle dar
»WILL-Europa-Planungsteam — was wir tun«
— Wir planen den Entscheidungsprozeß so, daß sich die Betroffenen (Mitglieder aller WILL-Organisationen) beteiligen können
— Wir sorgen für Transparenz
— Wir ermöglichen, daß Fragen gestellt und Probleme benannt werden
— Wir sammeln Informationen und geben diese weiter
— Wir lösen Prozesse aus — begleiten diese Prozesse — hören zu — fassen zusammen
— Wir geben die Zusammenfassung zur Diskussion an die Gremien, die Regionen und die Basis zurück
— Wir sammeln Antworten, ordnen sie und verteilen sie wieder an alle Beteiligten und Betroffenen
— Wir sind Prozeß-Planer und Prozeß-Begleiter.

Was wir nicht tun:
— Wir bieten keine Lösungen und Vorschläge für eine neue WILL-Struktur an.
Trotz alledem hat es sehr lange gedauert, bis die Mehrzahl der Mitglieder sich im klaren darüber waren, daß nicht das Planungsteam, sondern sie selbst die Macht und die Verantwortung der Entscheidung und Beeinflussung des Prozesses hatten.
Noch vor der ersten Delegiertenversammlung, ca. 4 Monate nach dem Beginn der Planung, informierten wir alle WILL-Mitglieder über unsere Vorstellungen, den Prozeß in sechs Phasen zu strukturieren (Schema Seiten 126 und 127).
Sie hatten Gelegenheit, in ihrer home-group darüber zu diskutieren, sich eine Meinung zu bilden und ihren Delegierten Anregungen oder Wünsche zur Veränderung der Planung aufzutragen.

Ich habe erlebt, daß
— die Bereitschaft zur Transparenz
— die Möglichkeit, bereits in der Prozeßplanungsphase mitbestimmen zu können
— das Gefühl, den Zusammenhang zu sehen und gut informiert zu sein
gerade auch in der Anfangsphase viel Vertrauen entwickelt hat.

Die Delegiertenversammlung

Bedingt durch die frühe und umfangreiche Information sowie das starke Interesse der einzelnen Organisationen schickten fast alle Gruppen einen oder zwei Delegierte zu dieser 2½tägigen Delegiertenversammlung.

Viele kannten sich, einige waren sich fremd. So war es uns bereits in der Planung des Treffens klar, daß wir trotz vieler drängender Sachfragen zunächst genügend Zeit und Raum geben mußten zum Kennenlernen.

Erst nachdem in dieser neu formierten Gruppe jeder einzelne das Gefühl der Sicherheit und ein Minimum an Vertrauen entwickeln konnte, war die Arbeitsfähigkeit vorhanden.

Danach war es uns wichtig, zunächst auch inhaltlich noch einmal einen Schritt zurückzugehen, d.h. obwohl die meisten bereits Vorschläge und Ideen zur Umstrukturierung der Organisation parat hatten, gingen wir

mit den Teilnehmern gedanklich noch einmal zurück zum Ausgangspunkt dieses Prozesses.
Damit aber die bereits mitgebrachten Ideen und Vorschläge für einzelne nicht als Störungen auftraten, stellten wir große Kommunikationswände auf, mit der Bitte, alle Phantasien aufzuschreiben und an die Wand zu heften.
Dann beschäftigten wir uns mit folgenden Fragen, die im Mittelpunkt der gesamten Delegiertenversammlung standen:
a) Wir formulieren unsere Ziele und Erwartungen in WILL
b) Wir formulieren unsere Probleme in WILL
c) Wir überlegen, was neue Strukturen leisten sollen.
Die Inhalte wurden zum Teil im Plenum, zum Teil in Kleingruppen formuliert und allen sichtbar gemacht.
Mit dieser Maßnahme schufen wir die Möglichkeit, daß alle den gleichen Informationsstand hatten, sich niemand übergangen oder überrollt fühlte.
Die Delegierten sollten diese Fragen auch noch einmal in ihrer home-group beantworten und uns ihre Ergebnisse in schriftlicher Form zurückmelden.
Der Effekt war, daß wir so in den einzelnen WILL-Gruppen all denen die Möglichkeit gaben, sich an der diffizilen Diskussion zu beteiligen, die die Zusammenhänge bisher nur teilweise verstanden hatten.
Auch diese Maßnahmen hat dazu beigetragen, weiteres Vertrauen in den Prozeß zu entwickeln.
Eine entscheidende Maxime der weiteren Planung war es, immer nur kleine überschaubare Schritte zu gehen. Die Gefahr ist sehr groß, bedingt durch Zeitdruck, Ungeduld und Forderungen von einzelnen, zu schnell voranzugehen.
Es ging nicht darum, künstlich etwas zu verzögern, aber wir mußten darauf achten, daß möglichst alle, die wollen, die Chance haben, inhaltlich und zeitlich mitzukommen.
In diesem speziellen Prozeß war es für mich jeweils das Wichtigste, zunächst ein *Minimum an Erwartungen* pro Arbeitsschritt zu formulieren, damit das Ziel mit größter Wahrscheinlichkeit erreicht werden kann. Die so ermöglichten kleinen Erfolgserlebnisse im gemeinsamen Prozeß schafften viel Motivation für die nächsten Schritte.
Das Vertrauen in das Gelingen, die Bereitschaft, sich auseinanderzusetzen, zu kooperieren und Kompromisse zu schließen, nahm dadurch ständig zu. So war es nicht überraschend, daß bei den beiden großen Mitgliederversammlungen von WILL-Europa die grundsätzlichen Überlegungen, einen Dachverband WILL-International zu gründen, mit nur wenigen Gegenstimmen angenommen wurde.

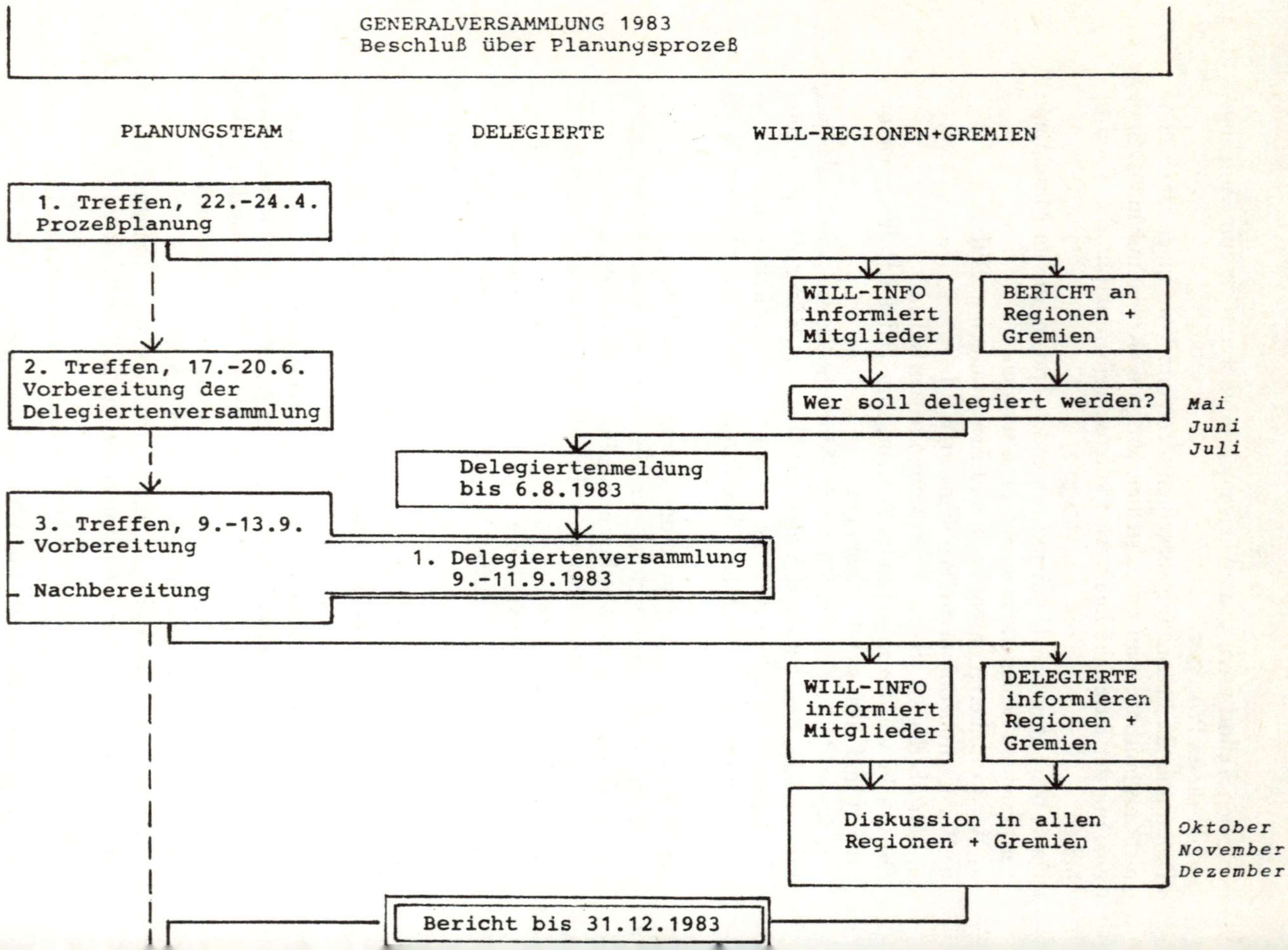
GENERALVERSAMMLUNG 1983
Beschluß über Planungsprozeß
PLANUNGSTEAM
DELEGIERTE
WILL-REGIONEN+GREMIEN
1. Treffen, 22.-24.4.
Prozeßplanung
WILL-INFO informiert Mitglieder
BERICHT an Regionen + Gremien
Phase 1
2. Treffen, 17.-20.6.
Vorbereitung der Delegiertenversammlung
Wer soll delegiert werden?
Mai
Juni
Juli
Delegiertenmeldung bis 6.8.1983
3. Treffen, 9.-13.9.
Vorbereitung
Nachbereitung
1. Delegiertenversammlung 9.-11.9.1983
WILL-INFO informiert Mitglieder
DELEGIERTE informieren Regionen + Gremien
Phase 2
Diskussion in allen Regionen + Gremien
Oktober
November
Dezember
Bericht bis 31.12.1983

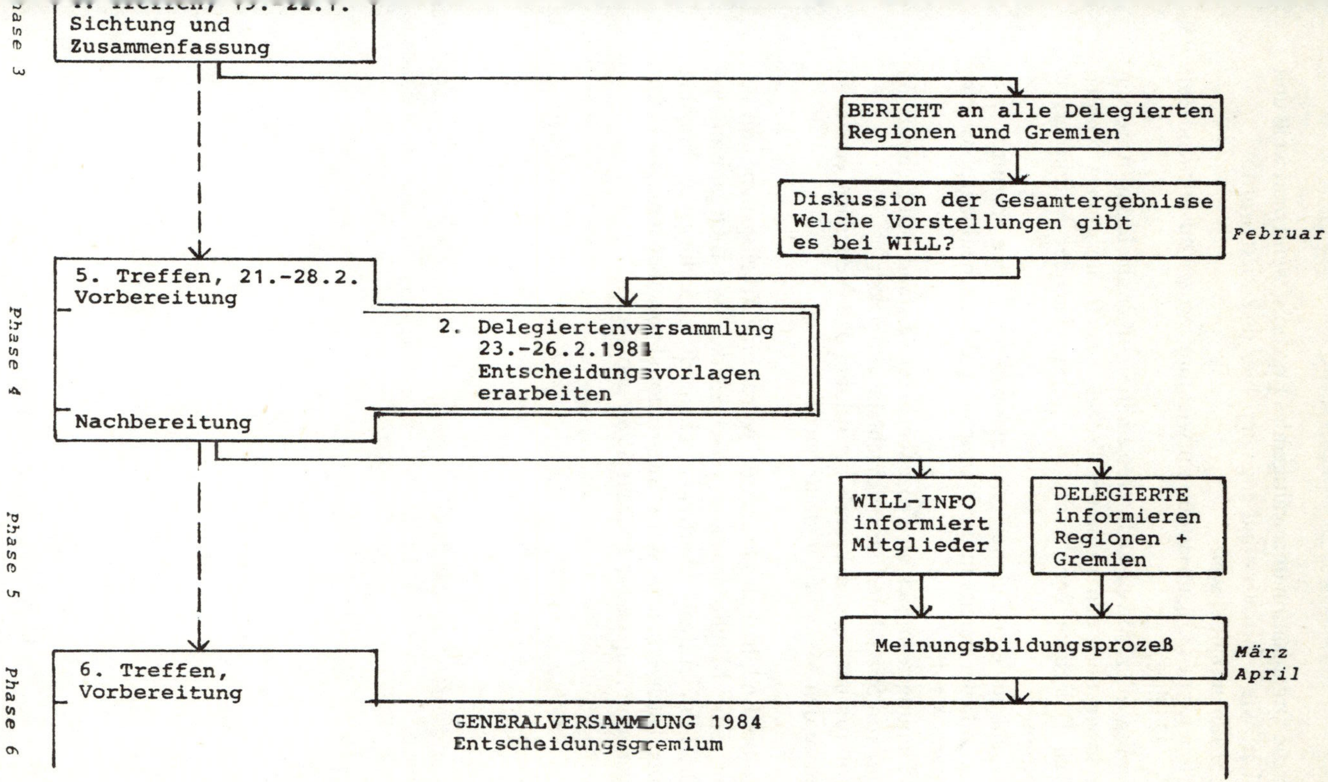

WILL-EUROPA
PLANUNGSTEAM

ABLAUF-ÜBERSICHT

Ein für die Organisation überwältigendes Ergebnis, wenn man weiß und erlebt hat, wie kontrovers und engagiert hier diskutiert wurde.
Dies war nur möglich, weil
— wir uns für den Organisations-Entwicklungsprozeß ausreichend Zeit ließen (2 Jahre)
— alle Mitglieder, soweit sie Interesse hatten, über alle Ideen, Anregungen sowie über den gesamten Prozeß bestens informiert wurden (durch Delegierte / Bericht des Planungsteams / oder Mitgliederversammlung)
— wir nicht zuviel auf einmal erreichen wollten (kleine Schritte)
— die Mitglieder bereits in die Planungs- und Entscheidungsphase einbezogen wurden
— das Planungsteam sich als Prozeßbegleiter verstand und nicht als ein Team von Spezialisten, das Vorschläge entwickelt
Die Struktur hat so den Prozeß beeinflußt, daß Vertrauen entstehen konnte, zu den Menschen und zur Sache.

Jetzt, in der Endphase des Prozesses, wurde eine Arbeitsgruppe von sieben bis acht Mitgliedern aus verschiedenen WILL-Organisationen gewählt, die die Aufgabe übertragen bekam, die Gründungsversammlung des neuen Dachverbandes WILL-International vorzubereiten. Die Gründungsversammlung ist für Februar 1986 geplant.

Irene Amann und Gerda Quast

Irene Amann
Pädagogin, Gymnasiallehrerin; TZI-Ausbildung bei Ruth C. Cohn und am Workshop Institute for Living Learning (WILL); Lehrtrainerin bei WILL; Gestalt-und Bioenergetikausbildung bei Wolf Büntig und Rainer Frank. Ich arbeite als Lehrerberaterin an einem Münchener Gymnasium und bin in freier Praxis tätig in Beratung, Fortbildung, Therapie. Mein Arbeitsschwerpunkt ist derzeit die Verbindung von TZI und Bioenergetik.

Gerda Quast
Geboren 1940. Studium der Germanistik, Geschichte, Soziologie und Schulpsychologie. Seit 1967 Lehrerin am Gymnasium (Deutsch, Geschichte, Sozialkunde, Ethik), nach 10 Jahren Schulalltag mit den üblichen Schwerpunkten Wissensvermittlung und Verwaltung berufliche Krise und Suche nach neuen Perspektiven. Ausbildung in TZI und täglich neue Versuche, Lehren, Lernen, Leben auch unter den gegebenen Schulbedingungen zu verbinden. Viel Freud und Leid. Neben dem Unterricht tätig in der Lehrerfortbildung.

Lehrerfortbildung mit Themenzentrierter Interaktion

— oder: der Einzelne, die Gruppe und der Stoff

Wenn Lehrer an TZI-Kursen teilnehmen, ist ihr Motiv meist Unzufriedenheit im Beruf. Sie leiden an der Diskrepanz zwischen pädagogischem Anspruch und schulischer Wirklichkeit. Eine Teilnehmerin formulierte es einmal so: »Oft komme ich mir vor wie ein Jongleur, der mit einem Dutzend Bällen zugleich arbeiten soll. Darauf fühle ich mich trotz meiner langen Ausbildung nicht vorbereitet. Ständig habe ich Angst, daß mir alles aus der Hand gleitet.«

Wir — die Autorinnen des Artikels — kennen diesen Berufsalltag aus langjähriger eigener Erfahrung. Allgemeinverbindlichen Stoff vermitteln und dem einzelnen Schüler gerecht werden, Bürokratisches sachgerecht erledigen und wissenschaftlich auf dem Laufenden sein, für Disziplin sorgen und Heranwachsende zu Selbständigkeit erziehen — nur wenige Lehrer sehen sich imstande, das alles gelassen und organisch zu verbinden.
Wer in diesem Spannungsfeld von Anforderungen steht und nach Möglichkeiten sucht, seine persönliche Situation und die Zusammenarbeit mit den Schülern befriedigender zu gestalten, der kann in TZI-Kursen ausprobieren, wie sich Lernen und Arbeiten in der Gruppe so gestalten läßt, daß die daran Beteiligten als ganze Menschen, mit ihren Gefühlen, Erfahrungen, Erwartungen und sozialen Bedürfnissen angesprochen und einbezogen sind.
TZI-Kurse werden in verschiedener Form angeboten. Es gibt 2—5tägige Seminare, von privaten Instituten oder der staatlichen oder regionalen Lehrerfortbildung organisiert, die für alle Lehrer offen sind. Daneben existieren langlaufende Gruppen mit Lehrern aus einer oder mehreren Schulen, und manchmal fordert ein ganzes Kollegium einen TZI-Gruppenleiter für ein Wochenende an. Vereinzelt integrieren Seminar-Lehrer TZI auch schon in die zweite Phase der Lehrerausbildung.
TZI wird jeweils nicht nur als Inhalt vermittelt, sondern prägt den Ablauf der Kurse. Selbst bei gleicher Ausschreibung gestaltet sich jeder Kurs anders. Der Gruppenleiter plant den Verlauf nur im Groben, behält die jeweiligen Ziele im Auge, setzt aber dann im einzelnen Themen und Strukturen, die dem Prozeß der Gruppe entsprechen.
Es ist systemimmanent, daß TZI-Kurse nicht standardisiert werden. Das mag als Nachteil erscheinen, wenn man die Ergebnisse evaluieren will. Für die Teilnehmer bietet jedoch gerade diese Flexibilität die Chance, daß sie ihre speziellen Anliegen, Bedürfnisse und Probleme zur Geltung bringen und daß ihr Lernen in eigener Verantwortung geschieht. So paradox es klingen mag: Gerade die Einsicht, daß sich ein lebendiger Lernprozeß nicht schematisieren läßt, daß man z. B. den Stundenverlauf in Klasse a nicht einfach für Klasse b übernehmen kann, ist wesentliche Voraussetzung dafür, TZI aus den Lehrerkursen wirksam in den Unterricht zu übertragen.
Wie in TZI-Kursen und Gruppen gearbeitet wird und welche Konsequenzen sich daraus für die praktische Arbeit in der Schule ergeben können, wollen wir an drei konkreten Beispielen veranschaulichen. Sie sind so ausgewählt, daß jeweils ein anderer Schwerpunkt ins Blickfeld rückt:
— Arbeit an der eigenen Persönlichkeit
— Unterrichtsreflexion
— Unterrichtsvorbereitung

1. Beispiel:
Als Lehrer sein ›eigener Chairman‹ sein — oder:
Ich selber bin mein wichtigstes Instrument

›Chairman sein‹ heißt, die eigene innere und die äußere Realität möglichst bewußt wahrnehmen und sich auf dieser Basis in jedem Augenblick verantwortlich entscheiden. Erst dieser Sinn für Realität läßt den innerhalb der eigenen Bedingtheit und Abhängigkeit gegebenen Spielraum erkennen.
Ein solcher Respekt vor den inneren und äußeren Bedingungen der Beteiligten kommt im Schulalltag leicht abhanden, wo Lehrer und Schüler gewöhnt sind, sich nicht an dem zu orientieren, was *ist,* sondern an dem, was *sein soll.* Die fernen Lern-Ziele haben mehr Bedeutung als die täglichen Lern-Schritte. Das führt dazu, daß wir in der Schule zu leicht vor vermeintlichen Sachzwängen und Autoritäten kapitulieren und es zu schnell aufgeben, Sachalternativen zu entdecken und zu verwirklichen. Der erste Schritt, Menschen ernst zu nehmen, Schüler als Personen wahrzunehmen, ist für den Lehrer, sich selbst in seiner Eigenart zu sehen und anzunehmen. In einem 5tägigen Kurs mit dem Schwerpunkt, ›Verbindung von Stofflernen und Persönlichkeitsförderung‹, den ein staatliches Fortbildungsinstitut für Lehrer verschiedener Fachrichtungen und Schularten veranstaltete, ging es immer auch um diese Thematik.
Wir beschreiben hier die ersten drei Sitzungen.

1. Sitzung:
Thema: *»Ankommen — bei mir, bei euch, bei unserem Thema«*

Struktur:
a) Hinführung zum Thema durch geleitetes Schweigen mit den Schwerpunkten: sich wahrnehmen im Augenblick (Körperempfindungen, Gedanken, Gefühle) — sich erinnern an die Motive für die Anmeldung — Wünsche und Ziele im Hinblick auf die bevorstehende Arbeit
b) Vorstellungsrunde (ohne Interaktion)
c) Plenumsgespräch mit dem Anstoß: »Was hat mich angesprochen? Worauf möchte ich reagieren?«

Verlauf:
Die Teilnehmer nennen ganz unterschiedliche Motive und Ziele: Erwerb von Kenntnissen und Fertigkeiten, um besser und leichter unterrichten zu können, Reflexion der täglichen Arbeit und der eigenen Rolle, Ent-

wicklung von persönlicher Sicherheit, von Sensibilität und Kontaktfähigkeit. Einige wollen vor allem abschalten und sich erholen. Wo Übererwartungen und Konsumhaltung deutlich werden, vertritt die Leiterin das Realitätsprinzip und verweist auf die Selbstverantwortung der Teilnehmer. Sie grenzt den Kurs ab von Therapiegruppe und pädagogischem Schnellkurs, der innerhalb von 5 Tagen perfekte Lehrer produziert. Ein Schwerpunkt des Gesprächs wird die Frage der Anrede: ›Du‹ oder ›Sie‹! Einige Teilnehmer und die Leiterin sind das ›Du‹ von der Arbeit in Gruppen gewohnt. Im Rahmen der staatlichen Fortbildung ist es nicht üblich. Die Entscheidung bleibt offen, und tatsächlich ziehen einige Teilnehmer vor, beim ›Sie‹ zu bleiben, wenn es ihnen auch schwer fällt, dazu zu stehen, denn sie befürchten Gruppendruck zum ›Du‹. Im Zusammenhang damit regt die Leiterin die Teilnehmer an, auch selbst darauf zu achten, daß sie in dieser Woche das bekommen, was sie brauchen, und sich zu äußern, wenn sie innerlich nicht mitgehen können oder wollen.

Bemerkung:
Mit dem weit gespannten Anfangsthema wird zwischen dem Umfeld, aus dem die Teilnehmer an diesem Tag gekommen sind, und der momentanen Situation eine Brücke geschlagen. Der Schwerpunkt dieser Sitzung liegt bei den einzelnen, beim ICH, auch wenn daneben durch erste Kontaktaufnahme zu den anderen und durch den Einstieg ins Thema der Woche die anderen Faktoren (WIR und ES) berücksichtigt werden. Thema und Struktur geben Halt, sie zentrieren das Gespräch, lassen Raum für unterschiedliche Interessen und laden zur Interaktion ein. Übung, Vorstellungsrunde und Leiterinterventionen regen an, bewußt wahrzunehmen und nur das zu tun und zu sagen, was für jeden in dieser Situation stimmig ist.

Überlegungen für die nächste Sitzung:
Viele Teilnehmer haben in der ersten Runbde von ihrer Überforderung in der Schule gesprochen, von dem dort erlebten Anpassungsdruck und von dem Wunsch und der Unmöglichkeit, die eigenen Vorstellungen vom Lehrersein zu verwirklichen. Es bietet sich an, diese Thematik noch einmal aufzugreifen und zu vertiefen. Um zu vermeiden, daß ein allgemeines Klagelied über die Schulverhältnisse angestimmt wird, wie es öfter in Lehrergruppen der Fall ist, liegt auch im folgenden der Akzent bei der eigenen Person.

2. Sitzung:
Thema: »*Wie bin ich Lehrer, wie möcht' ich sein?*«

Struktur:

a) Hinführung zum Thema: kurzes geleitetes Schweigen mit Fragen, die Assoziationen wecken — In welchen Situationen fühle ich mich als Lehrer wohl? Welche bereiten mir Unbehagen? Wann finde ich mich gut, wann schlecht? Wie möchte ich sein? Woher habe ich meine Maßstäbe?
b) Gespräche in Vierergruppen
c) Plenum: kurze Besinnung »Was geht mir aus dem Gespräch in der kleinen Gruppe nach?«

Verlauf:
Mehreren Teilnehmern wird im Gespräch bewußt, wie sie vor allem das registrieren, was ihnen mißlingt. Gelungenen Unterricht, befriedigenden Kontakt mit Schülern beachten sie kaum. Sie erkennen, wie sie sich mit ihrer Idealvorstellung unter Druck setzen und lähmen. Einigen fällt auf, wie sehr ihre Vorstellungen von Unterricht noch von der eigenen Schulzeit geprägt sind, wie in ihnen der Schüler von früher und der Lehrer von heute in Konflikt geraten, wie das überkommene Trachten nach Ruhe und Disziplin im Unterricht mit dem Wunsch, möglichst aktive und lebendige Schüler in der Klasse zu haben, kollidiert. Einige Teilnehmer klagen über bevormundende Vorgesetzte und restriktive Strukturen und entdecken plötzlich, indem andere ähnliche Bedingungen anders erleben, daß sie die vorhandenen Spielräume gar nicht voll wahrnehmen und ausnützen.

Bemerkung:
Lehrer wissen meist wenig davon, wie ihre Kollegen konkret im Unterricht arbeiten, und viele sind es kaum gewohnt, ihre eigenen Vorzüge, Unzulänglichkeiten und Wünsche vor anderen auszusprechen; deshalb werden Gespräche zu viert vorgeschlagen. Denn die kleinen Gruppen ermöglichen mehr Intimität und erleichtern es den einzelnen, zu sich zu stehen, mehr von sich zu geben und von anderen zu erfahren, als im Plenum möglich ist. Sie helfen außerdem, daß aus den vielen einzelnen allmählich das WIR entsteht, und dienen somit der dynamischen Balance. Damit sich im Plenum ein neues Gespräch entwickelt und nicht nur Gruppenergebnisse referiert werden, enthält der Einstieg die Aufforderung, das Wichtige auszuwählen.

Überlegungen für die nächste Sitzung:
Der Leiterin geht aus dem Gespräch der Satz eines Teilnehmers nach: »Egal, was in der Klasse passiert, ich muß Haltung bewahren.« Grundsätzlich Neues möchte sie in der Abendsitzung des ersten Tages nicht mehr beginnen, eher dieses ›Haltung bewahren‹ noch vertiefen. Die Teilnehmer sollen erleben können, wie sich ihre Grundhaltungen körperlich ausdrücken, wie sie ihre persönliche Geschichte und ihren Alltag ›verkörpern‹.

3. Sitzung:
Thema: *»Ach, wie gut, daß niemand weiß...«*

Struktur:
a) Übung, deren Phasen jeweils durch Anweisungen eingeleitet werden:
   — entspannt stehen, auf den Atem achten, die eigene Körperhaltung wahrnehmen
   — sich vorstellen: ›Welche Seite von mir zeige ich in meinem Beruf‹? und eine Haltung einnehmen, die das ausdrückt
   — einen Satz finden, der diese Haltung in Worte faßt
   — in dieser Haltung herumgehen und zu jedem diesen Satz sagen, bis sich alle begegnet sind
   — wieder entspannt stehen, sich spüren
   — ›Wie zeige ich mich nicht so gern? Was möchte ich als Lehrer verstecken‹?
   — eine Körperhaltung finden, die das ausdrückt
   — einen Satz finden, der dazu paßt
   — herumgehen, einander in dieser Haltung begegnen und mit dem Satz ansprechen
   — sich strecken und sich bewegen, um wieder entspannt stehen zu können
b) Gespräche zu zweit über die in dieser Übung gemachten Erfahrungen
c) Plenum: »Was ist mir aufgefallen an mir und an dir?«

Verlauf:
Für einige Teilnehmer werden die Übungen zu einer intensiven Erfahrung. In der ersten Runde zeigen sich die meisten sicher und selbstbewußt. Sie nehmen — gelegentlich freundlich ironisiert — typische Lehrerhaltungen ein. Die entsprechenden Sätze lauten: ›Hört alle her! Seht her, ich hab was Interessantes! Hier bestimme ich. Ich bin für euch da.‹ — In der zweiten Runde lösen die Begegnungen Betroffenheit und manchmal auch Gelächter aus. Da steht z.B. eine junge, ängstlich

zusammengezogene Frau, hält die Arme schützend vors Gesicht und sagt zu dem Mann ihr gegenüber: ›Laßt mich doch endlich in Ruhe!‹ Der Mann seinerseits — den Rücken steif aufgerichtet, den Brustkorb herausgedrückt — murmelt mit zusammengebissenen Zähnen: ›Ich halt' schon durch‹! Im Plenum artikulieren manche, wie sie erschrocken sind über das, was sie an sich und anderen entdeckt haben. Die meisten sind erleichtert, mit den bisher sorgsam versteckten Seiten nicht allein zu sein. Gemeinsam reflektieren sie, wie sich in diesen Haltungen ihre persönliche Geschichte und der Einfluß der Schulrealität ausprägen.

Bemerkung und Ausblick auf die folgenden Tage:
Chairman sein — sich wahrnehmen, zu sich stehen, sich zeigen und andere wahrnehmen, einander in der Verschiedenheit akzeptieren — das zieht sich als roter Faden durch den ganzen Kurs. Die Reihe der Sitzungen, die sich ausdrücklich damit befaßt, schließt am nächsten Morgen mit dem Thema, »Meinen Standpunkt finden und vertreten — hier und im Alltag«.
Dann rücken methodische Fragen und konkrete Unterrichtsvorbereitung in den Vordergrund. Die Arbeit erfolgt abwechselnd in Kleingruppen und im Plenum. Dabei nehmen die Teilnehmer ihr Lernen und Arbeiten immer mehr in eigene Regie.

2. Beispiel:
Supervision in einer Lehrergruppe — oder:
Warum ist die Klasse so schwierig?

Unser zweites Beispiel stammt aus einer lang laufenden Gruppe von Gymnasiallehrern, die sich 14tägig für zwei Sitzungen traf. Die erste stand nach Bedarf für die Besprechung eines Falls zur Verfügung. Meist ging es dabei nicht um bestimmte Schüler, sondern um ganze Klassen.

Wir wollen an diesem Beispiel zweierlei zeigen:
1. Wie das Konzept der dynamischen Balance als Diagnoseinstrument dient und zum Wegweiser aus einer scheinbar verfahrenen Unterrichtssituation wird.
2. Wie eine TZI-Lehrergruppe einem Kollegen Supervision geben kann.

Dazu noch eine Vorbemerkung:
Wer als Sozialarbeiter oder Therapeut verantwortlich mit Menschen umgeht, erhält meist während seiner Ausbildung und später im Beruf

praxisbegleitende Beratung. Supervision gilt in diesen Bereichen als selbstverständlich, in der Schule ist sie immer noch ein Fremdwort. Lehrer fühlen sich in der Regel im Ausbildungsseminar und später im Beruf weniger beraten, sondern eher kontrolliert und beurteilt. Von den Beurteilungen durch Seminarleiter und Vorgesetzte hängen Übernahme in den Schuldienst und Aufstieg ab. Auch bei persönlichem Wohlwollen erschwert oder verhindert eine solche Konstellation, vertrauensvoll an problematischen Fällen und eigenen Unzulänglichkeiten zu arbeiten. Die Chance dazu bietet sich außerhalb der Schule in Lehrergruppen.

Wenn in TZI-Kursen Fälle besprochen werden, integrieren die Leiter häufig die tiefenpsychologisch orientierte Stufentechnik der Supervision (Heigl-Evers, 1975), Balint-Methode, Rollenspiel oder Elemente der Gestalttherapie (Raguse, 1980). Wichtig ist dabei immer die gedankliche *und* emotionale Durcharbeitung des vorgestellten Falls. Identifikation der Teilnehmer mit den beteiligten Personen, unmittelbare Wahrnehmungen, durch das Mitgeteilte ausgelöste Reaktionen und Phantasien der Gruppe dienen seiner Erschließung. Deutungen können einbezogen werden, spielen aber eine geringe Rolle (Cohn, 1974). Gemeinsame Überlegungen ermöglichen eine Neuorientierung der persönlichen Arbeit.

Bei Fallbesprechungen bekommen die Sache (ES) und ein einzelner Teilnehmer (ICH) viel Gewicht. Deshalb erfordert eine der folgenden Sitzungen einen stärkeren WIR-Akzent, um die dynamische Balance zu ermöglichen.

Im Mittelpunkt der Sitzung, die wir vorstellen, steht ein 33jähriger Lehrer, den wir Dieter nennen.

Thema: *»Eine Klasse, mit der ich Schwierigkeiten habe«*
Struktur:

a) Die Teilnehmer stellen verschiedene für sie schwierige Klassen vor und einigen sich auf eine.
b) Ein Lehrer schildert seinen ›Fall‹.
c) Rundgang: Die anderen Teilnehmer identifizieren sich mit Schülern der vorgestellten Klasse. »Ich bin Schüler dieser Klasse. Wie geht es mir in diesem Jahr im Fach x mit den anderen Schülern, mit dem Lehrer, mit dem Stoff?«
d) Rundgang: Die Gruppe identifiziert sich mit dem Lehrer. »Ich bin N. Wie fühle ich mich in dieser Klasse?«
e) Plenumsgespräch: Diagnose und Neuorientierung

Verlauf:
Dieter erzählt etwa eine Viertelstunde lang ohne Unterbrechung von seinem Deutschunterricht in einer 10. Klasse. Es sind 20 Mädchen und 8 Jungen. Seit einiger Zeit bespricht er Kleists ›Michael Kohlhaas‹ und läßt Textanalyse und literarische Charakteristik üben. Ihn fasziniert der Text, doch obwohl er die Lektüre zusammen mit der Klasse ausgewählt hat, sich gut vorbereitet und immer wieder Anstoß zu Gesprächen bietet, findet er bei den Schülern wenig Resonanz. Nur einzelne lassen sich auf Diskussionen ein, die vorwiegend als Lehrer-Schüler-Dialog geführt werden. Nur einige lesen zu Hause den Text. Die meisten erscheinen am Unterricht desinteressiert, wenn auch nicht gerade feindselig Dieter gegenüber. Ständiges halblautes Geschwätz zwischen Tischnachbarn und häufiges unmotiviertes Kichern stören ihn sehr. Immer öfter kommt es vor, daß einige nach der Pause aufreizend langsam zu spät erscheinen. Dieter fühlt sich zunehmend provoziert. Er reagiert in solchen Situationen mit starkem Ärger und droht mit Schulstrafen, zumal auch die Lernergebnisse schlecht sind.
Dieter hat die Lust verloren, mit dieser Klasse zu arbeiten. Die Ursachen für diese Entwicklung liegen für ihn hauptsächlich bei den Schülern und in der Schulstruktur. Als eigenen Anteil sieht er seine oft unkontrollierten Reaktionen auf provozierendes Verhalten. Da wünscht er sich mehr Wurstigkeit.
Die Kollegen in der Gruppe äußern sich zustimmend und verständnisvoll. Zwei von ihnen unterrichten selbst in dieser Klasse, die anderen haben in ihrem Unterricht ähnliche Erfahrungen gemacht.
Beim ersten Rundgang — als Schüler — reagieren sie anders. Sie identifizieren sich mit den Interessierten und den Gleichgültigen, mit den Angepaßten und den Verschlossenen, mit den ewig Kichernden und den Renitenten in dieser Klasse. Ihr Deutschlehrer, so sagen sie, ist im Grunde ganz sympathisch, nur leider zu anspruchsvoll und fast schon autoritär. Vor allem ist er viel zu leicht gekränkt, wenn sie den Stoff nicht so großartig finden wie er selbst und ein paar Fans. Der ›Kohlhaas‹ langweilt sie inzwischen. Was geht es sie an, wenn dieser Wirrkopf Schwierigkeiten mit der Obrigkeit hatte. Soll der Lehrer doch seinen Stoff durchziehen, wenn er will, sie jedenfalls wollen in Ruhe gelassen werden damit. Mit den Noten ist er viel zu pingelig. Was der nur immer mit seiner Diskussion will! Echte Gespräche sind doch nur mit Freunden interessant. Die anderen in der Klasse wollen sowieso nicht wissen, was man wirklich denkt, und lachen einen aus, wenn man mal etwas fragt.
Als die Teilnehmer sich beim nächsten Arbeitsschritt mit Dieter identifizieren, herrschen Gefühle der Enttäuschung und des Gekränktseins vor:

Die Schüler lassen mich hängen. Sie sind oberflächlich und unselbständig. Ich habe so viel investiert, und sie wissen das gar nicht zu schätzen und liefern schlechte Ergebnisse. Oder bin ich ein schlechter Lehrer? Unsicherheit und Angst schwingen mit: Werde ich das Gesicht verlieren, wenn ich nicht, wie angekündigt, hart durchgreife! Nehmen mich die Schüler, die Kollegen und der Direktor noch ernst?
Im Plenumsgespräch gesteht Dieter seinen Kollegen ein, daß sie hinter seinem vordergründigen Ärger die tieferliegenden Gefühle zutreffend erspürten. Diese Erfahrung erleichtert es ihm, zusammen mit der Gruppe die Diagnose zu erarbeiten:
Das ES, der Stoff, hat in seinem Unterricht erhebliches Übergewicht. Nur er selbst und wenige Schüler finden eine Beziehung zum Thema. Er allein hat die Verantwortung für das Lernen aller übernommen. Die einzelnen ICHs, auch das des Lehrers, werden nicht wirklich ernstgenommen. Ihre unausgesprochenen Interessen und Gefühle entziehen dem Arbeitsprozeß wertvolle Energien und blockieren ihn. Das WIR ist in dieser Klasse kaum entwickelt, die einzelnen treten nicht über die Sache zueinander in Beziehung, sondern ihre Interaktionen verlaufen im ›Untergrund‹ und behindern als Seitengespräche und Gekicher den Unterricht.
Den Teilnehmern leuchtet ein, daß in dieser Klasse die Störungen überhandnehmen, weil die dynamische Balance fehlt. Sie überlegen gemeinsam, welche Schritte getan werden können, um das ICH jedes einzelnen ernst zu nehmen und langsam ein WIR heranwachsen zu lassen.

Bemerkung:
Die Identifikation der Teilnehmer mit Dieters Schülern hat verschiedene Funktionen.
— In ihren ›Schüler-Reaktionen‹ werden die Gefühle und Probleme z.T. noch unbewußt widergespiegelt und damit der unmittelbaren Wahrnehmung zugänglich gemacht. Wie es sich auf die betroffenen Mitglieder auswirkt, wenn in einer Lerngruppe die dynamische Balance fehlt, wird für die Teilnehmer emotional nachvollziehbar, nicht nur kognitiv erfaßt.
— Die Teilnehmer lernen, das Instrument der Identifikation für die Reflexion und Vorbereitung des eigenen Unterrichts zu nützen.
— Lehrer erfahren auf dem Weg der Identifikation mit den aggressiven Schülern in der Klasse des Kollegen von ihren unbewußten Ängsten den eigenen Schülern gegenüber.

Die Aufforderung zur Identifikation mit Dieter zielt bewußt auf die Gefühlsebene ab. Dieter erlebt, daß sich die Kollegen in seine Empfindungen und Erfahrungen einfühlen können und daß er nicht allein ist. Das reduziert seine Angst und ermutigt ihn, sich seinen Schülern offener zu zeigen. Die meisten Teilnehmer erkennen eigene Anteile in Dieter wieder. Auf dieser gemeinsamen Basis können sie miteinander überlegen, was zu tun ist.

Ausblick:
Als ersten Schritt initiierte Dieter ein Gespräch mit der Klasse zum Thema: »Unser Deutschunterricht in den letzten zwei Monaten. Womit bin ich zufrieden, womit bin ich unzufrieden?« Er selbst zeigte sich dabei offener als sonst und regte seinen Schüler an, zu schauen, was hinter ihrer Pose von Gleichgültigkeit steckte. Beide Seiten waren erstaunt, wieviel Bereitschaft zu Zusammenarbeit zutage kam, nachdem erst einmal Ärger und Enttäuschungen ausgesprochen waren. In den nächsten Wochen übte sich Dieter bewußt darin, seine Schüler als einzelne und verschiedene Personen wahrzunehmen, und richtete den Unterricht durch kleinere Arbeitsaufträge für Partner- und Gruppenarbeit in wechselnder Besetzung so ein, daß vermehrt Kontakte der Schüler untereinander möglich wurden. Später berichteten einige Schüler der Klasse im Rückblick auf diese Zeit von einer auffallenden Wende im Unterricht, die zu mehr Offenheit, regerer Beteiligung und besserem Zusammenhalt der Klasse führte.

3. Beispiel: Gemeinsam Unterricht planen — oder: Wie setz' ich's in die Praxis um?

Nicht immer läßt sich eine festgefahrene Situation so relativ leicht lösen wie bei unserem letzten Beispiel. Oft dauert der Prozeß der Veränderung länger, manchmal gibt es Rückschläge, und da ist es für den einzelnen Lehrer günstig, wenn er Rückhalt in einer länger laufenden Gruppe findet. Aus ihrer Arbeit erwächst nicht nur Nachbesprechung und ›Pannenhilfe‹, sondern auch gemeinsame Vorbereitung des Unterrichts.
Die folgenden Erfahrungen stammen aus einer Gruppe von zwölf Kollegen eines Gymnasiums. Einige Teilnehmer kamen nach den Sommerferien, als die Gruppe bereits ein halbes Jahr bestand, neu hinzu. Alle wollten das Schuljahr anders beginnen als sonst und hatten deshalb für den ersten Tag im Anschluß an die übliche Lehrerkonferenz noch drei Gruppensitzungen verabredet. Sie wollten in den Klassen ganz bewußt von Anfang an die Weichen in Richtung ›Lebendiges Lernen‹ stellen.

1. Sitzung:
Thema: *»Anfangen...«*

Struktur:
a) Rundgang: »Mein Schulanfang heute — mein Anfang hier mit euch«
b) 3er Gruppen: »Was brauche ich, um hier und sonst in einer Gruppe Fuß fassen zu können?«
c) Plenum: »Was davon ist mir jetzt wichtig für meinen Anfang in den Klassen?«

Verlauf:
Im Gespräch geht es hauptsächlich um zwei Fragen:
— Wie entsteht Kontakt zwischen Lehrer und Schülern!
— Wie kann die dynamische Balance von Anfang an wirksam werden, ohne groß darüber zu reden?

Die Teilnehmer entdecken, daß es selbst in den Stunden, wo die unumgänglichen Formalien wie Formulareausfüllen, Listenerstellen und Bücherausteilen zu erledigen sind, noch genügend Spielraum gibt für persönlichen Kontakt, kurze Wortwechsel mit einzelnen Schülern, bewußten Augenkontakt, Spiele zum Kennenlernen und Nennen der Namen. Sie suchen auch nach Möglichkeiten, den Einstieg in den Stoff so zu gestalten, daß sich jeder Schüler zeigen kann und ein erster Schritt zum WIR hin getan wird, z.B. mit Hilfe von Themen wie diesen: »Drei Jahre Englisch. Was kann ich gut, was fällt mir schwer?« oder »Ich habe Physik gewählt. Was erhoffe ich mir, was befürchte ich?« Sie überlegen, welche der Strukturen, die sie in den TZI-Sitzungen selbst erlebt haben, sich besonders für Anfangssituationen eignen. Es macht den Teilnehmern Spaß, so viele Ideen zu sammeln, und sie bekommen Lust, ganz konkrete Stunden vorzubereiten. Daraus erwächst die nächste Sitzung.

2. Sitzung:
Thema: *»Vorbereitung einer ersten Unterrichtsstunde«*

Struktur: 3 Arbeitsgruppen
— Erste Stunde eines Klassenleiters in der Unterstufe
— Erste Biologiestunde in einer 8. Klasse
— Erste Stunde in einem neu zusammengestellten Leistungskurs der Kollegstufe

3. Sitzung:
Thema: *»Leistungskurs Kunsterziehung — Stunde eins«*

Struktur:
a) ›Unterricht‹ in der Lehrergruppe
b) Besprechung des ›Unterrichts‹: »Wann war ich dabei, wann habe ich abgeschaltet?»

Verlauf:
Im ersten Teil leitet die Kunsterzieherin die Lehrergruppe, und zwar nicht als Rollenspiel, sondern so, daß die Kollegen im Augenblick wirklich Lernende sind, die in den zentralen Lernbereich des Leistungskurses Kunsterziehung eingeführt werden. ›Wahrnehmung‹ soll laut Lehrplan als komplexer Prozeß erfaßt werden. Speziell geht es um die Einsicht in Faktoren und Vorgänge, welche die Wahrnehmung beeinflussen. Als Material stehen Stifte in verschiedenen Farben und Papier zur Verfügung.
Die Kunsterzieherin regt folgende Schritte an:
— Einzelarbeit: Jeder wählt eine Farbe, die ihm momentan gefällt und zeichnet sich damit unter Verwendung eines einfachen Emblems ein Wappen.
— Partnerarbeit: Je zwei, die ihre Wappen ähnlich finden, sprechen zusammen darüber.
— Plenum: Jeder hat sein Zeichen vor sich liegen. Einer wählt ein fremdes Wappen und teilt mit, welchen Eindruck es auf ihn macht und was ihm dazu einfällt. Der Angesprochene erzählt daraufhin kurz, was er mit seinem Zeichen ausdrücken wollte, woran er gedacht hat, und wählt dann seinerseits ein anderes Wappen usf.
Am Ende der Runde erfolgt ein allgemeines Gespräch. Die Teilnehmer reflektieren, wie unterschiedlich sie die Zeichen erlebt und interpretiert haben, wie also die jeweilige Interpretation vom subjektiven Kontext des Beobachters abhängt. Zu dieser Einsicht gelangen sie nicht durch Vortrag oder akademische Debatte, sondern im kreativen Tun und unter emotionaler Beteiligung.
Bei der Auswertung des ›Unterrichts‹ bestätigen die meisten, daß sie in allen Phasen ganz dabei waren. Einige bekennen, daß sie eigentlich immer Hemmungen haben, wenn es darum geht, eigenhändig Gestaltetes anderen preiszugeben. Sie fühlten sich diesmal bei der Veröffentlichung ihres ›Werkes‹ im Plenum weniger unter Druck, nachdem sie zuvor mit nur einem Partner darüber sprechen konnten. Die behutsamen Schritte vom ICH (Einzelarbeit) zum DU (Partnergespräch) und schließlich zum

WIR (Plenum) wurden von allen als wohltuend empfunden. Am meisten staunen sie darüber, wie durch eine klare, relativ einfache Struktur lebendiges Lernen in Gang kommen kann — ohne Motivierungskunststücke und ohne großen Aufwand an Medien und Material.

Ausblick:
Leicht abgewandelt übernahm die Kunsterzieherin das in der Gruppe entwickelte Konzept für ihren Leistungskurs. Sie achtete in der Folgezeit darauf, daß trotz der zu bewältigenden Menge an Theorie und der in ihrem Fach erforderlichen Einzelarbeit immer wieder Balance zum WIR hin erfolgte. Im Vergleich zu früheren Kursen sah sie folgende Ergebnisse: mehr Vertrauen, eine größere Fähigkeit, sachbezogen und kritisch zu urteilen, weniger Kampf um Noten, weniger Rivalität, mehr Selbstverantwortung und Einsicht in die Notwendigkeit von Arbeitsschritten.
Auch die Kollegen hatten von der gemeinsamen Arbeit am ersten Schultag Gewinn: eine Fülle von Anregungen, z.T. konkrete Vorbereitungen, die Erfahrung, wie befriedigend und effektiv Arbeit in einer Gruppe sein kann, und das Gefühl — auch bei den ›Neuen‹ —, in der Beziehung zu den Kollegen und im gegenseitigen Vertrauen eine gute Basis für die bevorstehende Arbeit zu haben.

Grenzen und Chancen für die Anwendung von TZI in der Schule

»Ja, aber wie soll das in Mathematik gehen! Da ist alles viel schwieriger!« waren die häufig vorgebrachten Bedenken einer Teilnehmerin dieser Gruppe, wenn ihre Kollegen berichteten, wie sie in kleinen Schritten ihren Unterrichtsstil änderten und Freude an der Arbeit hatten. Die meisten von ihnen hatten ihre perfektionistischen Ansprüche fallen lassen und mehr Mut zum Experimentieren bekommen. Alle Teilnehmer stimmten darin überein, daß ihre zunehmende Offenheit flexibleres Reagieren und besseren Kontakt zu den Schülern ermöglichte. Als eine der wesentlichen Erfahrungen ihrer TZI-Gruppe nannten sie, daß sie, die sonst Lehrenden, die gemeinsam Lernenden waren, was ihnen ganz neue Gesichtpunkte für den Unterricht eröffnete. Es war ihnen leichter geworden, sich in die eigenen Schüler hineinzuversetzen und ihnen im Unterrichtsgeschehen mehr Raum zu geben.
Die Bedenken der Mathematiklehrerin teilen wir übrigens nicht und verweisen in diesem Zusammenhang auf Berichte über die Anwendung von TZI in Mathematik und naturwissenschaftlichen Fächern (Rath, 1984; Zöller, 1980). Wir sehen aber folgende Probleme:

— Lehrerfortbildung mit TZI braucht Zeit, weil sie auch Persönlichkeitsentwicklung bedeutet. Bis ein Lehrer die entsprechende Grundhaltung integriert hat, vergehen Jahre.
— Für eine solche Entwicklung wäre der Rückhalt in einer länger laufenden Gruppe oder wenigstens der ständige Austausch mit Kollegen, die auch mit TZI im Unterricht arbeiten, günstig. Nicht immer sind diese Bedingungen gegeben.
— Am Anfang gibt es u. U. Enttäuschungen, wenn Lehrer — noch ganz begeistert von der offenen und kooperativen Atmosphäre einer TZI-Gruppe — ihre Erwartungen an die Selbständigkeit und Selbstverantwortung der Schüler zu hoch ansetzen und in den Klassenzimmern Chaos bewirken, wo sie Freiheit meinten.
— Grenzen für die Anwendung von TZI in uneingeschränktem Maße sind auch da zu finden, wo eine anscheinend wachsende Anzahl von ›auffälligen‹ und therapiebedürftigen Kindern und Jugendlichen mit ihren persönlichen Verstörtheiten den Unterricht als gemeinsame Arbeit an einer Sache verhindern würden, wollte man wirklich immer ernst machen mit dem Grundsatz: ›Störungen und starke Gefühle haben Vorrang.‹
— Bei manchem Lehrer, vor allem aber in seiner Umgebung, kann Angst aufkommen, wenn er bei sich und seinen Schülern mehr Lebendigkeit zuläßt. Der Kollege, der in der Stunde danach oder im folgenden Jahr in die Klasse kommt, ist vielleicht über die offene Art der Schüler irritiert und nennt sie ›Frechheit‹.
— Manchmal ist es auch gar nicht so einfach, die Schüler für einen anderen Unterrichtsstil zu gewinnen. Sie sind es gewöhnt, weniger selbständig zu sein und kontrolliert zu werden. Häufig genügt ihnen, wenn mechanisches Lernen der vom Lehrer dargebotenen Informationen gute Noten bringt. Sie scheuen die Mühe der Veränderung, weil sie ›Lebendiges Lernen‹ wenig kennen.
— Auch wenn wirksam in einzelnen Schulklassen mit Hilfe von TZI vermittelt werden kann: ›Ich bin wichtig — du bist wichtig — der Stoff ist wichtig‹, der Lehrer kommt nicht umhin, Leistungen zu beurteilen, Noten zu geben und verteilt damit Ausbildungs- und Berufschancen in einer Gesellschaft mit wachsender Arbeitslosigkeit und wirtschaftlichen Engpässen. Sensibler geworden für das eigene Innere, für die Menschen gegenüber und das soziale Umfeld, verstärkt sich manchmal das subjektive Leiden des Lehrers an den Verhältnissen, wovon am Anfang die Rede war. Nur hat sich die Problematik etwas verschoben.

Es gehört unserer Erfahrung nach viel Zuversicht und Geduld dazu, angesichts dieser Grenzen Schritt für Schritt die eigene Praxis zu verändern. Die Kraft dazu erwächst häufig aus dem Tun, wenn z. B. jemand sagen kann: »Ich schiebe nicht nur Dienst in der Schule, sondern ich lebe bei meiner Arbeit dort.« Zu erleben, wie positive Veränderungen und persönliches Wachstum beim einzelnen und in kleinen Gruppen möglich sind, und zugleich wahrzunehmen und zu wissen, daß viele der gegebenen gesellschaftlichen Strukturen dem entgegenwirken, diese Spannung gilt es auszuhalten und dabei nicht den Mut zu verlieren.

Leicht veränderte Fassung des Beitrages aus: Mutzeck, Wolfgang – Pallasch, Waldemar (Hg.), Handbuch zum Lehrertraining. Weinheim, Beltz, 1982.

Helmut Reiser

Jahrgang 1942. Prof. Dr. phil. Ich bin im Grundberuf Lehrer und habe pädagogische Erfahrungen in Jugendarbeit, Heim, Schule, v.a. Sonderschule, und als Vater sammeln können. Studiert habe ich verschiedene sozialwissenschaftliche Fächer, auch neben dem Beruf, bis ich die Hochschullaufbahn einschlug. Von der psychoanalytisch orientierten Heilpädagogik, die ich für die Sonderschule umsetzte, fand ich einen Weg zur TZI, die mir zu einer Grundlage und in der Arbeit als Berater und Supervisor auch zu einem Stück Handwerkszeug wurde. Mein Lehrgebiet an der Universität Frankfurt am Main ist die Pädagogik und Didaktik bei Lern- und Verhaltensstörungen, mein derzeitiger Forschungsschwerpunkt die Integration behinderter Kinder in Kindergarten und Schule. Veröffentlicht habe ich Beiträge zur Sonderpädagogik, Religionspädagogik, Sozialpädagogik, Schulpädagogik und zur Bildungspolitik.

Überlegungen zur Themenzentrierten Interaktion in der Universitätsausbildung von Pädagogen

Zum Hochschulstudium der Pädagogik 1984

In meinen Überlegungen will ich von meinen persönlichen Erfahrungen als Hochschullehrer in der Ausbildung künftiger Sonderpädagogen an der Universität Frankfurt ausgehen.
Zur Zeit arbeite ich u.a. mit einer Gruppe von Studierenden im 1. Semester, die sich auf das erste Praktikum an Sonderschulen vorbereiten. Ich treffe dort auf junge Menschen mit einem hohen Engagement für behinderte und benachteiligte Kinder, die schon beim ersten Einblick in die sonderpädagogische Realität erschrocken sind über die Unbarmherzig-

keit der Institutionen. Viele von ihnen haben Erfahrungen in der Arbeit mit Behinderten, Kranken, Außenseitern. Ihre Äußerungen zeigen das Bemühen um Einfühlung, Parteinahme, aber auch ein hohes Maß an Selbstkritik, Selbst-Rücknahme und Scheu, sich zu exponieren.
Zu Beginn ihres ersten Semesters waren viele in der Seminarsituation stumm. Kaum einer sprach von sich oder per »Ich«. Sie wollten sich gerne austauschen, auch über ihre Meinungen und Gefühle, wußten aber nicht recht wie. Sie hatten, sagten sie, noch nicht genügend Vertrauen.
Heute, nach 15 Sitzungen, in denen wir Schulen besichtigten, uns in Kleingruppen austauschten, Texte lasen, über unsere Betroffenheit sprachen, ein Bild von der idealen Schule malten, Lehrern zuhörten, sieht das schon ganz anders aus: Ich spüre bei ihnen mehr Wollen, mehr Energie als Unsicherheit.
Ver-Trauen und Zu-Trauen, wie wird sich dies entwickeln im Laufe ihres Studiums?
Mit den fortgeschrittenen Studierenden unseres Instituts diskutieren wir zur Zeit, wie dem Phänomen der »Unverbindlichkeit« der Lehr- und Lernversuche beizukommen sei. Damit sind folgende Erscheinungen gemeint: Der Besuch von Veranstaltungen — auch in überschaubaren Gruppen — fluktuiert häufig. Es kann vorkommen, daß in einer Gruppe von 30 Teilnehmern durchschnittlich 20 anwesend sind, wobei 10 regelmäßig kommen und 10 andere abwechselnd erscheinen oder fernbleiben. Ausgeteilte Unterlagen oder Texte werden regelmäßig von einem Großteil der Gruppe nicht gelesen, so daß nicht auf ihnen aufgebaut werden kann. Zu Veranstaltungen erscheinen immer wieder einige Teilnehmer verspätet, andere gehen früher. Manche Studierende belegen einen Platz in einem begehrten teilnahmebeschränkten Kurs, erscheinen dann aber nicht, ohne sich abgemeldet zu haben.
All dies behindert auch den Teil der Studierenden, der jeweils in einer solchen Guppe qualifiziert arbeiten will. Die Toleranz der Mehrheit der Studierenden gegenüber Störungen durch andere Studierende ist schier grenzenlos. Veranstaltungen, die — aus welchen Gründen auch immer — schief laufen, unergiebig werden, werden kampflos aufgegeben. Die vorherrschende Reaktion scheint es zu sein, auszuweichen.
Zu welchen kreativen, kooperativen und intelligenten Leistungen die Studierenden fähig sind, zeigt sich dagegen in den vielen gelingenden Veranstaltungen, in denen eine Gruppe sich arbeitswillig zusammenfindet, meist begünstigt durch vorherige Bekanntschaft zwischen den Studierenden und zum Hochschullehrer, durch ein ansprechendes Thema, durch geringe Gruppengröße und durch besondere Arbeitsformen, wie

Blockveranstaltungen, Projekte, Exkursionen. Die Diskrepanz ist frappierend und erklärungsbedürftig.

Ich habe mir die Erscheinungsweisen der »Unverbindlichkeit« als demonstrative Inszenierungen des Rückzugs erklärt.

Die unbewußten Strömungen in einer Seminargruppe werden bei Veranstaltungsbeginn schlaglichtartig in der »Raumergreifung« deutlich.

Es kann vorkommen, daß noch nach vier, fünf Sitzungen die eintreffenden Studierenden sich beziehungslos im Raum verteilen. Je nachdem welche Stühle und Tische vorhanden waren (oft fehlt ausreichendes Mobilar), sitzen dann die Studierenden mit dem Rücken zueinander, als Klumpen in der entferntesten Ecke, einige an Tischen quer im Raum, einige auf Tischen an der Wand. Die zu spät Kommenden bleiben in der Nähe der offenen Tür stehen u.s.f.

Ein guter Indikator für das Entstehen einer Arbeitsgruppe scheint es mir zu sein, wenn nach mehrmaligem beharrlichen Herstellen einer geeigneten Sitzordnung vor Veranstaltungsbeginn dies die Studierenden unaufgefordert selbst übernehmen.

Ich sehe es als ein gravierendes Moment des Rückzugs, des Vermeidens von Verbindlichkeit, daß die »chairperson« vieler Studierender in bestimmten Lernsituationen in die »innere Emigration« wandert. Während der einzelne jedoch die frustrierende Situation an sich vorbeilaufen läßt, läuft die Gruppe und er selbst ins Leere.[1]

Über die Gründe dieser Erscheinungen möchte ich hier nicht weiter spekulieren. Sicher sind bereits bei vielen Studienanfängern eine hohe Verletzlichkeit und Vermeidungstendenzen in frustrierenden Situationen spürbar. Sicher wirkt sich in vielen Fällen eine materielle Notlage und besonders die trostlose Berufsperspektive aus, deren Erkenntnis die meisten Anfänger von sich wegschieben, die gegen Ende des Studiums aber immer bedrückender wird. Und sicher ist auch der Aufbau des Studienganges ungeeignet, um diese Probleme zu verarbeiten. Daß aber dieselben Studierenden in anderen Lernsituationen so viel Eigeninitiative, Originalität und Beharrlichkeit entwickeln, zeigt, daß es auch an uns, den Lehrenden, und an unseren Angeboten liegen muß, wenn Veranstaltungen immer wieder in Unverbindlichkeit versacken.

[1] Engagierte Studierende beklagen vor allem die Resignation und Apathie des Großteils der Studierenden in der Vertretung ihrer eigenen Interessen, so bei den Kürzungen der Bundesausbildungsförderung, der Novellierung des Hochschulrahmengesetzes, der Ausarbeitung von Prüfungs- und Studienordnungen, der Gestaltung der Veranstaltungen usf.

Meine Balance als Lehrender

Die wichtigste Stütze, die mir die Ausbildung in TZI für diese Situation geboten hat, war die, meine eigene Balance als Lehrender wiederzufinden. Für mich beinhaltet die Lehrsituation spezifische Gefahren der Störungen meiner Balance. Diese will ich zuerst schildern.
Ich habe die Erfahrung gemacht, daß die Studierenden mir gerne und manchmal auch fasziniert zuhören, wenn ich von praktischen pädagogischen Problemen erzähle. Wenn ich jedoch Ungewohntes und Schwieriges vortrage, gar noch offene theoretische Fragen, dann fühle ich mich meist sehr rasch abgeblockt. Daraus wuchs für mich die Versuchung, mehr in die Unterhaltungsbranche zu wechseln, um mein Publikum beim Zuhören zu halten. Andere Kollegen, die ähnliche Erfahrungen machten, verstanden die Reaktion der Studierenden als »Theoriefeindlichkeit«. Ein Ausweg der Lehrenden besteht im »Füttern« der Studierenden, nicht nur mit beispielhaften Erzählungen und Videoaufzeichnungen, sondern vor allem mit Fotokopien, von denen dann die Vermittlung schieriger Inhalte erhofft wird; die in großen Mengen vervielfältigten Unterlagen und Texte werden von den Studierenden dann zwar gierig gesammelt, aber kaum gelesen.
Die Vermeidungshaltung richtet sich jedoch nicht nur gegen sperrige Gedanken, sondern auch gegen ungewohnte Kommunikationsanforderungen. Es fällt mir manchmal auch in kleineren Seminargruppen schwer, z. B. bei Fallberichten, eine probeweise Identifikation ohne Interpretationen, ein Blitzlicht oder auch Kleinstgruppenbildung durchzusetzen. Dies erscheint zu Beginn der Arbeit in Studentengruppen meist »aufgesetzt«, »künstlich«. Viele Studierende sind der Idealvorstellung verpflichtet, ihre Impulse müßten »ohne Rituale«, »locker« in die richtige Richtung fließen. In einer Seminargruppe mußte ich bei Fallbesprechungen über 3 Sitzungen hinweg immer wieder intervenieren, um zu verhindern, daß die Teilnehmer sofort nach dem Bericht in ein intellektuelles Bereden des Falles und in Ratgeben verfielen. Nach mehreren Sitzungen waren die Teilnehmer erstaunt darüber, »wie viel bei so Besprechungen herauskommen kann«, und verstanden dann erst meine Interventionen.
Meine Balance wird dann gefährdet, wenn mich ein Erziehungswille aus der elterlichen Position überfällt. Autoritätskämpfe rasten dann von beiden Seiten nur allzuleicht ein, zumal ich immer auch noch zukünftiger Prüfer bin. Ein Schwanken zwischen gütiger, fütternder Mutter und strengem, fordernden Vater ist sicher sehr verwirrend und hemmend, zumal die Autoritätskonflikte zumeist nicht ausgetragen werden kön-

nen, sondern in einer sprachlosen Verweigerungshaltung weiterschwelen.
Dagegen erlebe ich es als sehr produktiv, wenn Autoritätskonflikte in Szene gesetzt werden und ich Gelegenheit habe, nicht als elterliche Autorität, sondern aus meinem eigenen Bedürfnis zu reagieren. So kamen zu Beginn eines Semesters zu einer Gruppensitzung mit ca. 20 Studierenden, die wöchentlich montags um 10.15 Uhr begann, zwei Studentinnen regelmäßig 15 Minuten zu spät. Als ich sie darauf hinwies, daß mich dies störe, entgegneten sie, bei pünktlichem Erscheinen müßten sie einen Zug volle 60 Minuten früher nehmen, und das sei am Montag eine Zumutung. Ein Teil der Studierenden unterstützte sie in dieser Auffassung. Ich bestand auf meiner Anforderung, gemeinsam pünktlich zu beginnen. Daraus entspann sich eine grundsätzliche Auseinandersetzung, die sich über mehrere Wochen hinzog. Ein Student, der auch oft zu spät kam, vertrat die Auffassung, wenn er beim Frühstück ein gutes Gespräch führe, sei dies wichtiger, als pünktlich beim Herrn Professor zu sein. Ich entgegnete, auch ich wolle mit ihm ein gutes Gespräch führen; dazu müsse er jedoch um 10.15 Uhr hier sein. Er solle sich entscheiden.
Der Konflikt endete damit, daß den zwei Studentinnen, die die Auseinandersetzung ausgelöst hatten, die Seminargruppe so wichtig wurde, daß sie den Zug früher nahmen, während der andere Student sich für das Montagsfrühstück entschied. Ich denke, daß dieser Start für die im folgenden sehr befriedigende Gruppenarbeit sehr wichtig war. Ich war mir die ganze Zeit über sicher in meiner Balance, da ich keine Erziehungsabsicht, sondern ein eindeutiges sowohl persönliches wie objektives Erfordernis vertrat.
Bei der Gegenüberstellung von Gespräch beim Frühstück und im Seminar wurde mir wieder deutlich, wie sehr unsere Studierenden die Interaktion in informellen Situationen suchen. Biete ich innerhalb einer Seminarsitzung ein Kleingruppengespräch an, so passiert es sehr häufig, daß einige Gruppen sehr rasch das Thema verlassen und sich »privat« über dies und das unterhalten, allerdings nach meiner Beobachtung ohne allzuviel von ihren Gefühlen mitzuteilen. Auch Gelegenheiten zu Kontakten im Spiel oder bei einem gemeinsamen Frühstück sind sehr beliebt. In selbständigen Untergruppen ergibt sich häufig eine Balanceverschiebung zum WIR, die dann aber auch für die Teilnehmer unbefriedigend bleibt. Ich weiß nicht, ob ein Kommunikationsstil, der Differenzen gerne »überspielt« und Grenzen des ICH leicht in ein diffuses WIR-Gefühl verschwimmen läßt, für unsere Universität oder gar eine studentische Subkultur typisch ist; ich spüre aber oft, daß ich Mühe habe, gegen diesen eigenartigen Sog klare Konturen deutlich zu machen und einzufordern.

In einer empirischen Untersuchung aus dem Jahre 1972 zur Wirkung von TZI-Seminaren mit Personen, die im Bildungsbereich arbeiten, kommen Genser und Buttgereit u. a. zu folgendem Ergebnis: »In allen drei Seminaren sind die Teilnehmer ehrlicher und authentischer geworden ... Die Teilnehmer halten eine Verharmlosung oder das Überspielen von frustrierenden Ereignissen bzw. Situationen für weniger angemessen, z. T. nehmen auch die Tendenzen zur Selbstbeschuldigung oder ICH-Verteidigung ab« (Genser 1972, S. 82).

Ich halte die Fähigkeit, Interessengegensätze zu erkennen und auszutragen, für das Studium der Pädagogik für besonders wichtig. Bei meiner Vorstellung von Kooperation orientiere ich mich an dem Modell von Helga Belz, in dem neben den Ebenen der Orientierung, der Motivation, der eigenen Initiative auch die Ebene der Konfrontation als Voraussetzung für die Entwicklung von Kooperation erkannt wird (Belz 1984, S. 79—104). Ich wünsche mir, daß die Studierenden bereits in den Veranstaltungen an der Universität einen kooperativen Arbeitsstil entwickeln können, der ihre pädagogische Arbeit tragen kann.

Darüber hinaus kann TZI auch eine sehr persönliche und zugleich theoretische Orientierung für pädagogisches Handeln bieten. So verstehe ich es auch als meine »Profession« (als Professor), in die Grundgedanken des pädagogischen Systems (Reiser 1983, 253—277), das TZI auch beinhaltet, einzuführen. Viele Studierende der Pädagogik können auch die theoretischen Grundlagen als persönliche Orientierung für sich nutzen.

Verschiedene Veranstaltungsformen

Kleingruppen

Die Größe der Kleingruppen umfaßt im Hochschulbereich bis zu 20 Teilnehmern.

Der naheliegende Ansatzpunkt, in der universitären Ausbildung mit TZI zu arbeiten, lag für mich im Projektstudium. Im Projektstudium, um das sich alle Lehrenden unseres Instituts[2] bemühen, übernehmen Studierende für 1—2 Jahre praktische pädagogische Aufgaben und werden in einer Kleingruppe durch einen Lehrenden betreut.

Das Interesse der Gruppe kreist hier zuerst um die Bewältigung der pädagogischen Praxis. Bei Fallbesprechungen arbeite ich meist mit der von

[2] Institut für Sonder- und Heilpädagogik im Fachbereich Erziehungswissenschaft der Johann Wolfang Goethe-Universität, Frankfurt.

Hartmut Raguse beschriebenen Vorgehensweise (Raguse-Stauffer 1980, S. 78-90, s. auch Amann 1983, S. 235-247 und in diesem Band S. 129ff; Gudjons 1983, S. 258-266), oft eingeleitet durch eine szenische Darstellung charakteristischer Begebenheiten. Das szenische Spiel und sparsam verwendete psychodramatische Techniken haben sich für mich als geeigneter Zugang erwiesen. Bei Themen, die ihren Schwerpunkt im WIR haben, arbeite ich gerne mit anderen kreativen Medien, z.B. Malen. Wichtig finde ich auch die Verbindung von Erleben und theoretischem Begreifen. Nach einer erlebnisbetonten Fallbesprechung bot ich einmal einer Gruppe drei kurze Texte an, die das Störungsbild aus unterschiedlichen theoretischen Zugängen beschrieben und interpretierten. Die Textauszüge motivierten die Studierenden, sich eingehend mit den angerissenen Theorien auseinanderzusetzen. Sie füllten sich plötzlich für sie mit Leben und bewirkten ein vertieftes Verständnis für den Klienten und die pädagogische Situation.

In einer Gruppe, die eineinhalb Jahre zusammenarbeitete, lag bei fast der Hälfte der Sitzungen der Schwerpunkt auf der Praxisbewältigung. Der zweitwichtigste Schwerpunkt betraf die Zusammenarbeit in der Gruppe. Dritter Schwerpunkt wurde der individuelle Weg, Pädagogik als Beruf zu betrachten und zu betreiben.

Eine andere geeignete Kleingruppenform ist der Blockkurs. Als Thema eines dreitägigen Blockkurses (ganztägig in Räumen der Universität) bot ich an: »Wie verhalte ich mich bei Disziplinkonflikten mit Kindern?« Hier entwickelte sich als durchgehendes Thema der schwierige Umgang mit dem eigenen Bild des idealen Erziehers. Das zentrale Problem überhöhter ICH-Ideale und damit einhergehender Schuldgefühle konnte hier thematisiert werden.

Eine intensive Erfahrung konnte ich auch in einer Seminargruppe mit 20 Studierenden machen, die sich im Zusammenhang mit einer TZI-Großgruppenveranstaltung gebildet hatte und wöchentlich zweistündig stattfand. Drei Studierende vertieften sich in die Axiome und Postulate von TZI. Sie verstanden es, ihre fundierten Reflexionen den anderen Studierenden so mitzuteilen, daß ein Wechsel von Vortrag, Gesprächen in der Gruppe und Kleinstgruppenarbeit in einem Klima von Nachdenklichkeit und Ernsthaftigkeit entstand, wie ich es in Seminaren bislang nicht erlebt hatte.

In den Kleingruppenveranstaltungen schälen sich nach meinen Erfahrungen meist — wenn auch auf je verschiedene Weise — Themen heraus, in denen es um die Bewältigung von »Erziehung« geht, um die erfahrene und die jetzt selbst ausgeübte. Das Idealbild des Erziehers, Erziehung als Beruf, die ethische Orientierung meines pädagogischen

Handelns stehen hier im Mittelpunkt. Bei meinen Versuchen habe ich erfahren, wie wichtig es ist, daß ich in meiner Gruppenleitung Verantwortung modellhaft praktiziere. Ich bin verantwortlich für mein Lehren in der Gruppe, ich übernehme nicht Verantwortung für das Lernen der Studierenden und ihr Handeln in der pädagogischen Praxis.[3] Ich habe die Hoffnung, daß die Studierenden später ihren Schülern und Klienten Selbständigkeit und Selbst-Leitung ermöglichen in dem Maße, wie sie jetzt ihre Verantwortung für sich selbst übernehmen.
In den Kleingruppenveranstaltungen erlebe ich immer wieder, wie Selbständigkeit und Offenheit wachsen. Unsere Studierenden verfügen über erstaunliche kreative Fähigkeiten, über praktische Erfahrungen und Expertenwissen in vielen Bereichen, zu denen ich noch keinen Zugang hatte und die mich interessieren.
Meine ausführlichen Schilderungen von Schwierigkeiten in der Gruppenarbeit mindern nicht die Tatsache, daß mir das Lernen mit und von Studenten viel Freude macht, und ein Großteil der Studierenden dies auch für sich bestätigt.

Großgruppen

Die Kleingruppen bieten sicher die intensivste Selbsterfahrung, aber nicht für alle Bereiche und Erfahrungen pädagogischen Handelns. Ein spezifisches Aufgabenfeld ist die Großgruppe, zwischen 60—120 Teilnehmer, in der es um die Entwicklung gemeinsamer Aktivitäten, um Konsensbildung, Abgrenzung und Austausch auf der Basis der Achtung vor der Entscheidung des anderen geht. Hier hat die Verantwortung des einzelnen für sich und die Allgemeinheit eine Bewährungsprobe zu bestehen.
Stollberg machte in der Hochschule die Erfahrung, daß er vielen Studierenden, indem er ihnen die Chance der Mitbestimmung in Großgruppenveranstaltungen einräumt, keinerlei Freiheit gibt, sondern sie an sich selbst ausliefert (Stollberg 1982, S. 59). Neben den Schwierigkeiten, die Stollberg beschreibt — ein Teil der Studierenden empfindet den Anspruch der TZI als »Manipulation«, ein Teil meidet meine Veranstaltungen —, erlebte ich auch, daß die Maske der Unverbindlichkeit eine hauchdünne Oberfläche ist, hinter der Angst und Aggressionen sitzen. Ich habe aber erfahren, daß diese Angst auch in der Großgruppe abgebaut werden kann, wenn es gelingt, sie spüren zu dürfen und zu artikulieren.

[3] Dorothea Freudenreich betont aus ihren Erfahrungen, TZI in der Schule zu verwirklichen, diesen Leitergrundsatz von Ruth Cohn (Freudenreich, in: Stollberg 1982, S. 59).

Die Balance zwischen Plenum, Kleingruppen und Lehrerinformationen, die Stollberg beschreibt (S. 46ff), wird nicht nur von der Isolationsangst in der Großgruppe gefährdet, sondern auch von der Kontaktangst in der Kleingruppe und dem Rückzug in die Clique.

Ich habe in den letzten Jahren verschiedene Wege versucht, die dynamische Balance zwischen Plenum, Kleingruppen und Lehrerinformation immer wieder neu einzupendeln. Zuerst baute ich in meine Vorlesungen »Verdauungspausen« ein, in denen in Kleinstgruppen weitergedacht wurde, Rückmeldung an mich gegeben wurde, oder Abläufe in der Veranstaltung demonstriert wurden. Da die erste dieser Vorlesungen das Lehrer-Schüler-Verhältnis zum Thema hatte, konnte auch aufgegriffen werden, was im Hier und Jetzt geschah. Obwohl die Diskussionen lebhafter wurden und sich viele Studenten intensiver beteiligten, blieb doch eine überstarke Leiterzentrierung. Viele Studenten wünschten sich konstante Kleingruppen, in denen sie intensiver an einem Thema bleiben konnten.

In der nächsten zweisemestrigen Veranstaltung versuchte ich es mit einer Verbindung von Plena und konstanten Kleingruppen zu spezifizierten Unterthemen, die von fortgeschrittenen Studierenden (Tutoren) mit Gruppenerfahrung geleitet wurden. Die Großgruppe gewährte zu Beginn der Veranstaltung eine deutliche Orientierung, bot Information zum Thema und Gelegenheit, sich einander näher zu kommen. Die Arbeit in den Kleingruppen, bei der kreative Medien eine große Rolle spielten, wurde als lebendig, angenehm, effektiv erlebt. Das Plenum jedoch, das zuerst für alle als eine schützende Hülle gedient hatte, wurde zunehmend funktionslos; zwischen den Kleingruppen gab es Abschließungstendenzen und Rivalitäten. Die Tutoren und ich bildeten zudem eine gesonderte Gruppe, deren Funktion den Teilnehmern nicht transparent war, und die mitunter mit Kontrollphantasien belegt wurde.

Obwohl ich in dieser Form der Großgruppen-Kleingruppenveranstaltung schon einen erheblichen Fortschritt sah, war ich deshalb nicht ganz zufrieden. Beim nächsten Anlauf plante ich eine wöchentlich zweistündige Veranstaltung über 2 Semester mit dem Thema: Lernen in Gruppen mit Verhaltensgestörten. Durch das Thema wollte ich Gruppenprozesse explizit aufnehmen, im Zeitrahmen mit 2 vollen Stunden Raum für den Wechsel von Plenum, Kleingruppen und offener Planungsrunde schaffen.

Die Tutoren und ich definierten uns als Planungsgruppe, die Verantwortung für die Plena übernahm. Jeweils 5—7 Teilnehmer sollten in konstanten Kleingruppen selbständig ein selbstgewähltes Unterthema aus einem angebotenen Spektrum von Arbeitsfeldern der Verhaltens-

gestörtenpädagogik unter der Frage bearbeiten, welche Rolle Gruppenprozesse dort spielen und wie sie beachtet werden. Unsere Vorstellung lag bei optimal 5 Mitgliedern einer Kleingruppe. Wir gingen von der Tatsache aus, daß auch in Kleingruppen mit einer Fluktuation von 1—2 Teilnehmern zu rechnen ist. Einige Studierende ließen sich dann nicht davon abhalten, Kleingruppen bis zu 9 Teilnehmern zu bilden, die dann dadurch mehr Zeit benötigten und sich rasch verselbständigten.
An dieser Veranstaltung nehmen zur Zeit ca. 60 Studierende teil, die in 9 konstanten Kleingruppen zusammenarbeiten. Im Anschluß an die wöchentlichen neunzigminütigen Sitzungen findet eine offene Feedback- und Planungsrunde statt, zu der jeweils 10—20 Teilnehmer/innen kommen. Hier wird das im Plenum Erlebte reflektiert, aus den Kleingruppen berichtet und der weitere Verlauf diskutiert.
Bis zur 6. Sitzung boten wir Großgruppenveranstaltungen unter ausformulierten Gesamtthemen an. Durch Vorträge oder knappe Texte gaben wir grundlegende Informationen zur Arbeit in Gruppen, bezogen auf das Hier und Jetzt, auf das TZI-Modell und das Zielfeld Verhaltensgestörtenpädagogik. In Gruppen zu dritt und zu fünft konnten die Teilnehmer mit Hilfe unserer Anregungen das Gehörte verarbeiten und sich allmählich miteinander bekannt machen.
Ein kleiner Teil der Studierenden, die sich bereits von früher kannten, begann bereits ab der 4. Sitzung darauf zu drängen, sich in eine Kleingruppe zurückziehen zu dürfen, wenn wir von ihnen Mitverantwortung für die Gesamtgruppe forderten, während ein anderer Teil noch die Orientierung in der Großgruppe suchte. Bei unserem Versuch, dies zu thematisieren, verweigerte sich ein kleiner Teil der Studierenden durch verständnisloses Schweigen.
Nachdem sich in der 7. Sitzung die Kleingruppen um Unterthemen herum gebildet hatten, schafften wir in der 8. und 9. Sitzung Raum für mögliche Umgruppierungen und Anregungen für die Kleingruppenarbeit.
Jetzt gerieten wir in einen starken Druck jenes Teils der Teilnehmer, die sich voll auf die Bearbeitung der Unterthemen im gewohnten Rahmen einer Kleingruppe stürzen wollten. Wir gaben darum für die Kleingruppenarbeit 4 Sitzungen Zeit. Gemeinsam war der örtliche und zeitliche Rahmen, die offene Planungsrunde, in der jede Kleingruppe vertreten war, und die Aufgabenstellung, die den Zusammenhang mit der Großgruppe herstellte.
In den Kleingruppen wurden teilweise überkommene Arbeitsformen, wie Kleben an Lehrtexten, Referieren von Angelesenem und Stoffüberfülle, mitgeschleppt. Andererseits entwickelten sich auch neue Heran-

gehensweisen, wie Austausch über persönliche Betroffenheit, Experimentieren mit kreativen Medien, Erkundungen außerhalb der Universität. Für viele hatten die Plena eine Basis geschaffen, in den Kleingruppen »viel persönlicher miteinander umzugehen als in den bisher gewohnten Arbeitsgruppen.«

Am Ende dieser Phase äußerten sich die Teilnehmer, die zur offenen Planungsrunde kamen, recht unterschiedlich: Sie waren teilweise befriedigt über das Arbeiten in einem positiven Gruppenklima, teilweise ernüchtert, weil durch zu große ES-Fixierung persönliches Erleben zu kurz gekommen war, teilweise euphorisch im Kleingruppensog mit Rückzugstendenzen von der Großgruppe, teilweise voll im hausgemachten Leistungsstreß.

Zu diesem Zeitpunkt mußte in Erinnerung gerufen werden, daß das gemeinsame Thema das Lernen in Gruppen betraf, und die einzelnen in den Unterthemen angesprochenen Arbeitsfelder der Verhaltensgestörtenpädagogik daraufhin untersucht werden sollten. Die in diesem Thema steckende Anforderung, das eigene Lernen in der Groß- und der Kleingruppe mit zu reflektieren, hatte offensichtlich eine Ausweichtendenz vor der prozeßreflektierenden Großgruppe in eine stoffixierte Kleingruppenarbeit ausgelöst. Dies thematisierten wir in der nächsten Plenumssitzung, mit der zugleich das Wintersemester als erster Abschnitt der Veranstaltung abschloß.

Unter dem Thema: »Wie entwickelte sich meine Beteiligung an dem Arbeitsvorhaben — meine Beteiligung im Fühlen, im Denken und im Wollen« entstand eine Auseinandersetzung zwischen den Teilnehmern über ihr Wollen in dieser Seminargruppe. Erstmals wurde dabei das Arbeitsbündnis artikuliert und eingefordert. Die konfrontative Auseinandersetzung, die ich auch um die Ausweichtendenzen vor der Verantwortung für die Großgruppe suchte und erstmals fand, führte zur Deutlichkeit der Lehrziele.

Von verschiedenen Studierenden wurde das starke Bedürfnis nach »Wohlbefinden in Kleingruppen«, »Schutz vor Überforderung«, Reduktion der verwirrenden Komplexität der Ebenen (Ich, Wir, Es, Globe — Großgruppe/Kleingruppe) geäußert, andere fühlten sich durch die realistischen Anforderungen dieser Gruppenarbeit herausgefordert.

Ich hoffe, daß der größere Teil der Studierenden im Sommersemester den »anstrengenden« Versuch fortsetzen wird, Balance in der Realität zu suchen, und so einen Weg findet aus dem Pendeln zwischen selbstbezogener Schonhaltung und selbstüberforderndem Leistungsanspruch. Ich hoffe, daß viele Teilnehmer bei sich unvermutete Fähigkeiten entdeckt haben und sich selbst positiver beachten als bisher. Ich hoffe auch, daß die Differenz zwischen den eigenen Kooperationsschwierigkeiten und den Anforderungen, die die pädagogische Praxis stellt, nicht nur schmerzhaft erlebt wird, sondern auch als Ansporn für eine persönliche Weiterbildung.[4]

Ausblick

Die Arbeit in der Großgruppe stellt offenbar an die Fähigkeiten der Teilnehmer, Verantwortung für sich und die Gesamtgruppe zu übernehmen, noch höhere Anforderungen als die Arbeit in Kleingruppen. Ich nehme an, daß für mich die Arbeit noch befriedigender wäre, wenn alle Teilnehmer von Großgruppen zuvor TZI bereits in Kleingruppen erlebt hätten. Auch in der Kleingruppenarbeit bemerke ich in Supervisionen mit Lehrern, Beratern oder Erziehern immer wieder eine wesentlich aktivere und konfrontativere Art der Konfliktbewältigung als in den Studentengruppen. Ein Teil der zuvor erwähnten Schwierigkeiten scheint für den Entwicklungsabschnitt »Studium« typisch zu sein. Von daher sehe ich diese Schwierigkeiten nicht nur negativ, sondern eher als eine Folge von sehr ernsthaft betriebenen persönlichen Experimenten und Rückversicherungen, deren Ergebnisse sich nicht sofort einstellen. Ich denke, daß sich manche Erfahrungen des Studiums oft erst nach Jahren als bedeutsam herausstellen. Was mich bewegt, weiterhin zu versuchen, in der Hochschule mit TZI zu lehren, sind vor allem die Rückmeldungen von Absolventen, die vor Jahren studiert haben, und denen diese Erfahrungen im Rückblick immer wichtiger werden.

[4] Ich lese die Korrekturfahnen am letzten Tag dieses Sommersemesters und kann nachtragen, daß 40 (von 60) Studierenden die Veranstaltung fortgeführt haben. In der Schlußauswertung berichteten sie von beeindruckenden persönlichen Lern-Erfahrungen, vom Lernen aus ihren Irrtümern und Bestätigung ihrer »chair-person«.

Barbara Langmaack

Meine jetzige Tätigkeit hat sich in »wachsenden Ringen« entwickelt. Seit 1973 bin ich Ehe- und Lebensberaterin mit Diplom des Zentralinstitutes für Ehe-, Lebens- und Familienberatung in Berlin. Ich arbeite mit einzelnen Klienten, mit Paaren und mit Klienten in Gruppen. Darüber hinaus begleite ich Teams in Institutionen und Firmen, die Beziehungskonflikte oder Sachprobleme lösen wollen. In einem weiteren Ring bilde ich Gruppenleiter im Bereich Beratung und Erwachsenenbildung aus, dies auf der Grundlage der Themenzentrierten Interaktion, wofür ich seit 1978 eine Lehrbefähigung habe. Veröffentlichungen: Langmaack/Braune, Wie Gruppen laufen lernen, Beltz-Verlag 1985; dies., Seminare — Prüfstein für die Ehe, in: Managermagazin; Langmaack, Mein wichtigstes Handwerkzeug bin ich selbst, Kübel-Stiftung und in: Schwalbacher Blätter.

Themenzentrierte Interaktion in der Ehe- und Lebensberatung

Meine Ausbildung habe ich, wie die Mehrzahl der evangelischen Ehe- und Lebensberater, am Evang. Zentralinstitut für Ehe-, Lebens- und Familienberatung in Berlin erfahren. Diese Ausbildung ist tiefenpsychologisch orientiert, ihre Lerninhalte und Denkmodelle bilden die Basis für die Beratungstätigkeit und zeigen eine klare Unterscheidung zur Psychotherapie auf. Die Arbeit mit den Klienten konzentriert sich auf seine aktuellen innerpsychischen und sozialen Konflikte und die daraus erwachsenden Leiden. Ihre Bearbeitung basiert allerdings — wie die der Psychotherapie — auf der Annahme, daß alle Vorgänge im Hier und Jetzt im Sinne eines Kausalzusammenhanges ihre Ursachen auch in früheren Erfahrungen, Prägungen, in vergessenen und verdrängten Inhal-

ten haben. Diese Inhalte mit einzubeziehen, so daß die Momentansituation aus ihrem Zusammenhang heraus verstanden werden kann, ohne jedoch die Vergangenheit gezielt therapeutisch aufzuarbeiten, ist Gegenstand der Beratung.
So geht es auch hier um
— Kontaktschaffen zu den Niederungen und Schattenseiten der eigenen Persönlichkeit
— Einsichten vermitteln in die Zusammenhänge zwischen gestern und heute
— Entwickeln von Handlungsentwürfen für morgen, die aus der konflikthaften Situation herausführen und neue, bessere Perspektiven aufzeigen
Kein konfliktlösendes Verhalten steht isoliert,
— es hat einen organismischen Aspekt
— es ist Teil einer genetischen Reihe
— es hat bewußte und unbewußte Anteile
— seine Energien werden aus verschiedenen Quellen gespeist (z. B. aus Sachquellen und emotionalen Quellen) und setzen ihrerseits Kräfte für unterschiedliche Aktivitäten frei
— es gehört immer auch zu einer Verhaltensstruktur
— es wird durch die innere Realität und durch äußere Gegebenheiten bestimmt
— und letztendlich hat jeder Konflikt einen psychosozialen Aspekt.
Beratung ist also eine besondere Form von heilender Interaktion, die die obengenannten Aspekte insoweit verbalisiert und einbezieht, wie dies zur Lösung des vom Klienten angebotenen Konfliktes nötig ist. Es geht hier um klarere zielgerichtete Anliegen, um bewußte Absichten, anders als in der Psychoanalyse, in der tiefere und zurückliegendere Verletzungen aufgearbeitet werden. Dieses sich noch einmal bewußt zu machen, erscheint mir wichtig, ehe wir uns der Anwendung von TZI-Elementen in der Beratung konkret zuwenden. TZI ist nur dann beraterisch anwendbar, wenn eine entsprechende Ausbildung vorausgeht, die neurotische und psychiatrische Krankheitsbilder, Persönlichkeitsstrukturen und psychosomatische Phänomene genügend vermittelt hat, die mit den Grundlagen der Beratungstechnik vertraut gemacht hat und den zukünftigen Berater mit seiner eigenen Person und mit der Berater-Klienten-Beziehung bereits konfrontiert hat.
Das psychoanalytische Grundsystem finden wir bei der TZI — beraterisch angewandt — bei obengenannten Voraussetzungen wieder.
Obwohl Ruth Cohn sich von Moreno, Pearls und anderen Pionieren der Gruppentherapien inspirieren ließ, hat sie letztlich ihre Methode konse-

quent aus der Freud'schen Psychoanalyse weiterentwickelt. Ich selbst habe TZI zunächst für das Leiten von Gruppen in der Erwachsenenbildung gelernt, und dabei, gerade weil die Methode der TZI sich nicht als »Spielregeln« gesondert verwenden läßt, floß sie wie selbstverständlich in Beratungssituationen mit ein. Dieses erweiterte Konzept möchte ich darstellen. Ich bin selbst gespannt, wie es sich mit dem Gegenüber eines Lesers ausnehmen wird. Die Fakten, die ich im Laufe meiner Ausbildung gelernt habe, sind ja nicht mehr als solche bewußt in mir, sondern haben sich integriert in mein Handeln. Hier bin ich gezwungen, sie zu formulieren.

Zunächst: Wer kommt eigentlich zu der oben definierten Beratung? Es melden sich Einzelpersonen, Paare oder Familien an, andere nehmen das Angebot einer Beratungsgruppe in Anspruch. Diesen Beitrag werde ich auf Einzel- oder Paarberatung einschränken.
Dem Impuls, sich zur Beratung anzumelden, geht in aller Regel eine längere oder kurze Zeit der Verunsicherung, der Irritation, des Leidens voraus. Der oder die zukünftigen Klienten müssen sich eingestehen, daß eine Situation eingetreten ist, die sie nicht mehr allein oder im Gespräch mit guten Freunden zu bewältigen vermögen. Sie sind hilfsbedürftig geworden. Kränkung liegt in der Luft. Ein Konflikt wird wahrgenommen, auch wenn er noch nicht präzise formuliert werden kann. Konjunktive versperren den Weg: »Man müßte..., Du solltest..., wir könnten doch mal...« Wünsche gelangen nicht zur Erfüllung, Phantasien und unerledigte Geschäfte blockieren die Energien für befriedigende Arbeit und erfüllendes Leben darüber hinaus. Hier setzt tiefenpsychologisch orientierte Beratung an. Sie ist erbetene Hilfestellung von in Bedrängnis geratenen Menschen, bis diese aus den Ausnahmesituationen ihres Lebens wieder herausgefunden haben.

- »Mein Mann ist seit einem Jahr tot. Meine Schwägerin sagt, genieß doch das Leben, so wie es Dir jetzt geblieben ist. Aber ich schaffe das irgendwie nicht. Das Alleinsein macht mich ganz leblos.«
- »Die hohen Schulden fressen uns noch auf. Ihm macht's nichts, aber ich hab' keine ruhige Nacht mehr. Bis jetzt ging es noch, aber die Autoreparatur hat das Faß zum Überlaufen gebracht. Ich will mich nicht von ihm trennen, aber wenn er das doch bloß einsähe.«
- »Ich hatte so darauf gewartet, daß ich von zuhause weg könnte und eine eigene Wohnung haben. Und nun — alles hab' ich mir selbst eingerichtet, wunderschön, aber ich sitze nur drin und heul'.«
- »Immer wieder das gleiche — nach einem halben Jahr da läuft mir der nächste Freund weg. Wo finde ich bloß einen für die Dauer?«

In aller Regel verfolgt der Ablauf der Beratung einen bestimmten Interventionsaufbau, der den Weg zu Nah- und Fernzielen ermöglicht. Diesen Weg befolge ich auch, wenn ich mit TZI-Elementen arbeite.
Es beginnt mit der *Problembenennung:*
Hier hilft der Berater dem Klienten, sein Problem zunächst einmal zu beschreiben und präzise auszudrücken. Diese Arbeit könnte einer Themenformulierung in TZI-Gruppen gleichkommen. Während diese der Leiter meist allein macht, formulieren wir in der Beratung gemeinsam, bis das Problem sich benennen läßt.
Der nächste Schritt ist die *Erkenntnis- und Verstehensarbeit:*
Hier wird gemeinsam herausgefunden, in welcher Vernetzung der eigenen Vergangenheit und der augenblicklichen sozialen Bezüge das Problem steht.
Es kommt der Arbeit mit dem System des

»Hier und Jetzt«,
»Dort und Damals« und
»Da und Später« gleich.

Einen nächsten Schritt bildet die gezielte *Konfrontation:*
»So stehts mit Deinem Problem und so verstehst Du es jetzt.« Der Ratsuchende erhält Einsicht in sein Verhalten, er kann feststellen, wie er selbst der Urheber seiner Verstrickungen ist und wer sonst noch daran beteiligt ist. Er erhellt die Entwicklungsgeschichte dazu und wird nun auf seine eigene Chairmanship hingewiesen mit der direkten Aufforderung:

> »Schau nach innen. Welche Impulse, Kräfte, auch Ängste und Hemmungen spürst Du dort? Was kannst Du jetzt mobilisieren und was Dir zumuten? Und dann schau nach außen in Deine derzeitige Realität. Was ist Dir möglich?«

Mit den Antworten aus diesen Fragen geht es in die Phase der *einstweiligen Entscheidung, der Handlungsentwürfe.*
Ich helfe dem Ratsuchenden, ein Konzept zu entwickeln, das er in seinem realen Alltag ausübend probieren wird. Ich helfe ihm, sich selbst eine neue Autonomie zuzusprechen und in anderer Weise als zuvor interdependent zu sein, auf seine Umwelt mit verändertem Muster zu reagieren, so daß diese ihrerseits anders reagieren kann.
Der letzte Schritt ist dann die *übende Integration.* Wirkliche Veränderung vollzieht sich selten revolutionär, sie verläuft eher evolutionär. TZI ist die »Kunst der kleinen Schritte«, auch, oder erst recht, in der Beratung. Jeder, der einmal Ratsuchender war oder Berater ist, weiß, wie lang und mühevoll dieser hier so einfach und logisch (auch psycho-

logisch) beschriebene prozeßhafte Weg sein kann, wie spannend und befriedigend aber auch, und wie er manchmal zunächst wie eine Springprozession — 3 Schritte vor, 2 zurück — ausschaut. Grundkenntnis der TZI voraussetzend, haben wir einen Weg durch den Interventionsaufbau mit einigen wichtigen TZI-Elementen gemacht. Wir werden uns ihm ein zweites Mal zuwenden und die Verstehens-, die Handlungs- und die Integrationsphase am Alltag der Beratungspraxis näher kennenlernen.
In frei ausgeschriebenen Selbsterfahrungsgruppen und erst recht in Ausbildungsgruppen wissen die Teilnehmer in der Regel, daß sie hier mit TZI konfrontiert werden. In der Beratung ist das anders. Die Elemente, die TZI ausmachen werden, werden in die Sprache der Klienten übersetzt. »Hol' den Klienten da ab, wo er steht, wo er zu finden ist, und sprich die Sprache, die er versteht.« Dieses Übersetzen fängt auch bei den Worten selbst an.
»Sei Dein eigener Chairman« oder »Sprich per Ich...« verstehen die meisten Klienten zunächst nicht, auch wissen sie mit selektiver Authentizität nicht allzuviel anzufangen. Wir werden jedem in seiner Sprache entgegengehen und mit ihm reden. Die knappe Erinnerung »Sprich per Ich« kann ich ihm dann sagen, wenn er ihren Inhalt innerlich verstanden haben wird und doch noch gelegentlich in ein unpersönliches »man« zurückfällt. Diesen Wechsel zu vollziehen und wirklich für sich zu übernehmen ist ein oft mühsames Geschäft.

Wie im vorher beschriebenen klassischen Weg des Beratungsverlaufs eröffnen wir also zunächst mit der Einstiegsphase. Es ist das erste spannende Aufeinanderzugehen zweier sich noch fremder Menschen. Nicht nur der Klient ist etwas ängstlich und beklommen, auch ich als Berater muß erstmal sehen, wer mir da gegenübersteht, und kann meine innere Gespanntheit nicht einfach überspringen. Vielleicht könnte es mir gelingen, das Neue der Situation für uns beide zu thematisieren und damit ein erstes kleines Angebot an Beziehung zu schaffen. Der Berater stellt hier seine Gedanken und Gefühle selektiv, aber authentisch zur Verfügung. Ich zitiere Ruth Cohn an dieser Stelle: »Nicht alles, was in diesem Moment an echten Gefühlen und Gedanken da ist, sage ich, aber diejenigen, die ich sage, sind echt.« Und sie sind so ausgewählt, wie sie der Situation des Ratsuchenden weiterhelfen und gleichzeitig als Psychohygiene für mich gelten. Ohne eine Beziehungsgrundlage kann kein Klient ein Problem lösen und kein Berater ihm dabei behilflich sein, aber dieses Beziehungsangebot ist themenzentriert auf die Problematik des Klienten und die Beratungssituation. Das ist die Realität, die auch bei größerer Offenheit von seiten des Beraters als im strengen analytischen

System beide akzeptieren müssen. Der Klient soll spüren, daß er als Mensch mit einem Problem und nicht als Problem vor mir sitzt. Auf dieser Basis gehen wir die nächsten Schritte.
Hier möchte ich den Leser mit dem *Balance-Dreieck als diagnostisches Instrumentarium* bekanntmachen. Es beruht auf der Arbeitshypothese, daß die dynamische Balance der Ich-, Wir- und Es-Faktoren und die Eingebundenheit in das Umfeld ein positives Lebensgefühl ausmachen. Ein Mensch sollte imstande sein, eine Unbalance weitgehend selbst auszugleichen.

Während der Klient mich mitnimmt an die einzelnen Stationen seines Lebens, mich hinführt zu dem Anlaß, der ihn hierhergetrieben hat, habe ich das *Balance-Dreieck der TZI* vor meinem inneren Auge und bin schon gespannt, wie er sich eingerichtet hat zwischen Ich, Wir und Thema und wie seine Beziehungen zur Umwelt aussehen. Ich gehe also im Dreieck hin und her, während ich ihm zuhöre; auch meine ersten Interventionen richte ich darauf aus, mehr Klarheit zu bekommen, wie die Ich-, Wir- und Themenbereiche mit Leben gefüllt sind bzw. brach liegen:
Auf der *Ich-Ebene* wird er sich als Person subjektiv spüren und objektive Fakten ins Spiel bringen.

> Wie sorgt er für seine Wünsche und Bedürfnisse? Was fängt er mit sich allein an und wie sorgt er für sich und für seinen eigenen äußeren Rahmen? Wie kommt er selbst in seinem Leben vor?

Weitergehend auf die *Wir-Ebene* habe ich wieder meine unausgesprochenen Fragen:

> Wie grenzt er sich und seinen eigenen Raum gegen andere ab und wie nimmt er Kontakt auf? In welchen Gruppierungen lebt er und wie steht's mit dem Hin und Her von Individualität und Integration? Wie gibt er sich ein, ohne sich aufzugeben?

Ein eindruckvolles Bild geben hier meist Schilderungen aus Gruppierungen im Arbeits- und Freizeitbereich.
Und weitergehend auf die *Es-Ebene:*

> Welches sind seine Themen und Inhalte, mit denen er sich befaßt, die ihn fesseln, die er entwickelt und welche davon teilt er im Sinne eines »Wir« mit anderen? Sind die Sach- und Gedankeninhalte seiner Person und seinem Alter entsprechend und welche Werte bestimmen sein Denken und Handeln?

Auch die Kreisbewegung um das Dreieck, den *Globe,* habe ich mit im Auge:

> Wie nimmt er die Geschehnisse um sich herum wahr und wie nimmt er daran teil. Wie läßt er z.B. kulturelle und politische

Ereignisse auf sich wirken und welches ist sein Beitrag am Geschehen der Umwelt?

Die nun folgenden Praxisbeispiele stehen für mögliche Gespräche in der ersten Stunde. Lassen wir die Aufmerksamkeit im Dreieck einfach präsent sein, wir finden sicher schon hier Anhaltspunkte für die Ich-, Wir- oder Themendefizite.

Da kommt ein junges Paar zu einer ersten Stunde. Sie leben seit einiger Zeit zusammen, aber es läuft nichts mehr, wie sie sagen.

> »Wir haben unterschiedliche Arbeitszeiten. Wenn Klaus kommt, bin ich schon da. Dann möchte er erst mal schlafen, aber ich habe schon zwei Stunden aufs Erzählen gewartet. Wenn er dann aufsteht, bin ich meist müde. Es ist lächerlich, ich finde es bei uns schon so langweilig, wie ich es mir in alten Ehen vorstelle.«
> »Was könnten Sie sich denn vorstellen, wie es sein könnte, wenn nicht abwechselnd der eine oder andere müde wäre?«
> »Das weiß ich auch nicht recht, früher in der Wohngemeinschaft war es anders, da hatte ich immer mal jemanden, mit dem ich was machen konnte.«
> »Und was hat sie bewogen, von dort fortzuziehen und hier in der Stadt gemeinsam eine Wohnung zu nehmen?«
> »Wir waren beide arbeitslos und hier bekommt man leichter Arbeit, was ja auch stimmte, und nun haben wir Arbeit aber sonst nichts.«

Und damit hatte sich das gemeinsame Thema, der gleiche Impuls, dann erledigt und die »Langeweile alter Ehen« — so ihre Phantasie — hatte erst einmal Raum genommen. Nicht nur das Thema hing in der Luft, auch auf der Wir-Ebene war nicht allzuviel zu finden, nicht einmal ein »Ich und Du« als die kleinste Form des »Wir« konnte — jedenfalls aus der Sicht der ersten Minuten — sinnvoll gefüllt werden. Zum Glück hatten sie gar nicht erst eine Art Pseudo-Wir erfunden, etwa Möbelkauf u.a. Früh genug stellten sie sich, wenn auch verschlüsselt, die Frage nach der so wichtigen gemeinsamen »dritten Sache«. Die »dritte Sache«, wie Brecht es nennt, ist das, was Menschen zusammenbringt und auch zusammenhält. Entfällt sie, so hat die Beziehung keinen Inhalt und verliert ihre Verankerung im Globe. Manchmal wird das eine oder andere Ich zum Inhalt, z.B. durch eine lang anhaltende Krankheit, oder aber die Partner verstricken sich in endlosen Wir-Grabenkämpfen.

Auch der einzelne leidet zuweilen an Themenlosigkeit. Viktor Frankl weist in einer seiner Schriften darauf hin, daß der Verlust von Zeit und Sinnorientierung, wie er den Menschen gelegentlich einholt, eine der Hauptquellen für die Entstehung von psychischen Leiden sei.

»Mein Leben hat keinen Sinn mehr« ist ein Satz, den wir von Klienten in Erststunden hören, besonders nach einschneidenden Erlebnissen, öfter noch wird diese Themenlosigkeit nur mit einem indifferenten Gefühl ausgedrückt. Wir müssen ihm zunächst helfen, es zu formulieren, damit er dann auch selbst ausdrücken kann, worunter er leidet.

Ein wenig länger hinhören müssen wir in folgendem Fall, um einem Ich-Defizit auf die Spur zu kommen. Zunächst sieht es nur mal wie eine recht impulsive Lebensart aus mit einem kurzen Spannungsbogen in ungeliebten Situationen.
Hören wir zunächst zu:

> »Angemeldet hatte ich mich ja schon vor längerer Zeit, aber gestern war wieder genau das vorgefallen, was mich so auf die Palme bringt. Es war schon spät und ich hing noch im Keller Wäsche auf. Er hat mich da rumhantieren hören, aber meinen Sie, der stände mal vom Schreibtisch auf?«
> »Sie hätten sich gewünscht, daß er Ihnen hilft?«
> »Ja, und nicht nur das... Dieser ganze Kram wächst mir überhaupt über den Kopf. Früher... Früher war es anders. Sie müssen wissen, ich bin auch Dipl.-Kauffrau, aber jetzt... alles dreht sich ums Geschäft, um *sein* Geschäft.«

Nach einiger Zeit beruhigte sie sich. »Ja, eigentlich hab' ich es schön«. Da meldete sich die zufriedene Seite. Sie hätten Kinder, die sie zu vielen Aktivitäten führe. So käme sie hierhin und dahin. Und Einladungen gäbe es auch, allerdings wären das natürlich Geschäftsfreunde. Sie mache es allen recht schön. So gingen die Berichte weiter, als ob sie schon vergessen hätte, warum sie gekommen sei. Vor meinem inneren Auge wurde der Ich-Schwerpunkt dagegen immer kleiner. Themen waren genug da und Kommunikation auch. Aber was davon waren wirklich ihre eigenen Inhalte. Von Mann und Kindern hatte sie ihre Wünsche und Anliegen verdrängen lassen. Sie wußte sie kaum noch, nur die Wut beim Wäscheaufhängen drückte das derzeitige Defizit aus. Als diese Frau den Wunsch nach dem eigenen Schreibtisch, auch im übertragenen Sinn, entdeckte, und das dauerte eine Reihe von Stunden, hing sie nicht mehr abends Wäsche auf. Sie machte in anderer Weise bei ihrem Mann mit und verlor das Gefühl, ihm nur »zur Hand zu gehen«. Sie entwickelte wieder — wie vor der Ehe — einen eigenen Interessen- und Bekanntenkreis, was sich sogar beides mit den Schwerpunkten der anderen Familienmitglieder vereinigen ließ. Sie stieg aus ihrem Wäschekeller! Sie stellte ihre Anliegen neben die der anderen Familienmitglieder und hatte nun im »Wir« der Familie einen eigenen Platz.

Als Berater behielt ich viele Stunden lang das verwaiste Ich für sie im Auge, bis sie es selbst entdeckte und wieder neu dafür sorgen konnte. Dadurch ist sie autonomer geworden und konnte so auch gemeinschaftlicher werden.

Anders als bei dieser Frau, die ihre verschütteten, aber ihr wohlbekannten Ich-Anteile ausgraben konnte, müssen andere ihr Ich erst einmal finden, lernen ihre Wünsche zu formulieren, Gefühle wahrzunehmen und ausdrücken und vor allem dafür Sorge tragen, daß sie gehört und geachtet werden, wie die junge Frau, die sich zwar eingerichtet hatte, aber was nun! Auch sie machte das Ich-Defizit, wenn auch nicht für sich selbst, so für den Berater doch schon recht deutlich. Im Laufe der Beratung wurde sie schrittweise selbständig, es blieb nicht bei einer Pseudo-Autonomie einer Wohnungseinrichtung.
Oft sind Menschen schon von Kindheitstagen an mit einem dieser Dreiecksaspekte unterversorgt, dann entsprechend an einer anderen Stelle überversorgt. In manchen Familien wird eigenständige Entwicklung von vornherein nicht recht zugelassen. Das Kind kann nur schwer feststellen, wer es selbst eigentlich unter all den anderen ist. Es muß abgeben und aufgeben, ehe es sich seines Eigentums und seiner Eigenart bewußt ist. Nicht stattgefundene Auseinandersetzungen um den eigenen Standpunkt verhindern meist wirkliche Kontakte, echtes »Wir«.

Im Laufe der Beratung behalte ich das Dreieck nicht nur in meinem Kopf, sondern baue es in der *Konfrontations- und Durcharbeitungsphase* als Arbeitsmittel mit ein. Der Klient wird sich mehr und mehr selbst um seine Balance kümmern.
Nun sind wir beim Durcharbeiten des Problems. Wie ich vorne schon erwähnt habe, wird sich diese Arbeit auf drei zeit- und ortsbestimmenden Ebenen bewegen, die in einem Wirkfeld zueinander stehen, auch wenn sich die Arbeit jeweils vornehmlich auf einer dieser Ebenen abspielt. Wie gesagt, handelt es sich hierbei um das

Dort und Damals der Vergangenheit, und das
Hier und Jetzt der Gegenwart, und das
Da und Später der Zukunft.

Nur an der aktuellen Situation des »Hier und Jetzt« ist der Berater mit beteiligt. Das Arbeitsinstrument der augenblicklichen Beziehungsdynamik wird thematisiert. »Wie erleben Sie dieses und jenes hier mit mir und an welche frühere Situation erinnert Sie das vielleicht?« Leben und Handeln ereignen sich immer im Augenblick der Gegenwart und sie sind jeweils verstehbar aus dem, was vorausgegangen ist und aus dem, was

nachfolgen soll. So stehen alle drei Ebenen in einem natürlichen Zusammenhang. Wenn der Klient diesen Aspekt vor lauter verwirrender Details noch nicht im Auge behalten kann, so bin ich als Berater eine Zeitlang der Anwalt dieser Zusammenhänge. Die Entscheidung darüber, ob wir zunächst eine kürzere oder längere Verständnisreise ins »Dort und Damals« antreten und uns dort über die eventuellen Ursachen der Problematik informieren, oder ob wir zunächst eine Phantasiereise ins »Da und Später« ausprobieren und dabei Ausschau nach einer möglichen neuen Identität und anderen Handlungsweisen halten, trifft der Klient oft selbst. Er leitet das Gespräch in Rückschau oder Vorschau und ich gehe zunächst mit. Zu einem geeigneten Zeitpunkt weise ich jedoch auf den bis dahin vermiedenen Aspekt hin, etwa »Sie sprechen vorwiegend von neuen Zielen. Ich übernehme einmal den skeptischen Teil in Ihnen. Wie sahen eigentlich in der Vergangenheit die Schaltstellen aus, an denen der so drängende Wunsch nach Veränderung gescheitert ist?« Oder: »In jeder Stunde holt Sie das gleiche aus der Vergangenheit wieder ein. Wollen wir es für eine Weile ruhen lassen und einmal überlegen, wie eine positivere Veränderung eigentlich aussehen könnte?«
Nicht immer geht es glatt weiter in diesen oben skizzierten prozeßhaften Gesprächen. Das eine der TZI-Postulate »Störungen haben Vorrang« begegnet uns in vielfältiger Weise. Auch hier, wie oft in Gruppen, nehmen sich Störungen de facto den Vorrang. Ereignisse aus dem »Hier und Jetzt« des Alltags gebieten dem Arbeitsfluß Einhalt:
»Wir wollten ja heute über die Beziehung zu meiner Schwester sprechen, aber gestern kam mal wieder Uwe an..., unangemeldet...« Oft reiht sich ein aktuelles Ereignis ans andere und schiebt den Aufarbeitungsprozeß Woche für Woche heraus. Hier gilt es, sehr wachsam zu sein, ob es sich um wirkliche Störungen handelt oder ob das Unbewußte Anlässe inszeniert, um im Sinne eines Widerstandes der unangenehmen Konfrontation mit der Vergangenheit aus dem Wege zu gehen.
Wo liegt der Unterschied zwischen beiden? Bei manchen Störungen genügt es, analog zur Gruppenarbeit mit TZI, sie auszusprechen und damit in die »Hier und Jetzt-Situation« zu integrieren und dann weiterzuarbeiten. Das könnte etwa so aussehen: »Mein Kind ist krank. Ich habe es in guter Obhut, aber mit meiner Konzentration wird es heute wohl doch nicht so weit her sein«. Das Kind und sein Zustand ist nun im Beratungszimmer anwesend. Wir beide wissen darum. Ich habe es nun — wie die Mutter selbst — in meiner inneren Optik und wir wenden uns so unserer Arbeit zu. Im folgenden Fall sieht's ein wenig mehr nach Widerstand aus: »Ach, übrigens, letztes Mal hatte Uwe starken Husten — ich vergaß dann auch ganz, zu telefonieren. Und heute sieht's eigent-

lich nicht besser aus. Ich konnte einfach keinen Babysitter finden. Vielleicht gehe ich lieber früher.«

Im letzten Teil einer Beratung, in der *übenden Integration,* tritt dann das andere der beiden Postulate in den Vordergrund: »Sei Dein eigener Chairman«, so wie wir es vorne schon erläutert haben. Redewendungen, wie »Meine Mutter meint auch...«, »Man muß doch ein wenig darauf achten, daß...«, »Die anderen sagen, ich könnte gut kochen...« fallen zu Anfang häufig. Der unvertrauten Situation entsprechend werde ich hier nur in Ausnahmefällen das fehlende »Ich« anmahnen. Im Laufe des Prozesses wird der Klient Schritt für Schritt auf sich selbst hingewiesen, er lernt langsam und oft mühevoll »Ich« zu sagen, und aus sich selbst heraus zu denken und zu handeln.
Je mehr das gelingt, um so mehr wird er auch die anderen TZI-Elemente in seine Handlungsabläufe übernehmen, nicht als dogmatische Regeln, sondern als lebenserweiternde Impulse.
Ich bin als Berater ein schwieriges Stück Weg mitgegangen, habe begleitet und gestützt und konfrontiert. Der Weg ist beendet, unser Thema verbindet uns nicht mehr. Wir werden uns aus dem »Wir« der Berater-Klient-Beziehung verabschieden.

Dieter Funke

Geboren 1950. Dr. theol. Seit 1978 TZI-Kurse; seit 1980 psychoanalytische Ausbildung. Nach mehrjähriger Gemeindearbeit als Seelsorger jetzt tätig in Aus- und Forbildung kirchlicher Mitarbeiter, Supervision (Balint-Gruppen) und Psychotherapie. Lehraufträge in prakt. Theologie und Pastoralpsychologie.

Glaubensgesprächskreise in der Gemeinde

Ein Modell nach TZI

I. Das Ziel: Leben und Glaube in Kontakt bringen

Glaubensgesprächskreise sind an vielen Orten zu einem festen Bestandteil des Gemeindelebens geworden. Ganz gleich, ob sie ihm Rahmen von Bibelkreisen, bei der Vorbereitung von Katecheten, bei Treffen von Familienkreisen oder auch in der Jugendarbeit stattfinden, überall hat sich die Einsicht durchgesetzt, daß es dabei nicht in erster Linie um die Vermittlung von theologischem Wissen geht, sondern um den Versuch, die eigene Lebenssituation und die überlieferte Glaubensbotschaft in eine Beziehung zu bringen mit dem Ziel der wechselseitigen Erschließung (Korrelationsprinzip).
Hinter dieser Zielbestimmung katechetischen und erwachsenenbildnerischen Handelns einer Gemeinde und der Kirche als Ganzer läßt sich ein weitgehender theologischer Grundkonsens ausmachen, der etwa so heißt: Wenn sich die Gemeinde gedrängt sieht, Menschen in ihrem

Glauben-Lernen beizustehen, ist das immer auch Beistand zum Mensch-sein-Lernen. Dies gilt deshalb, weil die christlichen Glaubensgehalte nicht um ihrer selbst willen da sind, sondern zum Zeitpunkt ihrer Entstehung untrennbar mit der Subjektwerdung des Volkes Israel und der Menschen um Jesus verbunden waren. Die Inhalte der jüdisch-christlichen Tradition sind deshalb immer Erfahrungsinhalte und stellen ein »Lebenswissen« im Angesicht des geglaubten Gottes bereit, welches sich als zutiefst identitätsfördernd und subjektkonstituierend erweist und Einzelne und Gruppen davor bewahren will, sich selbst zu verlieren angesichts einer gesellschaftlichen Situation, welche die Subjekthaftigkeit des Einzelnen, seine Einmaligkeit und absolute Erwünschtheit nicht unbedingt fördert. Wenn nun eine Gemeinde in Glaubensgesprächskreisen versucht, die Gehalte jüdisch-christlicher Überlieferung weiterzugeben, dann sucht sie den daran Beteiligten in ihrer eigenen Menschwerdung beizustehen.

II. Ein Modell nach TZI*

Auf dem Hintergrund des oben skizzierten Anspruchs erfreut sich im kirchlichen Feld die TZI großer Beliebtheit, scheint sie doch durch ihre verheißene Erlebnisnähe und ihre Platzreservierung für das »Thema« das geeignete didaktische Instrument der Glaubensvermittlung zu sein.
Mit einer solchen eher pragmatisch begründeten und bisweilen geradezu euphorisch praktizierten Übernahme der TZI in das praktisch-theologische Methodenarsenal scheint mir jedoch weder der TZI noch der Glaubensüberlieferung gedient zu sein: TZI ist in ihrer Grundgestalt eine formal-inhaltslose Modellvorstellung (in bezug auf das Thema), welche der fachspezifischen Rekonstruktion bedarf. Und der christliche Glaubensbestand ist in seiner Inhaltlichkeit nicht »neutral« gegenüber der Didaktik. Anders gesagt: Nur solche »Methoden« sollen in der Glaubensvermittlung zur Anwendung kommen, welche der Subjektwerdung des Einzelnen gerecht werden. Aus diesem Grund halte ich es für wichtig, nicht zuerst nach Methodik zu fragen, sondern sich darüber Klarheit zu verschaffen, was denn vor sich geht, wenn Glaubensüberlieferung und Lebenserfahrung in Beziehung gesetzt werden.
Für diese Fragestellung ist Ruth Cohn's Grundidee äußerst hilfreich, weil sie nach ihrem eigenen Selbstverständnis nicht zuerst eine Methode

* Eine ausführliche Darstellung des hier skizzierten prakt.-theologischen Modells findet sich in: D. Funke, Verkündigung zwischen Tradition und Interaktion. Praktisch-theologische Studien zur TZI nach Ruth C. Cohn, Frankfurt 1984. Dort finden sich ausführliche Literaturhinweise.

im Sinn der oft mißverstandenen »Regeln« sein will, sondern ein Modell, wie »lebendiges Lernen« gelingen kann.
Worin besteht nun dieses Modell? Ich glaube, das Spezifische des Cohn'schen Konzepts besteht darin, daß deren Schöpferin ein Grundmodell geschaffen hat, nach dem das jeweilige Sachthema, die Bedürfnisse des Einzelnen und die Interaktionen in der Gruppe in ein Beziehungsverhältnis gebracht werden, welches sie mit dem Begriff der »dynamischen Balance« kennzeichnet. In der Praxis ist dieser Modell-Charakter von TZI leider oft übersehen worden und TZI wurde dann verwechselt mit der an peinliche Banalität grenzenden Befolgung von »Regeln« und »Postulaten«, deren Bekanntheit ich hier voraussetze.
Begreife ich TZI jedoch als ein allgemeines Modell von Thematisierungsprozessen, welche immer an die Erfahrungen des einzelnen und der Gruppe angebunden sind, dann ergibt sich eine überraschende Parallelität zwischen dem Anliegen theologischer Bildungsarbeit und dem TZI-Modell: Es geht darum, wie die überlieferten »Themen« des Glaubens mit den Erfahrungen im Hier und Jetzt verbunden werden können, so daß sie zu neuen Handlungen anregen und die Identitätsentwicklung des einzelnen und der Gruppe fördern. Eine solche »lebendige« Überlieferung des Glaubens entspräche auch genau seiner Entstehung: Er ist ja nicht als solcher vom Himmel gefallen, sondern als »Offenbarung« das Ergebnis bestimmter »Interaktionen«, die Menschen mit einem Mitmenschen, Jesus von Nazaret, gemacht haben. Das TZI-Konzept bietet nun eine gute Vorgabe, um eine lebendige, d. h. an Interaktionen gebundene Weitergabe dieses Glaubens modellhaft zu konzipieren.
Den Drei Punkten im TZI-Dreieck — Thema, Ich, Gruppe — entsprechen dann jene drei Faktoren, die konstitutiv sind für die Tradierung des Christentums, so daß wir unser Modell so darstellen können:

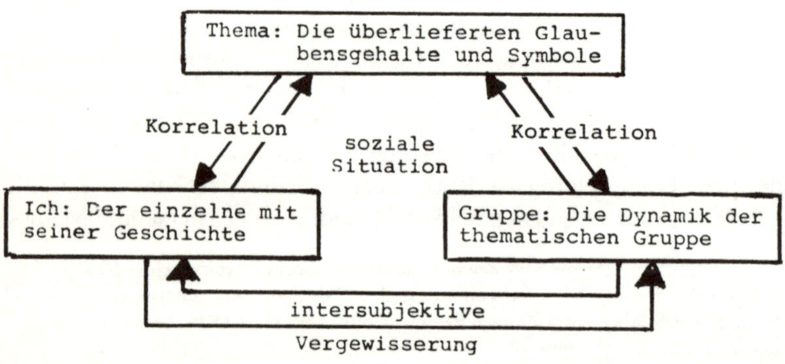

Korrekterweise müßten wir noch einen Kreis um dieses Dreieck zeichnen, um den »Globe« als die »Umwelt« der Gruppe darzustellen. Das wäre der geschichtliche und gesellschaftliche Kontext, in dem sich etwa ein Gesprächskreis als »Gemeinde« versammelt.

An dieser Stelle ist nun ein weiterer Hinweis auf soziale Bedingungen der oben genannten Zielvorstellungen wichtig. In Glaubensgesprächskreisen soll es ja zu einer gegenseitigen Erschließung von Botschaft und Lebenssituation kommen. Aus der Sicht der Teilnehmer heißt das, daß die bisher als äußerlich erlebte Glaubensbotschaft zu einem inneren Besitz wird und dadurch zum Ausdrucksmittel für persönliche Erfahrung. Diesen Vorgang nennen wir *Symbolisierung*. Ich werde weiter unten ein Beispiel solcher Symbolisierungen geben. Darüberhinaus sollen die Themen des Glaubens aber auch zu einer Veränderung des vorhandenen Alltagsbewußtseins und der ihm zugrundeliegenden Handlungsorientierungen führen. Wir können also sagen, wenn es zu einer wechselseitigen Durchdringung von überlieferten Glaubensvorstellungen und aktuellen Lebenserfahrungen kommen soll, müssen *Symbolisierungs- und Thematisierungsprozesse* stattfinden.

Im TZI-Konzept sind nun jene Elemente angegeben, die solche Prozesse fördern. Wenn nämlich Symbole neu entdeckt und Themen als handlungsrelevant erfahren werden sollen, dann bedarf es bestimmter sozialer Situationen, in denen Menschen miteinander in Beziehung treten können. Die Struktur einer solchen sozialen Situation wird durch das TZI-Dreieck beschrieben: Sie ist aus drei Elementen komponiert, die in einem dynamischen Wechselverhältnis stehen: Thema, Ich und Gruppe. Wird die Dynamik dieser Situation stillgelegt, wie etwa in der Fernsehsituation, wo es zwar ein Thema, aber keine lebendigen Beziehungen gibt, dann finden auch keine Symbolisierungsprozesse statt, es werden bestenfalls Klischees produziert.

III. Glaubensgesprächskreise als »soziale Situation«

Glaubensgesprächskreise, die sich am TZI-Modell orientieren, sind also eine »soziale Situation«, in der sich die Dynamik von *Thema, Ich und Gruppe* entfalten kann. Theologisch nennt man eine solche soziale Situation »Gemeinde« im Sinne eines bestimmten Beziehungsgeflechtes. Ohne eine solche Gemeinde kann Glaube nicht weitergegeben werden, weil er ja immer neu angeeignet werden will (Symbolisierung und Thematisierung). Glaubensgesprächskreise sind also der Versuch, ein Stück Gemeinde zu verwirklichen dadurch, daß eine *soziale Situation* eröffnet

wird, in denen sich die Teilnehmer mit einem Thema des Glaubens, mit sich selbst und miteinander beschäftigen, wobei das Thema zum Ausdruck und Symbol dessen werden kann, was in der Gruppe aktuell erlebt wird. Oft erzählen Teilnehmer dabei Ausschnitte ihrer eigenen Lebens- und Glaubensgeschichte und ihnen geht dann »ein Licht auf« in dem Sinn, daß sie verstehen, was ein Glaubensthema mit ihrem Leben zu tun hat.
Die Didaktik von Glaubensgesprächen besteht also darin, daß die drei Elemente *Thema, Ich und Gruppe* in ein Beziehungsverhältnis gesetzt werden und der Leiter darauf zu achten hat, daß dieses Beziehungsverhältnis im Sinne der dynamischen Balance aufrechterhalten bleibt. Dadurch soll ermöglicht werden, daß die Teilnehmer die Glaubensgehalte als Symbole ihrer eigenen Erfahrung verstehen und ihre eigenen Erlebnisse als Schlüssel zum Verständnis der überlieferten Themen des Glaubens begreifen. Dahinter verbirgt sich die Grundannahme, daß persönliche Erlebnisse erst dann zur inneren Erfahrung werden, wenn sie eine Sprache und ein Symbol finden und daß die Symbole und Themen des Glaubens andererseits der lebensgeschichtlichen und aktuellen Erfahrung bedürfen, wenn sie nicht zum Klischee verkommen sollen. Glaubensgesprächskreise, die am TZI-Modell orientiert sind, sind der Versuch, einen »Ort« zu schaffen, in denen solche Symbolisierungen und Thematisierungen im Horizont des christlichen Glaubens möglich sind.

IV. Methodische Aspekte

Was ich bisher skizziert habe, hat modellhaften Charakter. Dieses Modell läßt sich in den verschiedensten Settings durchführen. Entscheidend ist dabei immer, ob die Grundidee des Wechselverhältnisses von *Thema, Ich und Gruppe* durchgehalten wird. Als sehr günstig hat sich dabei die Form der Kleingruppe (ca. 8—15 Teilnehmer) erwiesen, jedoch läßt sich die Grundidee auch in der Arbeit mit größeren Gruppen, etwa bei Elternversammlungen vor Erstkommunion, Firmung oder Konfirmation durchführen.

1. Die »Haltung« des Gesprächsleiters

Entscheidend für das Gelingen von Glaubensgesprächen in der Gruppe im Sinne einer lebendigen Vermittlung von Lebenssituation und Glaubensinhalt ist nicht so sehr die genaue Beachtung von methodischen Regeln, sondern vielmehr die innere Einstellung und Haltung, mit der

der Initiator solcher Gruppen an die Arbeit geht. Wichtig ist dabei, ob er die Einsicht verinnerlicht hat, daß die »Themen« des Glaubens immer »Erfahrungsinhalte« sind und als solche einer erfahrungsbezogenen Weitergabe bedürfen. Eine solche »interaktionelle« Haltung des Gesprächsleiters bestimmt dann entscheidend das Klima in der Gesprächsgruppe und wirkt einladend auf die Teilnehmer, sich selbst an Interaktionen in der Gruppe zu beteiligen und diese nicht etwa als störend im Hinblick auf das Thema zu betrachten.

2. *Wie bildet sich ein Glaubensgesprächskreis?*

Damit sich ein Glaubensgesprächskreis im Sinne des TZI-Modells findet, bedarf es zunächst eines Impulses von außen. Das kann u.U. dadurch geschehen, daß ausdrücklich zu einem solchen Unternehmen im Rahmen der katechetischen oder erwachsenenbildnerischen Maßnahmen einer Gemeinde eingeladen wird. Es kann aber auch sein, daß andere Ordnungsvorgaben im Leben einer Gemeinde der äußere Anlaß sind: So können sich etwa im Rahmen traditioneller Vorgaben interaktionelle Gruppen bilden, z.B. kann die Elternversammlung im Rahmen der Erstkommunionvorbereitung dazu führen, daß viele für die Eltern »brisante« Themen von ihnen selbst angesprochen werden. Wird das vom Leiter nicht unterbunden, sondern freundlich unterstützt, entsteht möglicherweise die Idee, über den Elternabend hinaus im Gespräch zu bleiben. Ich habe die Erfahrung gemacht, daß gerade diese äußeren Vorgaben einer Gemeinde eine große Chance bieten, Menschen in Kontakt zu bringen über ein gemeinsames Thema. Entscheidend ist dabei jedoch, daß der Leiter — oft ist es der Pfarrer — bei solchen Versammlungen ein großes Maß an Offenheit mitbringt und »Themenabweichungen« zuläßt. Gerade darin liegt ja die Chance, daß die Teilnehmer über das offizielle Thema hinaus — in unserem Fall: »Wie gestalten wir die Feier der Erstkommunion?« — ihre eigenen Themen zur Sprache bringen und bereits erste interaktionelle Erfahrungen miteinander machen. Es wird also hier schon deutlich, daß Glaubensgesprächsgruppen oft ihren »Sitz« in irgendeiner Vorgabe seitens der Gemeinde haben.

3. *Wie findet die Gruppe ihr Thema?*

Zuerst ist es also ein thematischer Impuls von außen, der eine Gruppe zusammenführt. Darin unterscheidet sie sich also von einer reinen Selbsterfahrungsgruppe, die um ihrer selbst willen zusammenkommt. Vor allem in der Anfangsphase einer solchen Gruppe ist es wichtig, daß es ein klar formuliertes Thema aus dem Bereich des Glaubens gibt. Dieses Thema muß vom Leiter der Gruppe vorformuliert sein. Nach dem thematischen Einstieg ist es wichtig, daß sich das Thema in weiteren Subthemen entfalten darf. Dieses Subthemen ergeben sich aus den Beiträgen der Teilnehmer und enthalten die Themen, die von »unten«, also aus dem Erfahrungsbereich der Teilnehmer kommen und den Ich-Pol des TZI-Dreiecks widerspiegeln. Diese Subthemen sind der Schnittpunkt, in dem sich die subjektiven Erfahrungen und Wünsche der Teilnehmer mit den »objektiven« Themen der Überlieferung treffen.

Ein Beispiel:

Ein Glaubensgesprächskreis hat sich das Thema »Erbsünde« gewählt. Nach einer theologischen Einführung ins Thema diskutieren die Teilnehmer intensiv und es ergibt sich das Subthema »Schuld«. Dann erzählt eine Frau vom Tod ihres Mannes und wie sie in zwei Jahren dieses Ereignis zu bewältigen suchte. Sie sagt, wie sie durch den Verlust ihres Partners gezwungen war, sich neu im Leben zu orientieren und daß sie das jetzt als eine Chance für sich begreifen könne. Diese Tragik des Verlustes sei für sie offenbar notwendig gewesen, um eine neue Entwicklungsstufe in ihrem Leben zu erreichen. Zu dieser Einsicht kommt sie jedoch erst, nachdem die Teilnehmer ihr eine Rückmeldung auf ihren Bericht gegeben haben und die positiven Anteile dabei stellvertretend für sie aufgegriffen haben. Das Thema »Erbsünde« war durch die Erfahrung von Tragik und unschuldigem Verlust zu einer Realität geworden, die dann die anderen Teilnehmer durch ihre eigenen Erfahrungen weiterführen konnten. Anschließend überlegt die Gruppe, wie sie Gemeindemitgliedern, die von ähnlichen Verlusten betroffen seien, ansprechen könnten, um möglicherweise eine neue Gesprächsgruppe zu diesem Thema zu bilden.

4. Die Bedeutung des Themas

In diesem Beispiel erfüllte das Thema tatsächlich eine hermeneutische Funktion: Es half, eine Lebenssituation zu erschließen, d. h. sie in Sprache zu fassen und zu verstehen. Es kann aber auch genau anders sein: Ein Thema kann in den Dienst der Abwehr gestellt werden, um nicht über das reden zu müssen, was »eigentlich« dran ist.

Auch hierzu ein *Beispiel:*

Im Rahmen der Firmvorbereitung findet in der Gemeinde ein Elternseminar statt: »Was heißt mündiges Christsein?« Methodisch war dieses Seminar so angelegt, daß im Wechsel von Impulsreferat und Gruppengespräch eine Balance zwischen Thema und Interaktionen hergestellt werden sollte. Die kurzen Impulsreferate werden interessiert aufgenommen, die Gesprächseinheiten erweisen sich jedoch als ausgesprochen zäh und leiterzentriert. Es gelingt nicht, das Frage- und Antwortspiel in ein Rundgespräch umzuwandeln. Als ich das anspreche, antworten einige Teilnehmer, sie seien eben mehr an Informationen interessiert, ja sie hätten einen gewissen Nachholbedarf, weil die Kirche ja in dieser Richtung sehr wenig anbiete und ihre Kinder im Firmunterricht ja auch kein religiöses Wissen vermittelt bekämen. Der Kommunikationsstil ändert sich in der Gruppe auch dann nicht, als einige Teilnehmer von mir eine offenere und dialogischere Gestaltung des Sonntagsgottesdienstes verlangen. Auch dem Hinweis auf die dialogische Verkündigungspraxis Jesu wird allgemein zugestimmt, ohne diesen Inhalt auf die eigene Situation zu beziehen. Erst als ich dieses Paradox zum wiederholten Mal anspreche, beginnen einige Teilnehmer von ihrer eigenen religiösen Erziehung zu sprechen und der nicht bearbeiteten Wut auf ihren damaligen Pfarrer.

Hier wird deutlich, wie ein begierig aufgenommener thematischer Impuls in den Dienst der Abwehr von bedrohlich erlebten Gefühlen gestellt wird. Das offizielle Thema wird dabei von einem »Gegenthema« gleichsam unterwandert. Solche Gegenthemen können mitunter die Arbeitsfähigkeit der Gruppe erheblich beeinträchtigen. Im Sinne der TZI-Methodik liegt also eine sog. »Störung« vor, deren Bearbeitung Vorrang hat. Gelingt es dem Leiter, die Motive anzusprechen, die einem solchen »Gegenthema« zugrunde liegen, wird das sachthematische Arbeiten in der Gruppe meistens intensiver und tiefgehender. Oft liegen diesen »Störungen« jedoch vielfache Gefühle zugrunde, deren Ansprechen nicht immer einfach ist und vom Leiter eine sehr einfühlsame Haltung erfordern. Was hiermit deutlich gemacht werden soll, ist die »Doppelfunktion«, die ein Thema in Glaubensgesprächen haben kann: Einmal kann es zu Thematisierungen führen in dem Sinn, daß sich Einstellungen der Teilnehmer verändern, andererseits kann das Thema aber auch in den Dienst der Abwehr von aktuell erlebten Gefühlen und Konflikten der Gruppe gestellt werden.

5. Strukturierungen sind notwendig

Glaubensgesprächskreise, in denen die drei Elemente einer sozialen Situation — *Thema, Ich und Gruppe* — in Beziehungen gesetzt werden sollen, bedürfen gerade in der Anfangsphase eines hohen Maßes an Strukturvorgaben. Diese haben die Funktion, angstreduzierend zu wirken und den Teilnehmern in der für sie zunächst fremden Situation ein Gefühl von Sicherheit zu geben. Dadurch werden ungewollte Übertragungen und tiefe Regressionen weitgehend verhindert und ein sachthematisches Arbeiten ermöglicht. In verschiedenen Glaubensgesprächskreisen habe ich erlebt, daß viele Teilnehmer ein intensives Bedürfnis nach Nähe und Kontakt haben und manchmal bereit sind, zu früh und zu viel von sich selbst zu erzählen. Dabei fehlt ihnen oft das Gespür, ob eine persönliche Mitteilung auch »ankommt« und von der Gruppe verstanden wird. Das gelingt nämlich nur dann, wenn der Kreis sich aneinander gewöhnt hat und eine Atmosphäre des Vertrauens entstanden ist. Dem Leiter kommt dann die Aufgabe zu, einzelnen hier eine schützende Grenze zu setzen und wieder zum Thema im Hier und Jetzt zurückzuführen.

Zur Struktur zählt besonders in der Anfangsphase all das, was vom Leiter vorgegeben wird: Die Gesprächsleitung, Medien, Arbeitsmaterialien, Vorschläge der Teilnehmer, wie man weiter mit dem Thema umgehen soll. Besonders in Situationen, in denen viele persönliche Anteile ins Gespräch eingebracht werden, ist mehr Struktursetzung durch den Leiter notwendig, weil dadurch ein Schutzraum für die persönliche Sphäre des Einzelnen entsteht, der in der Anfangsphase nicht zu schnell aufgegeben werden sollte.

Anderseits nun unterscheidet sich eine am TZI-Modell orientierte Gesprächsgruppe von anderen Gruppen dadurch, daß sie eine soziale Situation ermöglicht, die nicht völlig vorstrukturiert ist, so daß jede lebendige Interaktion verhindert wird. Dann würde nämlich auch eine Symbolisierung und Thematisierung von Glaubensinhalten im Sinne des Relevantwerdens für den Einzelnen und die Gruppe unmöglich gemacht. Eine völlig vorstrukturierte Situation etwa durch eine rigide Gesprächsführung oder den zu häufigen Einsatz von Medien bedingt, würde dann eher der »Fernsehsituation« gleichen, welche nicht zu lebendigem Austausch und damit nicht zu neuen Symbolisierungen führt, sondern im Klischee haften bleibt. Je vertrauter die Gruppe nun miteinander geworden ist und je weniger »Angst« die Teilnehmer voreinander haben, desto weniger braucht der Leiter die schützenden Strukturen zu setzen. Vielmehr übernimmt die Gruppe selbst diese Funktion.

Damit es also in Glaubensgesprächskreisen zu einer wechselseitigen Erschließung von Glaubensüberlieferung, Lebensgeschichte des Einzelnen und aktueller Gruppensituation kommen kann, bedarf es eines »sozialen Ortes«, der im Spannungsverhältnis von *Struktur und Offenheit* angesiedelt ist. Die Situation darf weder so offen und unstrukturiert sein, daß sie den Teilnehmern Angst macht und sie sich zurückziehen (etwa durch Schweigen), noch sollte sie so vorstrukturiert sein, daß die Mitglieder des Kreises vom Leiter abhängig gemacht werden und dieser durch seine Vorgaben den Austausch untereinander verhindert.

6. *Der Leiter — Mitglied der Gruppe und Anwalt des Themas*

Diese dynamische Balance von Struktur und Offenheit wird entsprechend der TZI-Methodik durch den Leiter hergestellt. Sein Verhalten soll es ermöglichen, eine relativ übertragungsfreie Situation zu schaffen,

in der themenbezogen und interaktionell gearbeitet werden kann. Der Leiter von Glaubensgesprächskreisen — oft ist es der Pfarrer, ein Theologe oder ein anderer hauptamtlicher Mitarbeiter, muß es aber nicht sein — ist Mitglied des Kreises. Als teilnehmender Leiter und leitender Teilnehmer nimmt er offen und für alle sichtbar die Leitungsfunktion der Gruppe wahr, ohne sich dabei außerhalb der Gruppe zu stellen oder seine Mitgliedschaft aufzukündigen. Er ist in erster Linie Mitlernender. Dadurch werden Übertragungsphantasien auf ihn weitgehend reduziert, d.h. er bietet sich weder als »Retter« oder »Erlöser« an, noch als jemand, der für alles in der Gruppe verantwortlich ist. Indem er sich selbst als Person einbringt, stellt er »Realität« her und bewahrt die Gruppe vor unerfüllbaren »Heilserwartungen«.
Seine wichtigste Funktion besteht darin, der Wächter der Balance von Arbeiten am Thema, persönlichen Äußerungen und Beschäftigung der Gruppe mit sich selbst zu sein. Prinzipiell kann diese Funktion von jedem anderen Gruppenmitglied wahrgenommen werden, was auch im Laufe der Entwicklung eines Gesprächkreises häufig geschieht. Wenn auch der Leiter in erster Linie für die Aufrechterhaltung einer sozialen Situation im Sinne der Balance zu sorgen hat, so hat er doch meistens eine größere Sachkompetenz als die anderen Gruppenmitglieder, die er auch nicht zu verleugnen braucht. In unserem Modell kommt diese Kompetenz jedoch nicht dadurch zum Tragen, daß er ständig mehr Wissen als die übrigen Teilnehmer zur Verfügung stellt, sondern daß er im Gruppenprozeß der Anwalt des Themas ist. Er hat dafür zu sorgen, daß die Gehalte des überlieferten Glaubens in den aktuellen Interaktionen der Gruppe nicht untergehen. Er wird diese Themen also immer dann einbringen, wenn diese von den anderen außer acht gelassen werden und sich die Gruppe mit andern Dingen beschäftigt. Die theologische Kompetenz des Leiters kommt in unserem Modell jedoch erst darin voll zum Ausdruck, daß er durch seine Person ein *identitätsfreundliches Milieu* schafft, in dem es zu neuen Symbolbildungen und persönlichen Entwicklungen kommt. Die paulinische Selbstdefinition seines Amtes für die korinthische Gemeinde, nicht »Herren über euren Glauben« zu sein, sondern »Helfer zu eurer Freude« (2 Kor 1,24), könnte so eine konkrete Ausprägung erfahren. Das Verkündigungsamt des Theologen als Leiter eines Glaubensgesprächskreises besteht dann nicht in seiner Auslegungs- und Interpretationsdominanz der Symbole und Themen der überlieferten Botschaft, sondern sein »Amt« kommt darin zum Ziel, daß er *soziale Situationen* zu schaffen sucht — also »gemeindebildend« arbeitet —, in denen sich Erfahrung und Überlieferung wechselseitig erschließen. Eine solche Situation wäre dann jenes Milieu, das entsteht, wenn Gott die

Menschen »herausruft in die Gemeinschaft mit seinem Sohn« (1 Kor 1,9).

7. *Umgang mit der Glaubensgeschichte des Einzelnen*

In Glaubensgesprächskreisen kommen viele Teilnehmer mit ihrer eigenen Glaubens- und Lebensgeschichte in Kontakt. Sie entdecken, daß ihr Glauben-Lernen etwas mit ihrem Menschsein-Lernen zu tun hat und daß dieser Glaube in frühe Erziehungsprozesse verwoben ist. So weckt manches Glaubensthema Erinnerungen an die eigene Kindheit, und es ist nicht verwunderlich, daß viele Teilnehmer von ihren Kindertagen berichten. Diese persönlichen Berichte sind für eine Gruppe meistens eine außerordentliche Bereicherung, weil sie Mut machen, den eigenen Glauben als Teil der eigenen Person zu betrachten und nicht als eine abgespaltene Sonderwelt, eine »religiöse Sphäre«, die mit den »eigentlichen« Lebensvollzügen wenig zu tun hat (=die bürgerliche Form von Religion). Indem ein Teilnehmer seine Geschichte erzählt, lädt er auch andere ein, von sich zu erzählen. In den Reaktionen der anderen bekommt er selbst eine »Rückmeldung«, lernt er sich selbst neu zu sehen. Aber auch dem Vorgang des Erzählens selbst kommt außerordentliche Bedeutung zu, denn erzählen heißt ja, der Innenwelt eine Sprache geben, Inneres und Verborgenes bewußt machen und dadurch ein Verhältnis zu sich und seiner Glaubensgeschichte bekommen. Ein solches Zur-Sprache-Bringen setzt aber voraus, daß andere da sind, die zuhören, also eine Gruppe, die auf den Erzähler emotional eingehen kann. Für viele ist das oft das erste Mal, daß sie in persönlicher Weise über ihren Glauben sprechen, weil es sonst keine Partner gibt, die fähig sind, aktiv zuzuhören, wenn es um das eigene Glauben-Lernen geht.

Glaubensgesprächskreise sind somit ein Stück »Öffentlichkeit«, ein Ort, an dem Menschen über sich reden können gegen den Trend der zunehmenden Privatisierung des Religiösen und der wachsenden Sprachunfähigkeit vieler erwachsener Menschen. Indem der Einzelne in der Gruppe eine Sprache findet, über seinen Glauben zu reden, in dem Maße wächst seine Symbolisierungsfähigkeit, d.h. er lernt, seine aktuellen Erfahrungen mit den Symbolen des Glaubens auszudrücken.

Persönliche Berichte einzelner Teilnehmer führen jedoch nicht immer dazu, daß die Gruppe zuhört. Besonders in Anfangsphasen oder am Beginn eines Treffens ist die Gruppe noch nicht in der Lage, aktiv und mit innerer Beteiligung zuzuhören, weil sich der Kreis emotional noch nicht geschlossen hat. Der Leiter kann davon ausgehen, daß eine Gruppe erst dann aufnahmebereit ist, wenn alle Mitglieder sich wenigstens einmal geäußert haben. Beginnt ein Mitglied bereits am Anfang mit dem Erzählen von persönlichen Erfahrungen, wirkt das auf die Gruppe meist langweilig. Der Leiter tut gut darum, wenn er dann ein weiteres Prinzip der TZI-Methodik beachtet, nämlich das *Hier-und-Jetzt-Prinzip.* Das bedeutet, daß er die Damals-Perspektive eines Teilnehmers umwandelt in die Gegenwart, indem er die Aufmerksamkeit auf die aktuelle Bedeutung des Themas lenkt. Dem Thema kommt also auch hier wieder eine Mittelstellung zu, indem es die Verbindung herstellt zwischen den Teilnehmern und ihrer Geschichte und dem aktuellen Austausch in der Gruppe.

V. Abschließende Bemerkungen

Grundlegend für das hier skizzierte Modell von Glaubensgesprächskreisen ist das dynamische Wechselverhältnis von überlieferten Glaubenssymbolen, persönlicher Lebensgeschichte und aktueller Situation. Glaubensgesprächskreise suchen damit eine soziale Situation zu bilden, die der interaktiven Grundstruktur der Themen und Symbole des Glaubens gerecht zu werden sucht. Die interaktionelle Arbeit am theologischen Thema ist dann keine beliebige Methode der Vermittlung von Glaubenswissen, sondern ergibt sich aus der Einsicht, daß dieser Glaube nicht vom Himmel gefallen ist, sondern an die lebendige und aktuelle Erfahrung von Menschen gebunden war und ist. Anders gesagt: Es geht in einemam TZI-Konzept orientierten Modell von Glaubensgesprächskreisen um die Einlösung zweier Geltungsansprüche, die für die Art und Weise der Verkündigung Jesu gültig waren: Die *Wahrheit* seiner Botschaft wird durch die *Richtigkeit* seiner Handlungen eingelöst. Er hat nicht nur das Heil verkündet, sondern die Menschen in der Begegnung mit ihm Heil erfahren lassen. Dieses Aufeinanderbezogensein von Botschaft und Erfahrung soll in Glaubensgesprächskreisen realisiert werden. Sie könnten sich als ein Ort erweisen, an dem der vielbeklagte Erfahrungsverlust des Glaubens ein Stück weit aufgehoben ist. Die innere Struktur eines solchen Ortes haben wir mit den drei Elementen einer sozialen Situation beschrieben, in der das Thema des Glaubens, die Lebensgeschichte des Einzelnen und die aktuellen Erfahrungen in der Gruppe aufeinander bezogen bleiben.

Die entscheidende Frage für die Weitergabe des Glaubens heißt dann nicht mehr: »Wie kann ich die Teilnehmer motivieren, daß die Botschaft ›ankommt‹?«, sondern: »Wie kann ich eine Situation herstellen, in der sich Botschaft und Erfahrung wechselseitig erschließen?«

Elisabeth Miescher

Als ehemalige Mittelschullehrerin und Mutter dreier Söhne setze ich meine pädagogischen Fähigkeiten heute in der Erwachsenenbildung ein, z. B. in der Ausbildung von Gruppen-Verantwortlichen und in der Leitung von Tagungen und Kursen. Ich begleite Einzelne und Gruppen oder Teams als Supervisorin. Einen Schwerpunkt sehe ich in der Arbeit mit Frauen sowie in der Friedensarbeit innerhalb und außerhalb der Kirchen.
Ich bin Mitglied der entwicklungspolitischen Gruppe »Erklärung von Bern für eine solidarische Entwicklung« und Mitbegründerin des Ökumenischen Friedensnetzes der Region Basel. Seit kurzem bin ich wieder Mitglied einer politischen Partei (der SP Schweiz). TZI hat mich auf meinem politischen Weg der letzten 10 Jahre begleitet. Als Neu-Graduierte von WILL möchte ich mein Lernen mit andern teilen.

TZI im gesellschaftspolitischen Bereich —

am Beispiel der Friedensarbeit

TZI im gesellschaftspolitischen Bereich — hat sich damit bei mir und anderen etwas verändert? Was hat mir TZI als Haltung, als Methode, als Kompaß gegeben? Anhand einiger Beispiele möchte ich zeigen, wie Friedensengagement ohne TZI-Kompaß scheiterte und was erste Erfahrungen mit TZI bewirkten. Notizen und Impulse aus Kursen leiten über zu einigen Interviews. Aus den gewaltlosen Bewegungen sind die Beispiele gewachsen, auf die ich zum Schluß eingehen möchte: diese Bewegungen stehen der TZI nahe.

Betroffenheit löst Handeln aus — Kämpfen ohne TZI-Kenntnis

Für mich beginnt die Friedensarbeit in den 68er Jahren mit dem Interesse und Einsatz für entwicklungspolitische Fragen. Ich habe damals gespürt, was es heißt, betroffen zu sein, sich nicht mehr dispensieren, nicht mehr wegschauen zu können. Diese Betroffenheit wühlte mich auf, zeigte mir aber auch Wege, wie ich etwas tun konnte: ich trat einer entwicklungspolitischen Gruppe bei.

Später bildete sich eine ökumenische Gruppe, in der sich zum Teil Menschen vom Rande der offiziellen Kirche zusammenfanden, um nach dem Kölner Beispiel politische Nachtgebete zu entwickeln, die in öffentliche Gottesdienste integriert werden sollten. Das erste dieser politischen Gebete sollte die Militärdienstverweigerer unterstützen, die in der Schweiz bis heute ins Gefängnis müssen. Wir wollten auf das Problem aufmerksam machen und Unterschriften für ein Volksbegehren zur Einführung eines zivilen Ersatzdienstes sammeln. Unsere Gruppe war heterogen, aber einig in der Zielrichtung. Von der Bibel her gab es nur eine Antwort: ein ziviler Ersatzdienst mußte möglich sein. Allerdings: die Beziehungen in der Gruppe wurden nicht besprochen — nur die Sache war wichtig. Dadurch geschah es zum Beispiel, daß ein Pfarrer die Gruppe verließ, weil ein Konflikt nicht besprochen worden war: er hatte eine biblische Meditation geschrieben, die von vielen kritisiert wurde. Er fühlte sich als Person abgelehnt, war gekränkt (so nehme ich heute an) und verließ die Gruppe mit dem Argument, daß er keine Zeit mehr habe.

Das erste Nachtgebet, das wir in dieser Gruppe entwickelten, war inhaltlich sehr klar.[1] Doch wo hatten diejenigen Platz, die sich für die Armee der neutralen Schweiz einsetzten? Insgesamt war es ein aggressiver Gottesdienst trotz des Titels »Dienstverweigerer - Verräter oder Mahner?«, denn die Aussagen ließen den Andersdenkenden keinen Raum. Die Reaktionen in der Presse und von seiten der Kirchenleitung waren negativ: mangelnde Ausgewogenheit, Einseitigkeit und fanatische Haltung wurden uns vorgeworfen. Wir hatten uns für eine Minderheit der Dienstverweigerer einsetzen wollen, dabei aber jene ausgeschlossen, die im Gottesdienst die Minderheit der Armeeanhänger bildeten (diese gehören ja gesamtgesellschaftlich gesehen zur Mehrheit).

Es folgten weitere Gottesdienste, die ähnlich verliefen. Nach einem Jahr gaben wir die politischen Nachtgebete auf. Wir waren müde, wir hatten

[1] Marti, K. (Hg.), Politische Gottesdienste in der Schweiz, Basel 1971, S. 63-82.

es satt, uns anzustrengen und gleichzeitig angefeindet zu werden. Was uns zudem geschwächt hat, war die Tatsache, daß wir untereinander keine tragfähigen Beziehungen aufgebaut hatten. Wir waren nicht wirklich eine Gruppe — ein »Wir«, denn wir setzten uns nicht mit unseren Beziehungen auseinander, sondern hatten nur die Ziele im Auge. Wir haben uns z.B. noch nicht einmal die Zeit genommen, gemeinsam Essen zu gehen. Heute ist mir deutlich, wie wichtig es gewesen wäre, unsere Gemeinsamkeit in der Sache zu stärken, indem wir uns als ganze Menschen begegneten.

Vierzehn Jahre später habe ich wieder an einem Gottesdienst mitgeholfen mit dem Thema »Beten für eine gerechte Lösung der Zivildienstfrage«. Er fand unmittelbar vor der zweiten Volksabstimmung statt und war viel weniger aggressiv, dafür aber offener und persönlicher. Dazwischen liegt eine lange Entwicklung, die ich und viele andere mitgemacht haben und die meine Haltung mir selbst und anderen gegenüber verändert hat.

Ein weiteres Beispiel ist das Volksbegehren für ein Waffenausfuhrverbot, zu dem 1969 die Unterschriftensammlung begann. Obwohl wir Frauen bis 1971 kein Stimmrecht hatten, also nicht unterschreiben konnten, war ich beim Sammeln von Unterschriften eifrig dabei. Ich stieß auf viel Ablehnung. Um so überzeugter kämpfte ich für dieses Volksbegehren. Es gelang mir auch, mit meinen Argumenten Unterschriften zu gewinnen und im Abstimmungskampf für ein Waffenausfuhrverbot zu werben. Ich war sprachgewandt, ich war geschickt, ich konnte einige Leute überzeugen. Vor der Abstimmung trug ich zum ersten Mal einen Protestknopf. Ich erinnere mich an eine Diskussion mit einem leitenden Angestellten der Großindustrie: Ich war gut informiert und kämpfte mit handfesten Argumenten, vehement, aggressiv. — Er verteidigte sich entsprechend und warf mir Einseitigkeit vor. Jeder war am Schluß um so überzeugter, daß er bzw. sie recht hatte. Ich lehnte meinen Diskussionspartner ab; auch er konnte mich nur ablehnen aufgrund der Art, wie ich für ein Waffenausfuhrverbot warb, nämlich indem ich ihn und seine Meinung verurteilte. Unsere Vorurteile waren bestätigt, wir trennten uns. — Ich ahnte, womit ich Abwehr weckte, und warum alle Verteidigungsregister gegen mich gezogen wurden. Ich spürte, daß ich Angst auslöste und dadurch oft das Gegenteil von dem bewirkte, was ich eigentlich erreichen wollte. Doch auf solche Gedanken wollte ich mich nicht einlassen: Durfte eine Frau nicht reden können?!?

Nach solchen Diskussionen hatte ich oft den Eindruck, mich gut geschlagen zu haben — und doch fühlte ich mich unterlegen. Mit diesem Widerspruch konnte ich schlecht umgehen. So war doch der politische Kampf?! Die traditionelle politische Arbeit hieß: den Gegner überzeugen, ihn bekämpfen, ihn mundtot machen. Oder: die Unentschiedenen mit guten Argumenten gewinnen, möglichst schlagfertig sein. Warum sollte ich im Kampf für den Frieden anders handeln?

Das Waffenausfuhrverbot wurde mit knapper Mehrheit abgelehnt. Wir verbuchten einen Achtungserfolg, der wenig Konsequenzen hatte.

Begegnung mit TZI — erste Anfänge

Durch die Begegnung mit TZI geschah etwas Entscheidendes. Ich lernte, zu mir selbst zu stehen, zu meinen Gefühlen, zu meinen Ängsten, die hinter der kämpferischen Haltung steckten. Ich entdeckte auch meine frauliche Wärme und konnte etwas von meiner Verbissenheit ablegen. Ein Gespräch mit dem Befürworter des geplanten Kernkraftwerkes Kaiseraugst bei Basel verlief ganz anders, als es noch vor einiger Zeit verlaufen wäre. Ich blieb freundlich, nahm meinen Gesprächspartner ernst, ohne von meiner Meinung abzuweichen, was mir das Kompliment eintrug: »Mit Ihnen kann ich wenigstens reden.« Wir trennten uns *und* setzten das Gespräch später fort. Ich hatte in diesem Gespräch von mir gesprochen und von meinen Ansichten, Gefühlen und Einschätzungen, dadurch war mein Gegenüber ermutigt, auch von sich selbst zu sprechen und sich nicht hinter Allgemeinheiten wie »man« oder »wir« zu verbergen. Wir konnten unsere Ansichten darlegen, ohne den anderen als Person abzulehnen; ich konnte die eigene Meinung der des anderen kritisch gegenüberstellen, ohne ihn in die Defensive zu treiben.
Eine ähnliche Erfahrung hat Marga Bührig, damals Leiterin eines großen Tagungszentrums, ausgedrückt. Sie beschreibt 1976 in einer Zeitschrift, wie »Ich-Sagen« in der gesellschaftspolitischen Bildungsarbeit vieles in Bewegung brachte. Statt sich hinter »man« oder »wir alle« zu verschanzen, gelang es, zu der eigenen Meinung zu stehen und dafür Verantwortung zu übernehmen. Marga Bührig schreibt: »Ich spüre, wovor der Gegner Angst hat und daß möglicherweise das ganze Gebäude seiner Weltanschauung zusammenbrechen müßte, wenn er diese oder jene Frage an sich herankommen ließe. Ich denke an Gespräche mit Männern in führenden Positionen in der Wirtschaft ... Was passiert, wenn ein Gespräch so verläuft, daß beide den Eindruck haben, sie hät-

ten etwas Neues gesehen und begriffen ... Gesichter durchbrechen Frontlinien, die vorher klar waren.«[2]
Ähnliches erlebte ich damals in vielen Gremien, einige von uns hatten TZI-Kurse besucht und andere angesteckt. Dadurch veränderte sich unser Bewußtsein: Wenn ich mich selber, so wie ich bin, wahrnehme, dann sehe ich auch den anderen als Menschen mit seinen Stärken und Schwächen, mit seinen Fehlern und Fähigkeiten, mit seinen Ängsten und Freuden. Ich entdecke Gemeinsames, eine Annäherung wird möglich — Vertrauen kann wachsen und das Mißtrauen abgebaut werden.

Veränderte Haltung mit TZI — der TZI-Kompaß

Diese Haltung zu lernen, war ein Weg durch viele Kurse, mit Frustrationen, Enttäuschungen und neuen Entdeckungen. TZI schien so einfach und war doch so schwer umzusetzen, vor allem im gesellschaftspolitischen Bereich. Zwei Kurse von Ruth Cohn und Matthias Kroeger wurden für mich besonders wichtig; das Gruppen-Tagebuch zeugt davon. Ich benütze es als Erinnerungsstütze. Ruth Cohn notierte für uns:
»In jeder Situation beachte
— den Globus (= das Umfelde im engsten und weitesten Sinn)
— die Ichs — speziell *auch* Deines und nicht *nur* das eigne!
— (die Kraft und Kooperation des) Wir
— das ES (die Sache, den Stoff, die Teamschwierigkeit etc.)
Modifiziere jedes Werkzeug für Deinen Inhalt und die gesetzten Zwecke. Beachte, was Du gesellschaftspolitisch tust und antust, wenn Du was machst. Beachte den Auftrag von außen und innen.«[3]
Dies war der TZI-Kompaß, ein Handwerkszeug, ein Instrument, eine Hilfe für den politischen Alltag. Die Kraft und Kooperation des Wir, die Beziehungsebene, wollte ich nicht mehr aus den Augen verlieren. Das Umfeld wollte ich vermehrt beachten. Je nach Umfeld sah die Friedensarbeit anders aus.
In der Ausschreibung zum zweiten Kurs stand: »Was sind unsere Möglichkeiten im Einsatz gegen schnelle Gewalt, Apathie und Resignation? Wie können wir mit kleinen Schritten für die Evolution humanerer Haltung und Lösung in Gesellschaftsfragen arbeiten — tolerant und langsam!« Tolerant und langsam?? Mir ging alles zu langsam, z.B. das Um-

[2] Zeitschrift »Evangelische Erwachsenenbildung« Nr. 20/21 (Dez. 1976), S. 11-13, bei AGEB, Zeltweg 15, CH-8032 Zürich.
[3] Gruppentagebuch v. 22. September 1978 (letzter Kurstag) (unveröffentlichte Kursnotizen).

denken in bezug auf Kernkraftwerke. Eine Bewegung dagegen war in Gang gekommen, die mit der Besetzung des Geländes von Kaiseraugst am 1. April 1975 begonnen hatte, getragen von breiten Kreisen der Bevölkerung. Im Kurs war viel von solchem Einsatz und von Enttäuschung zu spüren. Dazu die *Tagebuch-Notizen:*
»Hilflosigkeit und Ohnmachtsgefühle erzeugen bei mir Wut, die ich nicht wegrationalisieren darf. Ich brauche Solidaritätspartner beim Handeln und beim Reflektieren. So kann ich in der Phantasie alle Möglichkeiten von Gewalt und Gegengewalt durchspielen; ich kann einiges ausleben, was ich in der Wirklichkeit dann nicht mehr tun muß, und habe mehr Freiheit zum sinnvollen Agieren. — Was nur über den Kopf geht, ohne Gefühle einzubeziehen, kommt nicht an. Politik darf sich nicht in theoretischen Auseinandersetzungen erschöpfen, gleichzeitig sind kleine Schritte wichtig. Ich will sie registrieren und versuchen, das Positive zu sehen. Ich lerne, daß auch die Taktik wichtig ist; eine Strategie zu haben, ist nicht schlecht.«[4]
Ruth Cohn notierte nach einer Sitzung zum Thema ›Gewalt‹:
»*Gewalt:* unterscheiden zwischen der Sache *und* der Person. Kämpfen für die Sache und der andern Person zuhören können, ist zweierlei. Der *Kompaß* ist mir wichtig. Kleinstschritte, aber mit Kompaß, bringen mich weiter. Wenn in großen Schritten versucht wird, andere zu überrennen, d.h. inhuman für Humanität zu kämpfen, geht der Kompaß verloren — = großer Schritt in falsche Richtung...«[5]
Wie oft habe ich in der Friedensarbeit diesen Kompaß verloren, kämpfte verzweifelt gegen eingeübte Meinungen. Wie gut war es, immer wieder daran erinnert zu werden.
Ruth fährt fort: »... der Kleinstschritt, der der wichtigste ist: Wie wird Vertrauen gefördert, Mißtrauen abgebaut, die Lust am Feindbild verringert? Thema: der Feind in mir — wo suche ich ihn draußen?«[6]
Meine eigenen dunklen Seiten zulassen, meinen Schatten wahrnehmen. Der Feind in mir — ihn in mir ansehen, wahrnehmen statt draußen bekämpfen. Das war schwer ...
Ratlos sein: Was macht es mir so schwer, die Angst meiner Feinde wahrzunehmen, meine eigene Angst genau anzusehen? Wovor habe ich Angst? Was verdränge ich oder wage ich nicht, ans Tageslicht zu lassen? Schlimm ist, wenn ich verdränge, was auf mich zukommt. Wenn ich nicht den Mut habe zu sehen, was geschehen könnte, z.B. die atomare Zerstörung.

[4] Gruppentagebuch v. 26.-28. März 1979.
[5] Gruppentagebuch v. 26. März 1979.
[6] Gruppentagebuch v. 27. März 1979.

»Warum macht der Friede ratlos?« schreibt Matthias Kroeger 1983. »Den Frieden entdecken... ist vielleicht das größte Abenteuer dieser Zeit, seelisch wie politisch, wie theologisch.«[7]
Den Frieden leben bedeutet Alternativen zu Krieg entdecken. Kennen wir sie? Die Friedensbewegten haben kaum etwas Konstruktives anzubieten, sondern kämpfen *gegen* Waffen, *gegen* die Stationierung von Atomraketen. Die Friedensbewegung stellt Werte in Frage, z.B. den Sinn der Armee in der neutralen Schweiz, die seit 1847 keinen Krieg mehr hatte, oder kritisiert die Verwendung von Geld und Rohstoffen. Solches Fragen löst Unsicherheit aus? Kann ich es als Hoffnung formulieren?
Im TZI-Kompaß haben meine Angst vor Raketen und die Angst des andern vor Abrüstung Platz. Der Kompaß lehrt uns, daß wir in engsten Strukturen einen Handlungsspielraum haben, ein kleines Stück Welt gestalten können — nicht die ganze.
Die Kleinstschritte, die wir im Kurs gelernt haben, sind für die Friedensarbeit wichtig. Auch die Gelassenheit, die Ruhe dazwischen, die Zeit zum Nachdenken. Nicht Hektik tut not, sondern die Balance zwischen ernsthaftem Einsatz und lockerer Gelassenheit zu finden, zu verlieren und wiederzufinden.

Gelebte Erfahrungen: Interviews

Ich befragte einige Frauen und Männer aus der Friedensarbeit. Allen Gesprächspartnern ist TZI vertraut. Ich wollte von ihnen wissen, was sich für sie durch TZI verändert hat, wo sich TZI bewährt.
Ein Pfarrer sagte mir: »TZI hat mich gelehrt, meine eigenen Aggressionen und zerstörerischen Tendenzen zu sehen. Das hat mich betroffen gemacht. Es fiel mir schwer, sie in mir zuzulassen, z. B. zu spüren, daß ich einen Schüler am liebsten ohrfeigen möchte. Ich verstehe Soldaten, Offiziere und sogar KZ-Aufseher besser und weiß, wie schmal der Grat ist zwischen mir und einem, der zum Mörder oder Folterknecht wird. — Ich habe gelernt, daß die Einstellung, die hinter dem Satz steckt ›Ich bin wichtig‹ — ›Du bist wichtig‹ auch dem Gegner Raum läßt. So versuche ich, den Friedenswillen der Bundeswehrsoldaten zu entdecken. Das fiel mir schwer, denn ich wollte nie Soldat sein. Als Schulpfarrer bin ich regelmäßig bei Jugendoffizieren eingeladen, um mit ihnen über Kirche und Friedensbewegung zu reden. — Ich gehöre der Mahnwache für den Frieden an.«

[7] Kroeger, Theologische Klärung unseres Friedensverhaltens, Stuttgart 1984, S. 147 f.

Eine Lehrerin antwortete mir: »Ich habe durch TZI den Satz gelernt: ›Du kannst mehr als nichts tun.‹ Überall, wo ich kleine Schritte gehe, bin ich nicht stehen oder sitzen geblieben, Ich habe entdeckt, daß in dem Satz ›ich muß die Welt ändern und das noch heute‹ eigentlich ein Größenwahn steckt, eine Allmachtsphantasie, die mit dem Prinzip des Chairman wenig zu tun hat. So bin ich nicht ohnmächtig und nicht allmächtig, sondern partiell mächtig, wie Ruth Cohn (Cohn 1984, S. 360) es nennt.«

Eine andere Gesprächspartnerin erzählte mir, daß TZI genau in ihre Entwicklung paßte. Es war der Auszug aus dem Patriarchat. Ihr erster TZI-Gruppenleiter erfüllte die Rollenerwartung an den Vater nicht. So konnte sie lernen, sich gegen patriarchalische Strukturen zu wehren und auch selber das erwartete Rollenverhalten nicht mehr zu erfüllen. Sie erlebte ihre Autonomie und Interdependenz. Sie übertrug diese Erfahrungen in die Arbeit der Frauen-Friedensstelle. Frieden leben wurde zu mehr Wärme, Wachsen lassen, Ganzheitlichkeit, Frauenbewußtsein und Emanzipation von Gewaltstrukturen.

Der Kollege aus derselben Institution berichtet von Aktionen, die mit TZI vorbereitet wurden. TZI hat geholfen, schwierige Situationen besser zu verstehen und bei Demonstrationen, gegenüber Macht, anders mit Blockierungen umzugehen. Durch Sich-Einfühlen und Rollenspiele wuchs das Verständnis gegenüber der Polizei. Die Polizisten sind nicht bloß ›Bullen‹ oder die ›Schmier‹, sondern Menschen, die ihre Aufgabe erfüllen und sich nicht so leicht weigern können, gegen Demonstranten vorzugehen. »TZI, so sagt er, hat meine eigene Wahrnehmungsfähigkeit gefördert und damit meine Risikobereitschaft erhöht. Neben TZI brauche ich Gandhi und Martin Luther King. Ihre Ideen sind eine Ergänzung und treffen sich mit TZI.«

In der Institution als Ganzes hat TZI geholfen, mit Konflikten anders umzugehen; die Kritikfähigkeit ist größer geworden. Mitarbeiter mit TZI-Erfahrung haben mehr Vertrauen in den Prozeß einer Arbeitsgruppe und in die Mitverantwortung der Mitglieder, auch wenn die Uhr weiterrückt. Bei der Vorbereitung einer Friedensnacht ließ sich die Kerngruppe Zeit für diesen Prozeß. Dadurch konnte ein Thema gefunden werden, was stimmig war für alle in der Gruppe, für den Trägerkreis und für die 2000 Teilnehmer der Friedensnacht. Die Zusammenarbeit klappte, die Gruppenmitglieder ergänzten sich. — Im Unterschied zu andern linken Gruppen, wo die Vollversammlung mit dem erfolgreichsten Redner die Arbeit bestimmt, bilden solche Friedensgruppen dank TZI tragfähige Untergruppen, die der Arbeit eine breite Basis geben können.

Gewaltlose Bewegungen

TZI und die gewaltlosen Bewegungen haben vieles gemeinsam, von ihrer Geschichte bis hin zu ihren Hoffnungen. In der Vorbereitung von Aktionsgruppen finden sich gleiche Prinzipien.[8] Veränderung oder Auflösung von Fronten ist im kleinen Raum möglich, wo bedingungslose Liebe und Annahme des anderen gelebt werden. Doch das ist nur möglich, wenn sie nicht einer allein lebt, sondern von anderen unterstützt wird. So erzählt Jean Goss, der französische Gewerkschafter und spätere Vorkämpfer der Gewaltlosigkeit, über seine Zeit in deutscher Gefangenschaft: »Ich versuchte, diese Liebe in unseren Lageralltag umzusetzen, mehrere Monate hindurch. Doch das Ergebnis war immer: Untreue, Verrat, Untreue ... Ich fragte mich, warum es unmöglich ist und suchte nach dem Grund. Und Gott ließ mich verstehen, daß es unmöglich ist, diese Liebe allein zu leben; sie kann nur mit Hilfe anderer verwirklicht werden, in Gemeinschaft.« So bittet Jean seine Lagergefährten, ihn zu erinnern, wenn er diese Liebe nicht lebt. Er versucht als überzeugter Christ, die Liebe Gottes zu leben, und es helfen ihm auch Atheisten und Marxisten dabei und ermutigen ihn. Getragen von einem kleinen Wir in der Lagergemeinschaft wagt Jean mehr — vieles kommt in Bewegung. Auch der Lagerkommandant wird von Jeans Liebe angesteckt und übernimmt mehr Verantwortung.[9]
Das Beispiel von Jean Goss zeigt, daß Veränderung auch im extrem engen Rahmen der Gefangenschaft möglich ist, wenn einer — von anderen unterstützt — es wagt, den minimalen Freiraum zu nutzen. Mit der »Radikalität der Liebe Gottes« dringt er zum inneren Kern auch des Lagerchefs vor und weckt gute Kräfte.

Bekannt für ihren zivilen Ungehorsam seit dem Vietnamkrieg sind die Brüder Daniel und Philip Berrigan, beide Jesuiten. Als Mitglieder der Gruppe ›Pflugschar 8‹ (nach Micha 4, ›Schwerter zu Pflugscharen‹) haben sie viele symbolische, illegale und gewaltfreie Stör-Aktionen durchgeführt. Keine dieser Aktionen wurde je alleine gemacht, sondern nach Beten, Fasten und einer sorgfältigen Vorbereitung in der Gruppe durchgeführt, so daß jeder sich auf jeden verlassen konnte.
Mich beeindruckt, wie Daniel Berrigan mit seinen Gefühlen umgeht: er kann auch müde sein, sich alleine zurückziehen, einmal einen Vortrag

[8] Goss-Mayr, H./Goss J., Die Kraft Jesu — eine Kraft, die Frieden schafft, Jugendhaus Düsseldorf, S. 46.
[9] Ebd. S. 5 f.

nicht halten. Er fühlt sich ersetzbar. Auch Gandhi sagte: »Ich schaffe mir nicht Jünger, ich suche mir Partner.«[10]

Von den gewaltlosen Bewegungen wie auch von TZI lernen wir: Frieden leben heißt nicht alleine sein, sondern heißt Teil eines größeren Ganzen sein, das mich trägt. Wir haben ein gemeinsames Ziel, ein ›Es‹ (Sache/Thema), in dem jeweiligen Moment, den wir bewußt wählen und gestalten. Wir gehen die Schritte gemeinsam, und jeder einzelne ist wichtig dabei.

Viele Wirs — eine Kette — ein Friedensnetz: Die gewaltlosen Bewegungen haben die Friedensbewegung geprägt. Große Friedensdemonstrationen, wie sie gegen den NATO–Nachrüstungsbeschluß und die Stationierung von Atomraketen 1981, 1982 und 1983 durchgeführt wurden, tun gut und sind nötig. Sowohl nach außen als auch nach innen zeigen sie und lassen es spüren: ›Wir sind viele‹. Wir bilden eine Menschenkette, symbolhaft und wirklich — entschlossen zusammenzuhalten. Die Menge trägt, besonders dann, wenn immer wieder vertraute Gesichter auftauchen. Auch in der Menge sind kleine Wirs, die ein Netz bilden.

Mahnwache für den Frieden: Ein solches Netz bilden auch die Mahnwachen, das Schweigen für den Frieden, das an vielen Orten regelmäßig durchgeführt wird. Aus dem meditativen Schweigen kann Neues wachsen, eine Kraft wider die Resignation. Der Kreis ist oft klein, doch gesellen sich Passanten dazu und nehmen die Idee auf.

Fasten für das Leben: Dreizehn Menschen begannen am Hiroshimatag 1983 ein unbefristetes Fasten gegen das atomare Wettrüsten und aus Solidarität mit den Hungernden in der Welt. Hinter ihnen standen Unterstützergruppen. Nach vierzig Tagen brachen die Dreizehn ihr Fasten ab, und Fastengruppen trugen als Fastenkette das Anliegen weiter. Nach dem Stationierungsbeschluß in der BRD mußte die Hoffnung neu gefunden werden.

Hinter dem unbefristeten Fasten stecken Allmachtsphantasien, die in der Realität wenig bewirken. Und doch löste das Fasten eine Kettenreaktion aus und brachte vieles in Bewegung.

In der Fastengruppe, die in Basel auch die Mahnwache trägt, spüre ich gemeinsame Solidarität und Begeisterung. Jeder hat in seiner Andersartigkeit und Vielfältigkeit seinen Platz und seine ihm eigene Verantwortung. Übernimmt einer zuviel an Aktivitäten und der andere wenig, so geht das Gleichgewicht verloren — das muß ausgesprochen werden.

[10] Berrigan, Zehn Gebote für den langen Marsch zum Frieden, Stuttgart 1983 (aus den Vorwort).

Aus dem gemeinsamen Fasten, Meditieren und Sich-Zeit-Lassen ist viel Vertrauen gewachsen. Regelmäßige Treffen sorgen für Kontinuität. Hier wird TZI gelebt, auch ohne TZI-Leiter — inspiriert durch Charismatiker der Gewaltlosigkeit wie Gandhi, Martin Luther King, die Brüder Berrigan oder andere Vorbilder, inspiriert von der Hoffnung auf Frieden, Gerechtigkeit und Erhaltung der Schöpfung.

Ein Friedensnetz: Aus dieser Gruppe ist das Ökumenische Friedensnetz der Region Basel gewachsen, das Kontakte zwischen den Friedensgruppen innerhalb und außerhalb der Kirchen herstellen will. Wir möchten andere Friedenszellen entdecken, Fäden knüpfen, voneinander wissen. Wir haben einen teilzeitlichen Koordinator angestellt, finanziert durch persönliche monatliche Beiträge und durch Spenden von Kirchen und Kirchgemeinden u.a. Unser Symbol ist die Friedenstaube auf einem Baum. Ein Baum wächst langsam, er bekommt neue Äste und Verzweigungen. So braucht es kleine Schritte der Hoffnung, die wir gehen können statt zu resignieren, und Gruppen, die zusammengehören und einander ermutigen. Viel Freude macht die Arbeit und das Zusammensein in diesem Friedensnetz — Freude wirkt ansteckend!

Ausblick

Ich bin daran zu lernen, was es heißt, den Frieden leben. Ich entdecke, daß Konfliktfähigkeit wachsen kann; daß gute Nachrichten anstecken und schlimme Meldungen lähmen. Ich weiß, daß ich mir meine Angst eingestehen und meine Ohnmachtsgefühle aussprechen darf und damit nicht allein bin ... auch wenn ich am Radio von neuen Raketenstationierungen höre, oder immer präzisere Vernichtungsmittel erfunden werden ...

Ich lerne zur Beschränktheit zu stehen. Ich kann nicht missionieren. Je mehr ich weiß, daß es in bezug auf Aufrüstung fünf vor Zwölf ist, um so mehr muß ich den Mut haben, kleine Schritte zu gehen und kleine Hoffnungszeichen zu sehen. TZI ist Hoffnung für kleine Gruppen, im Alltag, in der Friedensarbeit.

»Allein bin ich niemand
doch in der Gruppe
mit andern
im schwachen Protest
im Schreiben
im Beten

im Teilen
im Mitteilen
im Nicht Vergessen
wächst Hoffnung

Manchmal lähmen mich
all die Tode
manchmal sehe ich schwarz
trotz Sonnenlicht

Doch wie jede Pflanze
langsam wächst
wächst Hoffnung nur
in kleinen Schritten
die viele Menschen
zusammen gehen«

Denn »Ich entscheide immer
auch wenn ich nicht entscheide
es laufen lassen
zulassen
ist auch ein Entscheid«[11]

Nein, nicht resignieren, auch wenn ich manchmal eine Weile in meiner Resignation bleibe. Ich lebe sie, teile sie mit andern, und aus der Resignation wächst Mut und Zuversicht.

[11] Aus unveröffentlichten Gedichten von Elisabeth Miescher.

Literaturverzeichnis

Grundlegende Literatur zur TZI

Cohn, R. C., Von der Psychoanalyse zur Themenzentrierten Interaktion, Stuttgart 1971 (1981[5])

Cohn, R. C., Themenzentrierte Interaktion: Ein Ansatz zum sich-selbst und Gruppenleiten, in: Die Psychologie des 20. Jahrhunderts, Bd. VIII, Heigl-Evers, A. (Hrsg.), Lewin und die Folgen, München 1979, S. 873—882

Cohn, R. C., Matzdorf, P., Themenzentrierte Interaktion, in: Corsini, R. (Hrsg.), Handbuch der Psychotherapie, Weinheim/Basel 1983, S. 1272—1314

Cohn, R. C., Farau, A., Gelebte Geschichte der Psychotherapie, Stuttgart 1984

Kroeger, M., Themenzentrierte Seelsorge, Stuttgart 1983[3]

Ockel, A., Wrage, K. H., Ein Wegweiser für die Aus- und Fortbildung in Themenzentrierter Interaktion (TZI) nach Ruth C. Cohn, Eigenverlag W.I.L.L.-Europa

Stollberg, D., Lernen, weil es Freude macht, München 1982

Weiterführende Literatur zu den einzelnen Aufsätzen dieses Bandes

Amann, I., TZI: Der Stoff muß nicht töten, in: Sauter, Fr. Ch. (Hrsg.), Psychotherapie der Schule, München 1983, S. 62—82

Bellak, L., Small, L., Kurzpsychotherapie und Notfallpsychotherapie, Frankfurt 1972

Belz, H., Über den Umgang mit destruktiven Strebungen in TZI-Gruppen aus der Sicht der Leiterfunktion, in: Gruppenpsychotherapie und Gruppendynamik, 1979, S. 363—373

Belz, H., Kooperative Haltung in Arbeitsgruppen durch individuelles Selbstbewußtsein und Reflexion auf der Grundlage der Themenzentrierten Interaktion, in: W.I.L.L.-Europa (Hrsg.), Lebendig Lernen — Grundlagen der Themenzentrierten Interaktion, (Eigenverlag 1984, S. 79—104)

Bion, W. R., Erfahrungen in Gruppen und andere Schriften, Stuttgart 1974

Böhme, G., Anthropologie in pragmatischer Hinsicht, Frankfurt 1985

Brenner, Ch., Grundzüge der Psychoanalyse, Frankfurt 1974

Cohn, R. C., Stopp, G., Stopp, K., Menschsein ist keine Freizeitbeschäftigung, in: Günther, J. (Hrsg.), Quo vadis Industriegesellschaft, Heidelberg 1984, S. 237—272

Dienelt, K., Von der Metatheorie der Erziehung zur »sinn«-orientierten Pädagogik, Frankfurt 1984

Dörner, K., Plog, U., Irren ist menschlich, Rehburg-Loccum 1980[4]

Ebert, Th., Soziale Verteidigung, Waldkirch 1981

Ebert, Th., Ziviler Ungehorsam, Waldkirch 1984

Eicke, D., Vom psychiatrischen Krankenhaus zur sozialtherapeutischen Station, Göttingen 1978

Ermann, M., Die Themenzentrierte Interaktion (TZI) in Gruppenarbeit und Gruppenpsychotherapie, in: Gruppenpsychotherapie und Gruppendynamik 1977, S. 266—277

Fassmann, K. (Hrsg.), Gedichte gegen den Krieg, Frankfurt 1961

v. Franz, M. L., Der Individuationsprozeß, in: Jung, C. G., Der Mensch und seine Symbole, Olten/Freiburg 1968

Freire, P., Pädagogik der Unterdrückten, Reinbek 1973

Freudenreich, D., Bemühungen um Gemeinsamkeit und Vertrauen gegen Konkurrenzangst und Furcht vor Unterdrückung. Versuche mit Themenzentrierter Interaktion an einer Hauptschule, in: Stollberg, D., Lernen, weil es Freude macht, München 1982

Funke, D., Verkündigung zwischen Tradition und Interaktion: Praktisch-theologische Studien zur Themenzentrierten Interaktion (TZI) nach Ruth C. Cohn, Frankfurt 1984

Genser, B., Buttgereit, P., Burger, H., Empirische Untersuchungen zur themenzentrierten interaktionellen Methode, in: Genser, B., Vopel, K. u. a., Blickpunkt Hochschuldidaktik 25, Hamburg 1972

Glotz, P. (Hrsg.), Ziviler Ungehorsam im Rechtsstaat, Frankfurt 1983

Gudjons, H., Berufsbezogene Selbsterfahrung durch Fallbesprechungen in Lehrergruppen, in: Mutzeck, W., Pallasch, W. (Hrsg.), Handbuch des Lehrertrainings, Weinheim/Basel 1983, S. 258—266

Habermas, J., Ziviler Ungehorsam — Testfall für den demokratischen Rechtsstaat. Wider den autoritären Legalismus in der Bundesrepublik, in: Glotz, P. (Hrsg.), Ziviler Ungehorsam im Rechtsstaat, Frankfurt 1983, S. 29—52

Hamann, B., Pädagogische Anthropologie, Bad Heilbrunn 1982

Heigl-Evers, A., Die Stufentechnik der Supervision — eine Methode zum Erlernen der psychoanalytischen Beobachtungs- und Schlußbildungsmethode im Rahmen der angewandten Psychoanalyse, in: Gruppenpsychotherapie und Gruppendynamik, 1975, S. 43—54

Heigl-Evers, A., Heigl, F., Die themenzentrierte interaktionelle Methode (R. C. Cohn). Erfahrungen, Überlegungen, Modifikationen, in: Gruppenpsychotherapie und Gruppendynamik, 1973, S. 237—255

Held, T., Herausforderung der Kooperation bei psychotischen Erkrankungen, in: Psychiatrische Praxis, 1979, S. 119—128

Hennemann, U., Müllender, J., Brückmann, J. U., Gruppenarbeit mit der TZI im Rahmen stationärer psychiatrischer Behandlung, in: Psychoth. med. Psychol., 1980, S. 274—279

Huth, W., Glaube, Ideologie und Wahn. Das Ich zwischen Realität und Illusion, München 1984

Jung, C. G., Wilhelm, R., Das Geheimnis der goldenen Blüte, Olten/Freiburg 1971

Keleman, St., Dein Körper formt dein Selbst, München 1980

Keleman, St., Leibhaftes Leben, München 1982

King, M. L., Der Traum vom Frieden, Gütersloh 1983

King, M. L., Testament der Hoffnung, Gütersloh 1983[5]

Kuiper, P. C., Die seelischen Krankheiten des Menschen, Bern/Stuttgart 1973

Kupffer, H., Der Faschismus und das Menschenbild der deutschen Pädagogik, Frankfurt 1984

Lacan, J., Einführung zum Kommentar von Jean Hyppolite über die »Verneinung« von Freud, in: Lacan, J., Schriften III, Olten/Freiburg 1980

Mahler, M. S., Symbiose und Individuation, Band 1, Stuttgart 1979

Mayer-Scheu, J., Patientengruppen in einer sozialpsychiatrischen Klinik, in: Lebendige Seelsorge, 1972, S. 196—202

Mayer-Scheu, J., Lebendiges Lernen mit der Themenzentrierten Interaktion (TZI) nach Ruth C. Cohn, in: Scharfenberg, J. (Hrsg.), Glaube und Gruppe, Freiburg 1980, S. 53—69

Ockel, A., Cohn, R. C., Das Konzept des Widerstandes in der Themenzentrierten Interaktion, in: Petzold, H., Widerstand. Ein strittiges Konzept in der Psychotherapie, Paderborn 1981

v. Plotho, I., Grundlagen, Indikationen und Beispiele der Themenzentrierten Interaktion in der Psychotherapie, in: internistische praxis, 1982, S. 315—324

Quitman, H., Humanistische Psychologie. Darstellung und Untersuchung zentraler Konzepte der Humanistischen Psychologie vor dem Hintergrund der europäischen Existenzphilosophie und Phänomenologie, Diss., Berlin 1984

Raguse-Stauffer, B., Raguse, H., Ein TZI-Modell der Supervision, in: Gruppenpsychotherapie und Gruppendynamik, 1980, S. 78—90

Rath, I., Ein heuristisches Schema zur Planung, Durchführung und Auswertung des Unterrichts, in: Mathematik im Unterricht, 1984, S. 1—8

Rawls, J., Eine Theorie der Gerechtigkeit, Frankfurt 1975

Reble, A., Menschenbild und Pädagogik, in: Becker, H. (Hrsg.), Anthropologie und Pädagogik, Bad Heilbrunn 1977[3]

Reiser, H., Die Themenzentrierte Interaktion als pädagogisches System im Vergleich zur Gestaltpädagogik, in: Prengel, A. (Hrsg.), Gestaltpädagogik, Weinheim/Basel 1983, S. 253—277

Riemann, F., Grundformen der Angst, München/Basel 1979

Rietz, U., Schaper, J., Humanisierung der Schule — über die Umsetzung humanistischer Ideen im Schulalltag, in: Völker, U. (Hrsg.), Humanistische Psychologie — Ansätze einer lebensnahen Wissenschaft vom Menschen, Weinheim 1980, S. 228—249

Rosen, J. N., Psychotherapie der Psychosen, Stuttgart 1964

Rogers, C., Entwicklung der Persönlichkeit, Stuttgart 1976

Schütz, K., Möglichkeiten und Grenzen Themenzentrierter Interaktion (TZI) in der kirchlichen Praxis — Versuch einer Zwischenbilanz, in: Schwalbacher Blätter, 1984, S. 69—82

Selvini Palazzoli, M. u.a., Paradoxon und Gegenparadoxon, Stuttgart 1978

Spoerri, Th., Kompendium der Psychiatrie, Basel/München 1970

Winnicott, D. W., Familie und individuelle Entwicklung, München 1978

Zöller, W. W., Soziales Lernen im naturwissenschaftlichen Unterricht. Ansätze von Themenzentrierter Interaktion und Rollenspiel, in: Zeitschrift für Gruppenpädagogik, 1980, S. 51—59